PONS

Der große Abi-Check
DEUTSCH

PONS GmbH
Stuttgart

Ihre Meinung zählt!

Hallo, wir sind das Redaktions-Team.
Unser Ziel ist es, die besten Abi-Lernhilfen zu machen.

Helfen Sie uns dabei!

SIND SIE ZUFRIEDEN MIT DIESEM BUCH?

Dann freuen wir uns über Ihre **Weiterempfehlung**. Erzählen Sie es Ihrem Freundeskreis, dem Buchhändler Ihres Vertrauens oder schreiben Sie eine **Rezension** bei Onlinekauf. Das hilft nicht nur uns, sondern auch anderen Kunden bei der Suche nach einer passenden Lernhilfe für das Abitur.

SIE HABEN FRAGEN BZW. KRITIK ZU DIESEM BUCH?

Wir freuen uns über Ihre Anregungen.
Schreiben Sie uns eine Nachricht an kundenservice@pons.de.

So können wir mit Ihrem Feedback in Zukunft noch bessere Bücher anbieten.

Vielen Dank und viel Erfolg im Abitur!

Ihre Redaktion von PONS

SO ARBEITEN SIE MIT DIESEM BUCH

SO IST DER ABI-CHECK AUFGEBAUT

Der PONS Große Abi-Check Deutsch deckt in 27 Kapiteln die beiden großen Bereiche ab, die Sie für die Oberstufe und das Abitur im Fach Deutsch brauchen:

Literatur und Sprache.

SO SIND DIE KAPITEL AUFGEBAUT

Auf den ersten Seiten des Kapitels lernen und wiederholen Sie das wichtigste Basiswissen zu einem Deutschthema. Größere Kapitel sind dabei zur besseren Übersichtlichkeit in Unterkapitel aufgeteilt.

Auf der letzten Seite des jeweiligen Kapitels können Sie Ihren Lernstand im schnellen Wissenscheck überprüfen.

ÜBERBLICK AUF EINEN BLICK

Zu Beginn des Buches finden Sie eine Gesamtübersicht zu Epochen, Gattungen und Stilmitteln – hier können Sie immer wieder nachschauen und finden Sie die grundlegenden Begriffe, die in jeder Abi-Klausur vorkommen.

WISSEN + CHECK = ABI-ERFOLG!

Abivorbereitung muss effizient sein! Deshalb sind die wichtigsten Fakten zu einem Kapitel für Sie in übersichtliche Boxen gepackt.

So arbeiten Sie sich schnell Box für Box vor, ohne sich durch lange Texte zu kämpfen – und haben trotzdem das ganze Abiwissen parat. Haben Sie alle Boxen eines Kapitels abgehakt?

Dann ab zum Wissenscheck. Hier können Sie prüfen, ob das, was Sie gelernt haben, schon sitzt oder ob Sie das Kapitel noch einmal wiederholen sollten. Die Lösungen finden Sie gleich darunter. Beantworten Sie die Fragen und setzen Sie einen Haken hinter jede richtig beantwortete Frage!

INHALT

LITERATUR

SPRACHE & TEXT

LITERATUR

1 LITERATUR IM ÜBERBLICK

Die Epochen der deutschen Literatur

MITTELALTER BIS 16. JAHRHUNDERT

Althochdeutsche Dichtung (ca. 750 bis 1050)

- altgermanische Zaubersprüche, Heldendichtungen in Stabreimen
- Beispiel: *Merseburger Zaubersprüche*

Mittelhochdeutsche Dichtung (ca. 1050 bis 1350)

- Minnesang (idealisiertes Dienstverhältnis zu einer adeligen Frau); höfisches Epos: Ritterlichkeit, Mannhaftigkeit in Versen/Strophen
- Beispiele: *Lieder von Walther von der Vogelweide, Nibelungenlied, Gottfried von Straßburg: Tristan & Isolde*

Lyrik

Romantik (1795 bis 1830)

- Gegenbewegung zur Klassik
- gefühlsbetont („romantisch"); die Romantik hegt die Sehnsucht nach Heilung der Welt, nach der Zusammenführen von Vernunft und Gefühlen
- Universalpoesie erfasst alle gesellschaftlichen Bereiche
- Märchen stoßen auf großes Interesse und veranschaulichen die Suche nach einer verloren geglaubten Welt in der Volkspoesie

Woyzek

Vormärz und Biedermeier (1819 bis 1848)

- Biedermeier: Wunsch nach Ruhe und Geborgenheit in heimatlicher, privater Idylle
- unpolitisch; Idealismus der Klassik/Romantik
- Vormärz: Gegenbewegung zur Restauration für Einheit und Freiheit Deutschlands; demokratisch-revolutionär; aber unklare Ziele

Effi Briest

Poetischer Realismus (1848 bis 1890)

- technische Erfindungen, naiver Fortschrittsglaube, Industrialisierung und soziale Probleme
- Mensch in Beziehung zu Umwelt & Wirklichkeit

Naturalismus (1880 bis 1900)

- Abbild sollte der Natur genau entsprechen (Sekundenstil aller Vorgänge und Zeitabläufe); Hauptgegenstand: Milieu der Fabriken & Kneipen
- Im Mittelpunkt steht das durch Herkunft/Milieu vorherbestimmte Menschenwesen

Übergangsliteratur (ca. 1350 bis 1550)

- gesamtgesellschaftliche Umwälzungen (Machtverlust von Kaiser & Papst; Städtegründungen, Untergang des Rittertums)

Lyrik

Barock (ca. 1600 bis 1750)

- geprägt durch die Verheerungen des 30-jährigen Krieges; Gegensatz von Lebensfreude und Todesangst

Emilia Galotti

Aufklärung (ca. 1700 bis 1800)

- Rationalismus herrscht vor; Ziel: Vernunft und Tugend; Ablehnung von Religion und Aberglauben
- Entstehung der modernen (Natur-) Wissenschaften

17. BIS 19. JAHRHUNDERT

Sturm und Drang (1765 bis 1789)

- Weiterentwicklung der Aufklärung
- Genie-Gedanke: Das Genie schafft sich seine eigenen künstlerisch-ästhetischen Normen, oft außerhalb der Gesellschaft

← Faust →

Weimarer Klassik (1786 bis 1805)

- kultureller Höhepunkt (in Deutschland mit der Weimarer Klassik)
- Ideal: der allseitig gebildeter Mensch; Humanität, Ausgleich und Maß

20. JAHRHUNDERT

Literatur der Weimarer Republik (1919 bis 1933)

- Vielzahl konkurrierender Stile und lit. Ansätze; geprägt durch Reaktion auf den Krieg; Gefühl des Bruches mit überholten Traditionen; Neue Sachlichkeit: Abwendung vom Emotionalen

der gute Mensch

Exilliteratur (1933 bis 1945)

- Auseinandersetzung mit dem „Dritten Reich", Aufklärung des Auslandes über Zustände in Deutschland

Currywurst

Literatur in BRD und DDR (1945 bis 1990)

- Zunächst Auseinandersetzung mit Krieg und Nazi-Zeit
- Später kritische Begleitung des Aufbaus von BRD und DDR und Auseinandersetzung mit dem politischen Gegner

1 Die Gattungen der Literatur

Man unterscheidet drei literarische Großgattungen:

- **Lyrik** (alle Formen von Gedichten)
- **Dramatik** (alle Formen für die szenische Aufführung gedachter Literatur)
- **Epik** (aller Formen erzählender Literatur)

LYRIK

→ Barock
→ Romantik

Lyrik zeichnet sich dadurch aus, dass Aspekte wie die **Zeilenlänge**, der **Sprachrhythmus** und der **Klang** nicht wie bei der Epik von Zufälligkeiten bestimmt sind, sondern vom Dichter bewusst gewählt werden. Man spricht daher von gebundener Sprache.

Die **Themen** der Lyrik sind vielfältig, aber es gibt bestimmte vorherrschende Motive, die sich in zahlreichen Gedichten wiederfinden, z. B. die Liebe.

Oft sind bei Gedichten die Verse durch **Reime** miteinander verbunden, die in der Gesamtschau ein bestimmtes **Reimschema** ergeben. Bekannte Reimschemen sind der **Paarreim** (je zwei benachbarte Verse reimen sich) und der **Kreuzreim** (der erste und dritte sowie der zweite und vierte Vers reimen sich).

Auch der **Sprachrhythmus** ist in vielen, vor allem älteren Gedichten von Bedeutung. Hier sind zahlreiche Muster bekannt, die aus bestimmten Abfolgen von betonten und unbetonten Silben bestehen.

Im Rahmen der Lyrik gibt es zahlreiche **Untergattungen**, die sich entweder durch ihren Inhalt (z. B. die Ballade) oder durch eine bestimmte, streng eingehaltene Form (z. B. das Sonett) von der übrigen Lyrik abgrenzen lassen.

DRAMATIK

→ Faust
→ der gute Mensch von Sezuan
→ Woyzek

Schon seit der griechischen Antike sind Dramen bekannt und überliefert. Bestimmte Situationen des Lebens auf einer Bühne nachzuspielen war den Menschen offensichtlich schon früh ein Bedürfnis.

Im Laufe der Zeit haben sich verschiedene Formen des Dramas herausgebildet: In der **Tragödie** werden ernste Stoffe dargeboten, die die Menschen anrühren und bewegen; die **Komödie** beschäftigt sich mit „leichteren" Themen und will die Menschen unterhalten.

Seit dem späten 19. Jahrhundert ist die Palette der Dramenformen vielfältiger geworden – strenge Formvorschriften wurden aufgelöst, und das Drama stellte sich auf veränderte gesellschaftliche Bedingungen ein. So entstanden neben anderen das **epische Theater** und das **absurde Theater**.

EPIK

→ die Entdeckung der Currywurst
→ Effi Briest

Die Epik ist die älteste und auch die vielfältigste Literaturgattung. Zu allen Zeiten haben Menschen sich Geschichten erzählt, und schon früh bildeten sich Untergattungen heraus wie die **Fabel**, die **Anekdote** oder das **Märchen**. Erst später – ab dem Barock – bildeten sich die verschiedenen Gattungen längerer epischer Texte wie **Novelle** oder **Roman** aus.

Die Epik ist die Literaturgattung mit den am geringsten ausgeprägten Formkonventionen. So lassen sich beispielsweise Novelle und Roman nicht scharf voneinander abgrenzen; Mischformen zwischen den einzelnen Untergattungen sind häufig. Gerade im 20. Jahrhundert haben viele Autoren die herkömmlichen Formen aufgeweicht und miteinander kombiniert.

WORTFIGUREN

- **Akkumulation:** Aufzählung von Begriffen lieben, hassen, fürchten, zittern
- **Anapher:** Wiederholung eines Wortes / einer Wortgruppe zu Beginn aufeinander folgender Verse, Strophen oder Sätze
- **Epipher:** Wiederholung eines Wortes / einer Wortgruppe am Ende von aufeinander folgenden Versen, Strophen oder Sätzen (Umkehr der Anapher)
- **Litotes:** Ausdruck eines Sachverhaltes durch sein Gegenteil nicht unschön
- **Metonymie:** Ersetzung eines sinntragenden Wortes durch ein anderes, wobei das Verständnis nicht gestört wird
- **Neologismus:** Wortneuschöpfung
- **Oxymoron:** Kombination von sich ausschließenden Begriffen strömt & ruht
- **Personifikation:** Darstellung abstrakter Begriffe oder lebloser Dinge als Person oder belebte Wesen
- **Pleonasmus:** Verbindung zweier Begriffe, von denen einer im anderen enthalten ist nasser Regen
- **Synekdoche:** ein Teil steht für das Ganze wickelte mich enger in die Falten
- **Tautologie:** einen Sachverhalt doppelt wiedergebende Fügung leise & ruhig

STILFIGUREN

- **Apostrophe:** direkte Anrede abwesender Personen oder Objekte
- **Archaismus:** veralteter sprachlicher Ausdruck
- **Euphemismus:** beschönigende Umschreibung entschlafen
- **Metapher:** Übertragung eines Wortes in einen anderen Sinnbereich, um diesen zu veranschaulichen
- **Symbol:** bildhaftes, über die eigentliche Wortbedeutung hinausweisendes Zeichen
- **Synästhesie:** Verbindung verschiedener Sinneseindrücke
- **Vergleich:** Herstellung einer Gemeinsamkeit zwischen zwei Bereichen

GEDANKENFIGUREN

- Allusion: Anspielung
- Anrede / Anruf: Hinwendung an den Adressaten
- Antithese: Gegenüberstellung von Gegensätzlichem
- Aphorismus: knapp formulierter Gedanke
- Chiffre: schwer zu entschlüsselndes Bild
- Hyperbel: Übertreibung
- Ironie: Das Gegenteil von dem, was gesagt wird, ist gemeint
- Katachrese: Vermischung von nicht zusammenpassenden Bildern
- Rhetorische Frage: nur scheinbare Frage, deren Antwort bereits feststeht

SATZFIGUREN

- Anakoluth: grammatisch unrichtige Konstruktion eines Satzes (Satzbruch)
- Asyndeton: gleichrangige Fügung von Wörtern oder Sätzen
- Chiasmus: Überkreuzstellung zweier Wortgruppen oder Sätze
- Ellipse: grammatisch unvollständiger Satz
- Inversion: Veränderung der üblichen Wortstellung
- Klimax: steigernde Anordnung von Wörtern oder Wortgruppen
- Parallelismus: gleiche Satzstellung in aufeinander folgenden Sätzen
- Polysyndeton: Reihung gleichgeordneter Wörter, Satzglieder oder Satzteile mit verbindenden Konjunktionen

KLANGFIGUREN

Alliteration: gleicher Anlaut mehrerer bedeutungstragender Wörter (Stabreim)

Emphase: phonetische Hervorhebung eines Wortes

Onomatopoesie: Lautmalerei; d. i. schallnachahmende Wortbildung

GRUNDLEGENDES ZUR FUNKTION

Sprachlich-stilistische Mittel oder rhetorische Figuren werden vom Autor bewusst eingesetzt, um eine bestimmte Wirkung zu erzielen. Welche das ist, muss im Einzelfall entschieden werden. Man unterscheidet:

Wortfiguren (sprachlich-stilistische Mittel, die sich auf ein Wort beziehen),

Satzfiguren (sprachlich-stilistische Mittel, die sich auf einen ganzen Satz beziehen),

Stilfiguren (so genannte rhetorische Figuren),

Gedankenfiguren (die sich auf den Inhalt des Textes beziehen),

Klangfiguren (die sich auf den Klang von Wörtern beziehen).

WICHTIGE STILMITTEL UND IHRE FUNKTION

Verstärkung der Aussage:
Antithese, rhetorische Frage, Zeugma

Verschlüsselung, Umschreibung:
Allegorie, Metapher, Metonymie, Oxymoron, Periphrase, Symbol

Verleihung von Nachdrücklichkeit:
Akkumulation, Anapher, Hyperbel, Synekdoche, Tautologie

Darstellung von Emotionalität:
Apostrophe, Hyperbel, Euphemismus

Hervorhebung:
Akkumulation, Chiasmus, Ellipse, Epipher, Inversion, Klimax, Litotes, Parallelismus, Pleonasmus

Veranschaulichung:
Personifikation, Synästhesie, Vergleich

GATTUNGEN & SPACHLICH-STILISTISCHE MITTEL

1. Wie heißen die drei Hauptgattungen der Literatur?

1. Epik 2. Lyrik 3. Drama

2. Wozu werden Stilmittel eingesetzt?

- ☐ **A** um den Text aufzulockern
- ☒ **B** um eine bestimmte Wirkung zu erzielen
- ☐ **C** um einen besseren Stil zu erzielen

3. Nenne drei häufig verwendete Stilmittel und ihre Funktion.

1. ______ ______
2 ______ ______
3. ______ ______

LÖSUNGEN

1. Lyrik, Dramatik, Epik • **2.** B • **3.** Z. B. Antithese – Verstärkung; Symbol – Umschreibung; Vergleich – Veranschaulichung

2 DER BAROCK

Übersicht

1600 – 1750

DAS ZEITALTER DES BAROCK (1600–1720)

Die Epoche des Barock stand im Zeichen der Gegenreformation, des Dreißigjährigen Kriegs (1618–1648) und des höfischen Absolutismus, ist also eine religiös geprägte Zeit. Der Dreißigjährige Krieg, der sich vom Glaubenskrieg zum Kampf um die Vorherrschaft in Europa wandelte, wurde vor allem auf deutschem Boden ausgetragen. Da das Heilige Römische Reich zu den Verlierern des Kriegs zählte, konnten die Landesfürsten ihre territorialstaatlichen Interessen gegen die Reichseinheit durchsetzen. Dies bedeutete eine Schwächung der kaiserlichen Macht, die durch die Gebietsverluste des Westfälischen Friedens verstärkt wurde. Frankreich ging aus dem Krieg gestärkt hervor; die folgende Blütezeit der Literatur, der bildenden und der Baukunst ist darin begründet. Der kulturelle Aufstieg Frankreichs und die Erringung der politischen Vormacht in Europa gingen Hand in Hand und wurden durch die zentralistische, auf Machtentfaltung und Zurschaustellung von Prunk und Reichtum abzielende absolutistische Politik der Bourbonen verstärkt.

KULTURELLE VORAUSSETZUNGEN

Das Heilige Römische Reich war in den Jahren nach dem großen Krieg zersplittert, viele kleine Staaten umfassten nicht mehr als ein paar Dörfer. Dies waren die denkbar schlechtesten Bedingungen für die Entfaltung einer hochstehenden Kultur – Deutschland lag nach 1648 kulturell fast brach. Erst nach und nach entstand auch an den kleinen Höfen wieder das Bewusstsein von der eigenen hohen Stellung und die Fürsten wurden zu Förderern und Auftraggebern von Architektur, Malerei, Musik und Literatur.

DIE ENTFALTUNG DER BAROCKEN KULTUR

Die Kunst des Barock war eine höfische, sie wurde am Hof und für den Hof ausgeübt. Kunst und Musik dienten im 17. Jahrhundert der fürstlichen oder kirchlichen Repräsentation. Die Macht der adligen Herrscher oder Kirchenfürsten, die die Allmacht Gottes verkörperten, sollte durch gezielten Einsatz der Kunst jedem Menschen sichtbar vor Augen geführt werden. Der sinnlichen Wahrnehmung kam eine ungeheuere Bedeutung zu, da man damit die Menschen von den abstrakten, religiösen oder machtpolitischen Gedanken anschaulich überzeugen zu können glaubte. So wollte Ludwig XIV. durch die Anlage seines Schlosses Versailles auf sumpfigem Gelände außerhalb von >>

>> Paris darstellen, dass er sogar in der Lage ist, die Natur zu bezwingen. Die Gartenanlage des Schlossparks mit ihren geometrischen Formen sowie der kugel-, quader- oder dreiecksförmige Wuchs von Sträuchern, Hecken und Bäumen sollte diesen Eindruck unterstreichen. Die Architektur stand ganz im Dienst der Repräsentation: Das gewaltige Äußere vieler barocker Schlösser (z. B. Schloss Versailles) zeugt ebenso davon, wie die sich halbrund öffnende, verspielt und anmutig wirkende Wieskirche (Oberbayern). Bewusst eingesetzte Lichteffekte (z. B. Kuppeln über dem Altar), Stuckatur und Malerei unterstrichen die sinnliche Wirkung. Auch der Musik kam im Rahmen der höfischen Geselligkeit eine entscheidende Bedeutung zu: In der Oper, die auf der Hofbühne aufgeführt wurde, konnten Musik, Tanz (Ballett), Gesang und Kostümierung als Gesamtkunstwerk zusammenwirken, in das auch das adlige Publikum durch seine Art, sich zu kleiden, zu parfümieren und sich selbst zur Schau zu stellen, einbezogen war.

AUSWIRKUNGEN AUF DIE LITERATUR

Die deutsche Literatur, die sich am französischen Vorbild orientierte, schrieb mehrheitlich die religiös begründete Standesordnung fest. Die in den höfischen Diensten stehenden Dichter verfassten Tragödien (so genannte Haupt- und Staatsaktionen), in denen ein positiv gezeichneter adliger Herrscher im Mittelpunkt stand, oder sie machten sich in Komödien über einfache Bürger und Bauern lustig. Gedichte und Oden entstanden oft als Gebrauchslyrik für feierliche höfische Anlässe; nur im Roman, der damals den Ruf einer minderwertigen Gattung hatte, gab es für die Autoren eine Möglichkeit von diesem Schema abzuweichen.

DER BAROCK

1. Wie war die Lage am Ende des Dreißigjährigen Krieges?

Territorialisierung, Machtverlust Kaiser, $\frac{1}{3}$ dt. Bevölkerung Opfer, Zentralisierung Macht an Höfen → Absolutismus

2. Nenne drei Bereiche der Kunst, in denen der Barock sich entfaltete.

1. ______ **2.** ______ **3.** ______

3. Was trifft auf den Barock zu?

- [x] **A** üppig
- [ ] **B** weltabgewandt
- [x] **C** prunkvoll

4. Welche Literaturgattung wurde im Barock als minderwertig betrachtet?

- [ ] **A** Lyrik
- [ ] **B** Drama
- [x] **C** Roman

5. Welches Gesellschaftsmodell vertrat die Barockliteratur?

- [ ] **A** Die Vorherrschaft des Adels
- [x] **B** Die religiös motivierte Ständeordnung
- [ ] **C** Die Gleichberechtigung aller Menschen

LÖSUNGEN

1. Das Heilige Römische Reich gehörte zu den Verlierern des Krieges, es war zersplittert und Deutschland lag kulturell fast brach. • **2.** Malerei, Musik, Tanz • **3.** A, C • **4.** C • **5.** B

LITERARISCHE GATTUNGEN

- In der barocken Dramatik kann man die **Komödien**, die meist von englischen Wandertruppen aufgeführt wurden, das **Jesuitendrama**, das geistliche Inhalte vermittelte, und das **barocke Trauerspiel**, das höfische und politische Stoffe, so genannte Haupt- und Staatsaktionen zeigte, unterscheiden.
- Beim **Roman** waren die Hauptgattungen heroischer (höfischer) Roman, Schelmenroman und Schäferroman vorherrschend.
- Die **barocke Lyrik** kann in **weltliche** und **geistliche** Lyrik unterschieden werden. Weltliche Lyrik war häufig **Gelegenheitsdichtung** (zu bestimmten Anlässen wie Hochzeiten, Jubiläen, Taufen usw.) oder **Liebeslyrik** im Stil des aus Italien kommenden Petrarkismus. Die geistliche Lyrik ist bestimmt durch die Gegenreformation und durch den Protestantismus. In beiden Konfessionen spielt die Mystik eine herausragende Rolle.

ANDREAS GRYPHIUS

Andreas Gryphius ist der **bedeutendste Lyriker des Barock**. Seine Gedichte umfassen nur einige Themen, die er aber immer wieder neu variierte: **Der Mensch in der Abhängigkeit eines allmächtigen Gottes, Vergänglichkeit allen irdischen Lebens (Vanitas-Motiv), Sehnsucht nach einem besseren Leben im Jenseits**. Gryphius verwendet für seine Sonette meist den Alexandriner (bestehend aus zwei Quartetten und zwei Terzetten), da er damit den Dualismus von Diesseits und Jenseits am besten ausdrücken konnte. Gryphius war mit seinen Tragödien „Leo Armenius“ (1652) und „Cardenio und Celinde“ (1657) und mit seinem Lustspiel „Herr Peter Squentz“ (1658) auch ein erfolgreicher Dramatiker.

MARTIN OPITZ

Martin Opitz war das **Haupt der Schlesischen Schule und tonangebend in Sachen Literatur**. Mit der „Deutschen Poeterey“ (1624) schrieb er eine normative Regelpoetik und beeinflusste mehrere Generationen von Autoren. Von einem guten Dichter forderte er: Kenntnis der antiken wie auch der europäischen Literatur, gepflegte Wortwahl, Vermeidung von mundartlichen Wendungen, Verwendung der deutschen Sprache (anstelle von Fremdwörtern aus dem Lateinischen). Opitz erklärte die Konvention, dass eine Tragödie nur von adeligen, eine Komödie nur von bürgerlichen Personen handeln dürfe (Ständeklausel) für verbindlich. Er beeinflusste auch die Lyrik durch die Bevorzugung von Jambus und Trochäus als Versmaß sowie des Alexandriners (sechshebiger Jambus mit Zäsur nach der dritten Hebung) als Vers. Die Stärke von Opitz lag in der theoretischen Grundlegung der Dichtkunst, weniger in der poetischen Praxis. Zwar veröffentlichte er Gedichte, die man heute – im Gegensatz zur Erlebnisdichtung – der Gesellschaftslyrik zurechnet („Deutsche Poemata“, 1624), doch sind diese ebenso vergessen wie seine Romandichtung.

HANS JAKOB CHRISTOFFEL VON GRIMMELSHAUSEN (CA. 1621–1676)

Auch Grimmelshausen war ein begabter Dichter, doch stand er weitgehend abseits von der gelehrten Welt und den literarischen Zentren des 17. Jahrhunderts. Dies erkennt man auch an seinen Werken: Von ihm ist kein Sonett überliefert, keine Tragödie und auch keine Komödie. Grimmelshausen war ein Volksdichter: Bekannt wurde sein Roman „Der abenteuerliche Simplicissimus Teutsch“ (1668), der die Lebensgeschichte eines einfachen Mannes aus dem Schwarzwald erzählt.

Neueingerichter und vielverbesserter
Abentheurlicher
SIMPLICISSIMUS
Das ist:
Beschreibung deß Lebens eines seltzamen Vaganten/genant Melchior Sternfels von Fuchshaim / wie / wo und welcher gestalt Er nemlich in diese Welt kommen / was er darin gesehen / gelernet / erfahren und außgestanden / auch warum er solche wieder freywillig quittiret hat.
Uberauß lustig/und månniglich nützlich zulesen.
An Tag geben
Von
GERMAN SCHLEIFHEIM
von Sulsfort.

Mompelgart/
Gedruckt bey Johann Fillion/
Im Jahr M DC LXIX.

DIE LITERATUR DES BAROCK

1. Wer sind drei bedeutende Schriftsteller des deutschen Barock?

1. Gryphius 2. Opitz 3. Grimmelshausen

2. Was trifft auf barocke Literatur zu?

- [ ] **A** Aufhebung der Ständeklausel
- [ ] **B** freier Umgang mit der Sprache
- [x] **C** Sonett als vorherrschende Gedichtform

3. Wie heißt ein besonderes Kennzeichen der barocken Lyrik?

- [x] **A** Vanitas-Motiv
- [ ] **B** Ständeklausel
- [ ] **C** lateinische Sprache

+ Carpe diem & memento mori

4. Wie heißt der bekannteste Roman von Grimmelshausen?

____

5. Wer ist kein Barockdichter?

- [ ] **A** Andreas Gryphius
- [x] **B** Peter Squentz
- [ ] **C** Martin Opitz

LÖSUNGEN

1. Martin Opitz; Andreas Gryphius; Hans Jakob Christoffel von Grimmelshausen • **2.** C • **3.** A • **4.** „Der abenteuerliche Simplicissimus" • **5.** B

Das barocke Sonett thematisiert Fragen, die die menschliche Existenz betreffen: Lebenslust und Liebesfreuden, Zeit und Ewigkeit, die Nichtigkeit und Vergänglichkeit der irdischen Existenz, die Schrecken des Krieges, Leben und Tod. Der Gegensatz, der aus dem Wissen um die Endlichkeit der menschlichen Existenz und dem Hunger nach Leben entsteht (man spricht auch von barocker Antithetik), drückt sich im Sonett besonders deutlich durch Zäsuren innerhalb der Verse und zwischen den Quartetten und Terzetten aus.

PAUL FLEMING: AN SICH

Das Gedicht von Paul Fleming behandelt ein typisches Motiv des Barock: den Sinn des Lebens und die Kunst der richtigen Lebensführung. Das Gedicht – ein Sonett bestehend aus zwei Quartetten und zwei Terzetten – ist im Alexandriner verfasst und weist Zäsuren nach der dritten Hebung bzw. nach dem zweiten Quartett auf. Typisch ist die Verwendung von Metaphern („steh höher als der Neid“) und Personifikationen („Hat sich gleich wider dich Glück, Ort und Zeit verschworen“).

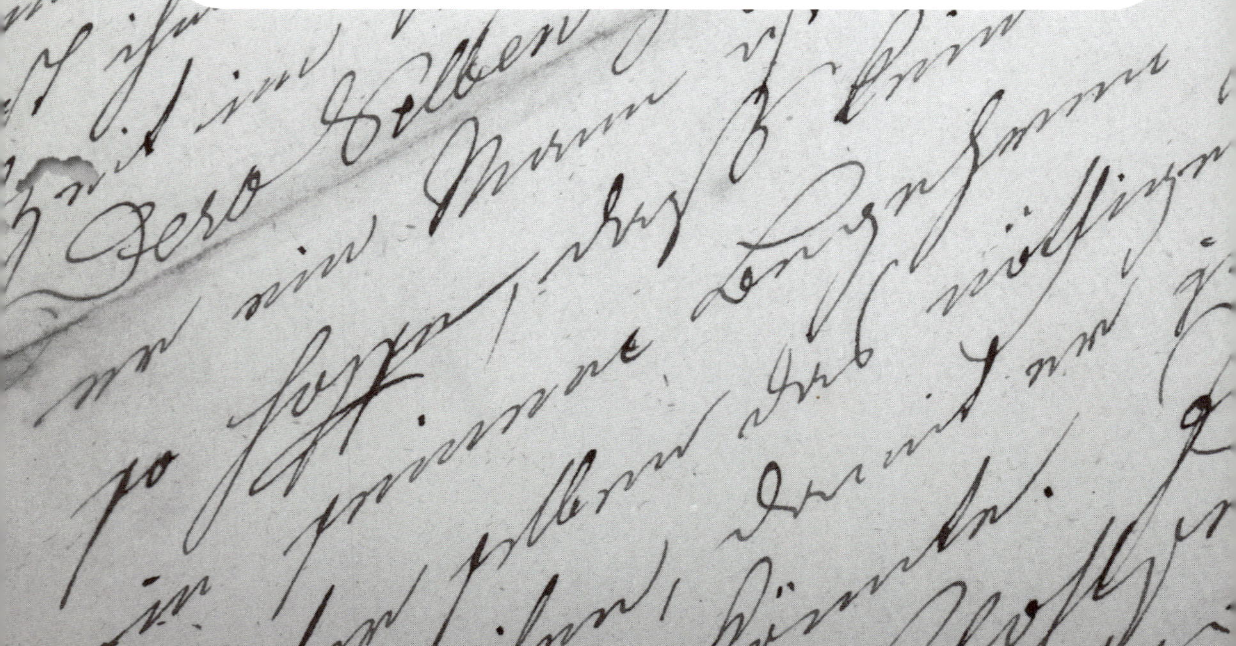

1. Quartett:
Aufruf an den Leser, das Schicksal anzunehmen

2. Quartett:
Aufruf an den Leser, die Hoffnung nicht aufzugeben

DAS SONETT IST PARALLEL ANGELEGT

Paul Fleming: An sich

	Kadenz	Reimschema	Sprache
Sei dénnoch únverzágt, gib dénnoch únverlóren,	w	a	Parallelismus
Weich kéinem Gl´ücke n´icht, steh h´öher áls der Néid,	m	b	Antithesen
Vergnüge dich an dir und acht es für kein Leid,	m	b	
Hat sich gleich wider dich Glück, Ort und Zeit verschworen.	w	a	Personifikation
Was dich betrübt und labt, halt alles für erkoren,	w	a	Ellipse
Nimm dein Verhängnis an, lass alles unbereut.	m	c	
Tu, was getan muss sein, und eh man dir's gebeut.	m	c	
Was du noch hoffen kannst, das wird noch stets geboren.	w	a	Bild
Was klagt, was lobt man doch? Sein Unglück und sein Glücke	w	d	Parallelismus
Ist ihm ein jeder selbst. Schau alle Sachen an:	m	e	Antithesen
Dies alles ist in dir. Lass deinen eitlen Wahn,	m	e	
Und eh du förder gehst, so geh in dich zurücke.	w	d	Chiasmus
Wer sein selbst Meister ist und sich beherrschen kann,	m	e	Wiederholung
Dem ist die weite Welt und alles untertan.	m	e	Bild

1. Terzett:
Hinweis darauf, dass jeder für sein Glück und Unglück selbst verantwortlich ist.

2. Terzett:
Selbstbeherrschung ist die Tugend, die jeder pflegen sollte.

ZU INHALT UND AUFBAU

- Das lyrische Ich erteilt einen Ratschlag: Dieser kann an einen anderen Menschen, die Menschheit im Allgemeinen oder – berücksichtigt man den Titel des Gedichts – an sich selbst gerichtet sein.
- Dieser Rat besagt, dass man sein Leben annehmen soll, wie es ist, dass jeder für sich selbst verantwortlich ist und aus dem, was ihm bestimmt ist, das Beste machen soll. Das Gedicht ist ein barockes Sonett. Es besteht aus vier Strophen, zwei Quartetten und zwei Terzetten. Es ist im sechshebigen Jambus mit Mittelzäsur, dem Alexandrinervers, abgefasst. Das Reimschema lautet abba acca dee dee. Die Kadenzen der a- und d-Reime sind weiblich, die der b-, c- und e-Reime männlich.

ZUR SPRACHLICH-STILISTISCHEN GESTALTUNG

- Die Parallelismen (V. 1/9) betonen im Zusammenhang mit den Antithesen (V. 2/3/9) die Antithetik des Daseins.
- Die Bilder (V. 8/13) veranschaulichen den dargestellten Sachverhalt.
- Auffallend ist der Chiasmus in Vers 2 („Und eh du förder gehst, so geh in dich zurücke."). Dieser Vers ist der Schlüssel zum Verständnis des erteilten Ratschlags: Jeder Mensch soll sich zu Lebzeiten auf sich selbst (und seine Stärken und Schwächen) besinnen.

DAS BAROCKE SONETT

1. Was sind drei typische Motive des barocken Sonetts?

1. ____________ **2.** ____________ **3.** ____________

2. Wie ist der typische Aufbau des Sonetts?

☒ **A** Zwei Quartette und zwei Terzette
☒ **B** 6-hebige Jamben mit Zäsur nach der dritten Hebung
☐ **C** Ein Quartett, zwei Terzette, ein Quartett

3. Wie heißt ein typischer Vers der barocken Lyrik?

☒ **A** Alexandriner
☐ **B** Heldenstrophe
☐ **C** Kreuzreim

LÖSUNGEN

1. Vergänglichkeit, Ewigkeit, Lebenslust • **2.** A, B • **3.** A

3 DIE AUFKLÄRUNG

Einführung und Grundlagen

EINFÜHRUNG

Die Aufklärung ist eine **geistesgeschichtliche und literarische Bewegung des 18. Jahrhunderts**. Üblicherweise setzt man als Eckdaten die Jahre 1720 (Ende des Barockzeitalters) und 1785 (Beginn der Klassik) an. Aufklärerische Strömungen gab es vor allem in Frankreich, England und Deutschland. Das Zeitalter der Aufklärung ist bestimmt durch die hervorgehobene Bedeutung der **Vernunft**: Alles sollte einer rationalen Begründung standhalten. Damit richtete sich die Aufklärung vor allem **gegen irrationale und autoritäre Tendenzen der christlichen Religionen und der absolutistischen Herrschaftsform**. Die literarische Aufklärung war eine Bewegung, die vom Bürgertum in Abgrenzung zur höfischen Gesellschaft des Absolutismus getragen war: Bürgerliche Dichter stellten Inhalte dar, die das Bürgertum betrafen und in denen die moralische Höherwertigkeit des Bürgertums im Verhältnis zum Adel anschaulich gemacht werden sollte. Die Autoren rückten deshalb die bürgerliche Moral und bürgerliche Tugenden in den Mittelpunkt ihrer Darstellung.

WICHTIGE AUTOREN UND WERKE

- Gottsched: Critische Dichtkunst vor die Deutschen (Poetik),
- Lessing: Hamburgische Dramaturgie (Poetik),
- Nathan der Weise (Schauspiel), Miss Sara Sampson, Emilia Galotti (Bürgerliche Trauerspiele),
- Minna von Barnhelm (Lustspiel),
- Gellert: Fabeln,
- Kant: Was ist Aufklärung? (Theoretischer Text)

PHILOSOPHISCHE GRUNDLAGEN

Das Zeitalter der Aufklärung dauerte etwa von 1720 bis 1785; es folgte auf das Barock und endete mit der Klassik. Die Aufklärung ist vor allem eine geistige Bewegung, die von Westeuropa, speziell Frankreich, ausgehend, ganz Europa ergriff. „Aufklärung" ist zunächst nichts anderes als „Rationalismus" (lat. ratio: Vernunft): Was vor der kritischen Vernunft standhält, ist geeignet, Wissenschaft und Gesellschaft, Staat und Kirche auf ein neues Fundament zu stellen. Maßgeblich sind dabei nicht mehr alte Autoritäten, Traditionen und ständische Ordnungen. Hintergrund dieser optimistischen Weltsicht ist die **Entdeckung der Naturgesetze** ab dem 16. Jahrhundert (Entdeckung der Schwerkraft, Erfindung des Blitzableiters, der Dampfmaschine usw.). Die Franzosen erhoben als Erste den Rationalismus zum bestimmenden philosophischen System der Zeit. Führende Denker waren René Descartes (1596–1650), Jean de Montesquieu (1689–1755), D'Alembert (1713–1784), Diderot (1717–1783) und Voltaire (1694–1778). Aufgeklärte Denker in Deutschland wie der Philosoph Immanuel Kant griffen die aus England und Frankreich kommenden Ideen von Vernunft, Toleranz und Weltbürgertum auf. Kants Definition von Aufklärung lautet: „Aufklärung ist der Ausgang des Menschen aus seiner selbst verschuldeten Unmündigkeit".

SCHRIFTSTELLER DER AUFKLÄRUNG

Schriftsteller gestalteten die aufklärerischen Ideen in ihren Romanen und Dramen und machten sie auf anschauliche Weise einer breiteren Öffentlichkeit bekannt.

- Johann Christoph Gottsched prägte die erste Phase der Literatur der Aufklärung (1720–1750). Er veröffentlichte die „Critische Dichtkunst vor die Deutschen", die führende Poetik der Zeit, und bemühte sich um die Reform des Dramas und des Theaters.
- Die zweite Phase (1750–1785) stand im Zeichen Gotthold Ephraim Lessings. Er schrieb mit „Miss Sara Sampson" das erste bedeutende bürgerliche Trauerspiel. Bisher waren die Tragödien den oberen Gesellschaftsschichten vorbehalten gewesen. In seiner Theorie des Theaters, der „Hamburgischen Dramaturgie" formulierte er seine Vorstellungen von Kunst und setzte sich kritisch mit Gottsched auseinander. Die Forderung der Aufklärung nach Toleranz gestaltete Lessing besonders in seinem Schauspiel „Nathan der Weise". Hier werden Vertreter der großen Religionen Christentum, Islam und Judentum zusammengeführt.
- Lessing und Christian Fürchtegott Gellert sind auch als Verfasser von belehrenden Fabeln hervorgetreten. Fabeln hielt man für besonders gut geeignet, die Gedanken der Aufklärung an einfachere Bevölkerungsschichten zu vermitteln.

Vor allem Bürgerliche standen den aufklärerischen Gedanken positiv gegenüber – auch deshalb, weil sie ihnen eine freiere Lebensgestaltung in Abkehr von Kirche und absolutistischem Ständestaat ermöglichten. Die aufklärerische „Moral" sollte das religiöse Wertesystem ersetzen, das man nicht mehr für zeitgemäß hielt. Tugend war vor allem erstrebenswert, weil sich dadurch die Bürger im frühen 18. Jahrhundert von den Adeligen, die man der Untugend und Morallosigkeit bezichtigte, abgrenzen konnten.

DIE AUFKLÄRUNG

1. In welchen Ländern gab es vor allem aufklärerische Strömungen?

____

2. Nenne drei bedeutende deutsche Schriftsteller der Aufklärung.

1. __________ **2.** __________ **3.** __________

3. Welche gesellschaftliche Schicht trieb die Aufklärung voran?

☐ **A** Der Adel ☐ **B** Das Bürgertum ☐ **C** Der Klerus

4. Welche Literaturgattung war in der Aufklärung vorherrschend?

☐ **A** Lyrik ☐ **B** Roman ☐ **C** Drama

5. Ergänze folgenden Satz:

„Aufklärung ist __________ des Menschen aus seiner selbst verschuldeten __________“.

6. Von wem stammt diese Aussage?

☐ **A** Immanuel Kant
☐ **B** Johann Christoph Gottsched
☐ **C** Gotthold Ephraim Lessing

LÖSUNGEN

1. England, Frankreich, Deutschland • **2.** Lessing, Gottsched, Gellert • **3.** B • **4.** C • **5.** Ausgang, Unmündigkeit • **6.** A

LESSING ALS AUFKLÄRER

Lessings Schriften thematisieren das Gedankengut der Aufklärung:

- „Miss Sara Sampson" und „Emilia Galotti": Diese „Bürgerlichen Trauerspiele" zeigen **Figuren aus dem Bürgertum als ernstzunehmende Charaktere** (Emanzipation des Bürgertums)
- „Minna von Barnhelm": eine **eigenständig denkende, kluge und wirtschaftlich unabhängige Frau** ist die Hauptfigur des Dramas (Emanzipation der Frau)
- „Nathan der Weise": Christentum, Judentum und Islam werden als **gleichwertige Religionen** dargestellt (religiöse Toleranz)
- Fabeln: **allgemeine Lebensweisheiten und vernünftiges Handeln** werden für einfache Menschen verständlich dargestellt (Erziehung der Menschen zum eigenständigen Denken)

Lessing war als Dramentheoretiker sowie als Autor von Bühnenstücken und Fabeln innovativ:

- Er setzte durch seine theoretischen Schriften die Ständeklausel außer Kraft und machte es durch Dramen wie „Miss Sara Sampson" und „Emilia Galotti" möglich, dass Figuren aus dem Bürgertum als ernstzunehmende Charaktere auf deutschen Bühnen zu sehen waren.
- Er brachte mit „Minna von Barnhelm" eine couragierte Frau auf die Bühne, die das Selbstbewusstsein der weiblichen Zuschauer stärken konnte und im Sinn der Emanzipation wirkte.
- Er ermunterte durch seine Fabeln die einfachen Menschen, im Sinn der Aufklärung zu handeln.

WICHTIGE LEBENSDATEN UND WERKE

- 1729 am 22. Januar geboren in Kamenz (Sachsen) als Sohn eines Pfarrers
- 1746 Studium der Theologie in Leipzig, erste schriftstellerische Tätigkeit
- 1748 Wechsel zum Medizinstudium in Wittenberg
- ab 1750 Redakteur in Berlin
- ab 1754 Bekanntschaft mit den Aufklärern Moses Mendelssohn und Friedrich Nicolai, erfolglose Bemühungen um eine feste Anstellung, Tätigkeit als Sekretär und freier Mitarbeiter bei verschiedenen Zeitungen
- 1755 „Miss Sara Sampson"
- 1767 „Hamburgische Dramaturgie", „Minna von Barnhelm"
- ab 1770 Bibliothekar an der herzoglichen Bibliothek in Wolfenbüttel
- 1772 „Emilia Galotti"
- 1776 Hochzeit mit Eva König
- 1777 Geburt und Tod des Sohns, Beginn der Auseinandersetzung mit dem Hamburger Hauptpastor Goeze
- 1778 Tod der Ehefrau
- 1779 „Nathan der Weise"
- 1781 am 15. Februar gestorben in Braunschweig

GOTTHOLD EPHRAIM LESSING

1. Was thematisieren Lessings Schriften?

____

2. Nenne drei bedeutende Werke Lessings.

1. ______________ **2.** ______________ **3.** ______________

3. Was war die entscheidende Neuerung in Lessings Dramen?

☐ **A** Das Außerkraftsetzen der Ständeklausel
☐ **B** Dass sie sich an einfache Menschen richteten
☐ **C** Die gleichberechtigte Darstellung der Religionen

LÖSUNGEN

1. Das Gedankengut der Aufklärung • **2.** Minna von Barnhelm, Emilia Galotti, Nathan der Weise • **3.** A

DAS BÜRGERLICHE TRAUERSPIEL ALS WICHTIGE GATTUNG DER AUFKLÄRUNG

In ihrem Erziehungsoptimismus setzten die Autoren der Aufklärung vorwiegend auf das **Theater**. Die Bühne hielten sie für den geeigneten Ort, ihre Ideen einem breiteren Publikum nahe zu bringen.

Mit dem bürgerlichen Trauerspiel setzten sie sich von den Haupt- und Staatsaktionen des Barock ab, verwarfen die **Ständeklausel** und brachten ernstzunehmende Personen auf die Bühne, die aufklärerisches Gedankengut vertraten. Die Theaterbesucher, die vorwiegend dem **Bürgertum** entstammten, erkannten sich und ihre **Lebenswirklichkeit** wieder und wurden zu verlässlichen Besuchern der Aufführungen.

Das Theater als Schule des Volkes

KENNZEICHEN DES BÜRGERLICHEN TRAUERSPIELS

Das bürgerliche Trauerspiel spielt in der Welt des Bürgertums, doch auch Adlige kommen vor. Politische Aspekte werden jedoch nicht thematisiert. Wichtig ist das **Denken und Handeln** der Menschen, das den aufklärerischen Kriterien von Moral und Tugend folgt: Im Mittelpunkt stehen

- Liebe und Treue zwischen den Eheleuten
- Zusammenhalt in der Familie
- Ehrlichkeit
- Menschlichkeit und Mitleid

Die **Entwicklung des bürgerlichen Trauerspiels** beginnt in der Epoche der Aufklärung – das 18. Jahrhundert war zugleich der Höhepunkt dieser Gattung. Das Theater war äußerst publikumswirksam, viele Menschen, die nicht lesen konnten oder kaum Zeit für private Lektüre fanden, gingen ins Theater. Bühnenstücke eigneten sich deshalb besonders für die **erzieherischen Absichten** der Dichter der Aufklärung.

Kennzeichen

- Die Tragik der Handlung entfaltet sich in der Welt des Bürgertums und resultiert oft aus einem Konflikt mit dem Adel.
- Bürger und bürgerlich denkende Menschen, die prinzipiell allen Schichten angehören können, stehen im Mittelpunkt.
- Die Ständeklausel (ernsthafte Darstellung der höfischen Welt in der Tragödie, lächerliche Darstellung der nicht-adeligen Welt in der Komödie) ist aufgehoben.
- Bürgerliches Denken und Handeln ist an einen ausgeprägten Moralkodex gebunden, der dem höfischen Verhalten entgegengesetzt ist:
- Liebe und Treue zwischen den Eheleuten vs. Höfische Mätressenwirtschaft, Zusammenhalt in der Familie vs. Dualismus privates/öffentliches Leben, Ehrlichkeit vs. Intrigantentum, Menschlichkeit und Mitleid vs. rücksichtslose Durchsetzung eigener Interessen, Tugend und Empfindsamkeit als allgemeinmenschliche Werte vs. Machtkalkül.
- Die Handlung des bürgerlichen Trauerspiels ist in der privaten Sphäre der Protagonisten angesiedelt; öffentlich-politische Aspekte werden nicht thematisiert.
- Das bürgerliche Trauerspiel konnte die Ideen von der Emanzipation des Bürgertums vermitteln und wurde deshalb von den Autoren besonders gepflegt. Die heute noch bekanntesten bürgerlichen Trauerspiele stammen aus der Aufklärung und der sich anschließenden Sturm- und Drang-Zeit, die noch in den Gedanken der Aufklärung verwurzelt war.

Aufhebung der Ständeklausel: Bürgerliche stehen im Mittelpunkt

DIE WEITERE ENTWICKLUNG DES BÜRGERLICHEN TRAUERSPIELS

Das bürgerliche Trauerspiel ist eine Gattung des 18. Jahrhunderts. Schon im 19. Jahrhundert, als das Bürgertum die führende gesellschaftliche Rolle erlangt hatte, kommt dem bürgerlichen Trauerspiel keine nennenswerte Bedeutung mehr zu. Lediglich Friedrich Hebbel nahm diese Gattung wieder auf, er gab dem bürgerlichen Trauerspiel aber eine neue Wendung: Die Konflikte spielten sich in seinen Dramen (z. B. „Maria Magdalena", 1844) innerhalb des Bürgertums ab.

WICHTIGE AUTOREN UND WERKE DES BÜRGERLICHEN TRAUERSPIELS

Eine Gattung des 18. Jahrhunderts

- Gotthold Ephraim Lessing: „Miss Sara Sampson" (1755), „Emilia Galotti" (1772)
- Friedrich Schiller: „Kabale und Liebe" (1783)
- Heinrich Leopold Wagner: „Die Kindermörderin" (1776)

DAS BÜRGERLICHE TRAUERSPIEL

1. Welche Aufgabe erfüllte das Theater in den Augen der Aufklärer?

____

2. Nenne drei bedeutende Themen des bürgerlichen Trauerspiels.

1. ______________ **2.** ______________ **3.** ______________

3. Wann verlor das Bürgerliche Trauerspiel seine Bedeutung und warum?

____

4. Was war nicht Thema des Bürgerlichen Trauerspiels?

- ☐ **A** Konflikte Adliger untereinander
- ☐ **B** Die Liebe und Treue zwischen Eheleuten
- ☐ **C** Konflikte zwischen Staaten

LÖSUNGEN

1. Das ungebildete Volk aufzuklären • **2.** Zusammenhalt in der Familie, Tugend und Empfindsamkeit vs. Machtkalkül, Ehrlichkeit vs. Intrigantentum • **3.** Im 19. Jahrhundert hatte sich das Bürgertum vom Adel emanzipiert; deshalb war Aufklärung im Sinne des Bürgerlichen Trauerspiels nicht mehr nötig • **4.** A, C

4 „NATHAN DER WEISE“

Thematik und Inhalt

Gleichwertigkeit aller Religionen

THEMATIK

In Lessings Schauspiel „Nathan der Weise“ wird das Problem der religiösen Toleranz thematisiert.Dem Aufklärer Lessing geht es darum, am Beispiel von Christentum, Judentum und Islam aufzuzeigen, dass alle Religionen gleichwertig sind und keine eine Vorrangstellung über einer anderen beanspruchen darf.

- Im Mittelpunkt von Lessings „dramatischem Gedicht“ steht die Problematik der religiösen Toleranz.
- Der Schauplatz der Handlung ist Jerusalem zur Zeit der Kreuzzüge (1099).
- Lessing geht von dem Grundgedanken aus, dass sich die Menschen von ihren Vorurteilen lösen müssten, um die Welt menschlicher zu gestalten.
- Vorurteile sieht Lessing vor allem im Bereich der Religionen, die in Konkurrenz zueinander stehen, sich gegenseitig bekämpfen und alle einen Absolutheitsanspruch formulieren.
- In seinem Drama „Nathan der Weise“ (1779) tritt Lessing für religiöse Toleranz ein. Er macht deutlich, dass es nicht eine „richtige“ und viele „falsche“ Religionen gibt. Das Handeln der Gläubigen sei ausschlaggebend dafür, ob eine Religion ihrem Anspruch gerecht werden könne.
- Damit vollzieht Lessing den Erziehungsoptimismus der Aufklärung: Er versucht, die festgefahrenen Einstellungen der Menschen zu den verschiedenen Religionen aufzubrechen und sie zu toleranten Weltbürgern zu erziehen, indem er den Wert einer Religion an dem misst, was bei den Menschen ankommt; Schlagworte hierfür sind Menschlichkeit, Humanität, Toleranz, Bescheidenheit, Mitleid, Wertschätzung sowie Achtung und Respekt Andersdenkender.

Erziehungsoptimismus der Aufklärung

Illustration der aufklärerischen Utopie

- Im Schauspiel „Nathan der Weise“ zeigt sich, dass Menschen aufgrund ihrer Fähigkeit zur Vernunft Vorurteile überwinden und ihre Gesinnung ändern können. Dazu müssen sie angeleitet werden – die Funktion kommt im Drama dem Juden Nathan, „dem Weisen“, zu.
- In Lessings Schauspiel wird die Verbundenheit der Menschen verschiedenen Glaubens außerdem in den verwandtschaftlichen Beziehungen offenkundig, die am Ende des Dramas aufgedeckt werden. Ganz im Sinn der Aufklärung sind „alle Menschen Brüder“ (und Schwestern) – die Hauptpersonen des Dramas wirken als Abbild der aufklärerischen Utopie.
- Das Drama will auch auf die Zuschauer erzieherisch wirken: Wenn jeder seine Vorurteile überwinden würde, könnten alle Menschen in Frieden zusammen leben.

INHALT

- 1. Aufzug: Der jüdische Kaufmann Nathan erfährt von der Rettung seiner Adoptivtochter Recha vor dem Feuertod durch einen jungen christlichen Tempelherrn. Der Tempelherr wird gesucht und gefunden, weigert sich aber von einem Juden Dank anzunehmen.
- 2. Aufzug: Die finanziellen Probleme des Sultans werden offenkundig. Der Tempelherr erfährt, dass Recha eine Christin ist.
- 3. Aufzug: Der Tempelherr lernt Recha kennen, verliebt sich in sie, hält bei Nathan um ihre Hand an, wird aber abgewiesen. Nathan erzählt Sultan Saladin die Ringparabel und bietet ihm in seiner Notlage finanzielle Unterstützung an.
- 4. Aufzug: Der Tempelherr reagiert verbittert über die Zurückweisung durch Nathan. Dieser offenbart seine schlechten Erfahrungen mit den Christen, die aber bei ihm keine generellen Vorurteile zur Folge haben.
- 5. Aufzug: Die Probleme lösen sich: Das von Saladin erwartete Geld trifft ein. Die Verwandtschaftsverhältnisse werden aufgeklärt, es herrscht allgemeine Harmonie.

„NATHAN DER WEISE" I

1. Was ist das Thema von „Nathan der Weise"?

2. Welches Ziel verfolgt Lessing mit seinem Drama?

3. Welche Werte sind für Lessing die entscheidenden einer Religion?

4. Wie nennt man die Schlüsselszene des Dramas?

- ☐ **A** Ringparabel
- ☐ **B** Kettenfabel
- ☐ **C** Armreifengleichnis

LÖSUNGEN

1. Die Gleichwertigkeit aller Religionen • **2.** Erziehung der Menschen zu toleranten Weltbürgern • **3.** Menschlichkeit, Humanität, Toleranz, Bescheidenheit • **4.** A

Ein besonderes Kennzeichen von Lessings Schauspiel ist, dass fast alle wichtigen Personen miteinander verwandt sind.

Die Verwandtschaftsverhältnisse werden erst nach und nach enthüllt, wodurch das Drama seine volle Wirkung im Hinblick auf die Forderung nach religiöser Toleranz erfüllt. Es zeigt sich nämlich, dass die Figuren, die über weite Passagen als Gegenspieler agieren, ganz eng miteinander verbunden sind. Dass diese auch noch verschiedenen Religionen angehören, verstärkt die Konfliktsituation. Die Lösung der Konflikte am Ende des Dramas relativiert dann aber die Bedeutung der Religionen – ganz im Sinn der Aufklärung.

PERSONENVERZEICHNIS DES DRAMAS

SULTAN SALADIN

SITTAH, dessen Schwester

NATHAN, ein reicher Jude in Jerusalem

RECHA, dessen angenommene Tochter

DAJA, eine Christin, aber in dem Hause des Juden, als Gesellschafterin der Recha

EIN JUNGER TEMPELHERR

EIN DERWISCH

DER PATRIARCH von Jerusalem

EIN KLOSTERBRUDER

EIN EMIR nebst verschiedenen MAMELUCKEN des Saladin

Die Szene ist in Jerusalem

CHARAKTERE DES DRAMAS

Nathan

- steht im Mittelpunkt der Handlung, der Titel des Dramas weist darauf hin
- Ziehvater Rechas und der Vermittler zwischen den gegnerischen Gruppen
- als Erzieher zur Toleranz (Saladin, Tempelherr) entspricht er von Anfang an der Idee der Aufklärung

Sultan Saladin

- stellt die entscheidende Frage nach der Wertigkeit der Religionen
- wird von Nathan zur Toleranz erzogen

Recha

- schwärmt für ihren Retter, hält ihn für einen Engel
- wird von Nathan zu vernünftigem Denken angeleitet

Daja

- verfolgt ihr Ziel nach Europa zurückzukehren mit Mitteln der Intrige
- erkennt am Ende, dass die Wahrhaftigkeit zum Ziel führt

Der Tempelherr

- ist gefangen in Vorurteilen gegenüber Juden
- leugnet seine Gefühle gegenüber Recha, da er sie für eine Jüdin hält
- erkennt am Ende die Bedeutung der Menschlichkeit

Der Patriarch

- als ein typischer Vertreter der christlichen Kirche gezeichnet
- ist gefangen in seinen Vorurteilen gegen Andersgläubige
- religiöse Toleranz ist ihm fremd

Die Nebenfiguren...

- Sittah
- Ein Derwisch
- Ein Klosterbruder
- Ein Emir
- Mameluken

...haben nur funktionale Bedeutung

DIE PERSONENKONSTELLATION DES DRAMAS

- In Lessings Schauspiel kommt nur eine begrenzte Anzahl von Personen vor.
- Die **Hauptpersonen sind namentlich genannt**. Eine Ausnahme macht der Tempelherr, dessen wahre Identität sich erst später aufklärt. Dass er im Personenverzeichnis nicht mit Namen genannt wird, hat dramaturgische Gründe. Auch Sittah macht eine Ausnahme, sie hat nur funktionale Bedeutung.
- Die Hauptpersonen sind die Träger der Handlung. Sie besitzen eine individuelle Identität und sind als Charaktere gezeichnet. Sie zeigen sich als wandlungsfähig, sind im Sinn der Aufklärung Erzieher oder erziehbar.
- Die **Nebenfiguren werden nicht mit Namen genannt**. Sie besitzen keinen ausgeprägten eigenen Charakter, sondern sind Typen, die im Drama jeweils eine ganz bestimmte Funktion haben.
- Obwohl Lessing sich nicht an die tradierte Ständeklausel hält, wird doch die ranghöchste Figur – Sultan Saladin – im Personenverzeichnis des Dramas als erste genannt.

„NATHAN DER WEISE" II

1. Warum sind alle wichtigen Charaktere des Dramas miteinander verwandt?

2. Inwiefern sind die Hauptpersonen wandlungsfähig im Sinne der Aufklärung?

3. Warum tragen die Nebenfiguren keine Namen?

LÖSUNGEN

1. Der Gegensatz zwischen dem anfänglichen Konflikt zwischen den Figuren und dessen Lösung wird so noch deutlicher • **2.** Sie begraben ihre Vorurteile und Konflikte, sind Erzieher oder erziehbar • **3.** Sie haben jeweils eine bestimmte Funktion im Drama, aber keinen ausgeprägten eigenen Charakter.

5 DER STURM UND DRANG

Grundlagen und wichtige Autoren

EIN DEUTSCHES PHÄNOMEN

Die Epoche des Sturm und Drang gibt es nur in der deutschen Literatur – anders als die Romantik, die man in anderen europäischen Ländern auch kennt. Die Anzahl der Autoren ist überschaubar, es handelt sich um junge Männer, meist Studenten. Der Sturm und Drang war eine Jugendbewegung, die sich nach wenigen Jahren auflöste. Man setzt den Beginn der Sturm und Drang-Zeit üblicherweise mit dem Erscheinen von Herders „Fragmenten über die neuere deutsche Literatur" (1767), ihr Ende mit Schillers Drama „Kabale und Liebe" (1784) an. Schiller verstummte danach für zehn Jahre als Dichter, Goethe verließ Weimar 1786 und kam zwei Jahre später mit einer neuen, klassizistischen Kunstkonzeption zurück. Der Schweizer Christoph Kaufmann gab der Bewegung ihren Namen, indem er Friedrich Maximilian Klingers Schauspiel „Wirrwarr" (1776) in „Sturm und Drang" umbenannte.

Aufklärung und Sturm und Drang verliefen zeitlich parallel – die Geniezeit war jedoch wesentlich kürzer. Das politische System in Deutschland war der aufgeklärte Absolutismus. Trotz der relativ fortschrittlichen, reformfreudigen Haltung mancher Monarchen waren die jungen Sturm und Drang-Autoren mit den sozialen Verhältnissen unzufrieden.

Die Stürmer und Dränger, allen voran Goethe und Herder, aber auch Bürger, Lenz, Leisewitz, Wagner und Schiller waren von der Aufklärung, von Rationalismus und Vernunftoptimismus geprägt. Das Gedankengut der Aufklärung war die Grundlage für das Autonomiestreben der Sturm und Drang-Dichter, denen jedoch die Vernunftorientierung der Aufklärung zu einseitig war. Die Erstarrung und die Unwirksamkeit der Spätaufklärung umschrieb Schiller mit dem Bild vom „tintenklecksenden Säkulum". Die Stürmer und Dränger hatten ein anderes Menschenbild. Sie sahen den Menschen nicht nur als vernünftiges, sondern auch als gefühlsbetontes Wesen. Diese veränderte Sicht des Menschen schlug sich in den Werken der Sturm und Drang-Autoren nieder.

WICHTIGE VERTRETER DES STURM UND DRANG

Anstöße für die Literatur der Stürmer und Dränger gingen von Johann Georg Hamann (1730–1788) aus, der als einer der Ersten den Genie-Begriff verwendete. Sein irrationaler Sprachstil sprach die jungen Autoren an.

Johann Gottfried Herder (1744–1803) war ein Schüler Hamanns und übernahm dessen Genie-Begriff. In seiner Schrift „Das Journal meiner Reise im Jahre 1769" stellt er im Sinne Hamanns das selbstbestimmte Individuum, das sich von gesellschaftlichen Normen löst, in den Mittelpunkt.

Die Begegnung Herders mit dem jungen Goethe in Straßburg brachte Goethe die neuen Gedanken nahe. Gemeinsam arbeiteten sie an der Volksliedsammlung „Stimmen der Völker in Liedern" (1778/79), die wiederum andere Autoren beeinflusste.

Wichtig für die Sturm und Drang-Bewegung war Jean-Jacques Rousseau (1712–1778), der in seinem Roman „Julie ou la Nouvelle Heloise" (1761) Liebe und Ehe in empfindsamen, gefühlvollen Szenen schildert und mit seinem Erziehungsroman „Emile ou de l'Education" (1762) neuartige Erziehungsgrundsätze thematisiert.

Als Vorbild wirkte auch Shakespeare, dessen Figurenzeichnung, Handlungsführung, Sprachverwendung und Dramenkonzeption die Stürmer und Dränger inspirierte. Die in der Nachfolge Shakespeares entstandenen Werke, z. B. „Götz von Berlichingen" und „Die Räuber", wurden von den Zeitgenossen begeistert aufgenommen.

DIE ZIELE DES STURM UND DRANG

Ziel der Autoren war es, in Opposition zum politischen System des aufgeklärten Absolutismus eine **natürliche Gesellschaftsordnung** für die Menschen anzuregen, in der die vom Rationalismus der Aufklärung bisher ausgeschlossenen Werte wie **kreative Schöpferkraft, Eigenverantwortung des Individuums und individuelles Empfinden** (Leidenschaft, Gefühl, Ahnung, Trieb usw.) Bedeutung haben sollten. Hauptthema des Sturm und Drang war der **Konflikt zwischen der natürlichen Lebensweise der Menschen und der bestehenden Kultur bzw. sozialen Ordnung.** Der Konflikt tritt vorwiegend auf als

- Kampf um die politische Freiheit (Schiller: „Kabale und Liebe", Goethe: „Werther")
- Freiheitskampf gegen die Gesellschaft (Goethe: „Götz von Berlichingen", Schiller: „Die Räuber")
- Kampf um die Freiheit der Liebe gegen ihre Beschränkungen durch Standesunterschiede (Schiller: „Kabale und Liebe")
- Problematik der gesellschaftlichen Geschlechtsmoral (H. L. Wagner: „Die Kindermörderin", Motiv des Kindsmords in der Gretchen-Tragödie in Goethes „Faust")
- Kampf um die geistige Freiheit gegen die christliche Kirche (Goethe: „Faust", Goethe: „Werther")
- Kampf für eine natürliche Religion und sittliche Weltordnung (Schiller: „Die Räuber")

DER STURM UND DRANG

1. Warum löste sich die Bewegung des Sturm und Drang nach wenigen Jahren auf?

____

2. Wie lässt sich das Verhältnis zwischen Sturm und Drang und der Aufklärung am besten charakterisieren?

☐ **A** Der Sturm und Drang vertritt die Gegenposition zur Aufklärung und lehnt diese komplett ab.
☐ **B** Beide haben ähnliche Ziele, verfolgen aber unterschiedliche Strategien zu ihrer Durchsetzung.
☐ **C** Die Vertreter des Sturm und Drang halten die Aufklärer für erstarrt und nicht mehr entwicklungsfähig.

3. Nenne drei Gebiete, auf denen sich die Vertreter des Sturm und Drang für die Freiheit des Menschen einsetzten:

1. __________ **2.** __________ **3.** __________

4. Nenne drei wichtige Vertreter des Sturm und Drang:

1. __________ **2.** __________ **3.** __________

LÖSUNGEN

1. Es handelte sich um eine Jugendbewegung • **2.** C • **3.** Kampf um die politische Freiheit; Kampf um die Freiheit der Liebe; Kampf um die geistige Freiheit • **4.** Johann Gottfried Herder, Johann Wolfgang von Goethe, Jean-Jacques Rousseau

1770 kam Goethe als Student nach Straßburg, wo er Herder und seine Ideen von der Volkspoesie kennen lernte. Goethe beschäftigte sich in dieser Zeit mit der deutschen Kultur, er studierte den Bau des Straßburger Münsters, die Lebensgeschichte des Raubritters Götz von Berlichingen und entwarf unter dem Eindruck Shakespeares erste Skizzen zu seinem „Faust"-Drama.

Die Jahre 1771 bis 1775 verbrachte Goethe als Rechtsanwalt in Frankfurt. In dieser Zeit veröffentlichte er die Dramen „Götz von Berlichingen" und „Clavigo", seinen Bestsellerroman „Die Leiden des jungen Werthers" sowie eine Vielzahl an Gedichten (z. B. „Prometheus" und „Ganymed").

1775 wurde Goethe von Herzog Karl August nach Weimar gerufen, wo er bis zur Italienischen Reise (1786–1788) als hoher Beamter in der Verwaltung des Herzogtums tätig war. In dieser Zeit entstanden das Drama „Egmont", die erste Fassung der „Iphigenie" sowie die Urfassung von „Wilhelm Meister".

DER JUNGE GOETHE (1770–1786)

Goethe kam als Student mit 21 Jahren im März 1770 nach Straßburg, um sein Jura-Studium abzuschließen und zugleich eine verschleppte Krankheit auszukurieren. Beides gelang ihm bis zu seiner Abreise im August 1771. In Straßburg lernte Goethe Herder und seine ästhetischen Vorstellungen kennen, was dazu führte, dass Goethe Texte schrieb, die in Form und Tonlage ganz anders waren als die bisher vom französischen Klassizismus beeinflussten Texte. Er pries das Straßburger Münster in der Abhandlung „Von deutscher Baukunst", stellte eine Gestalt aus den Bauernkriegen in den Mittelpunkt seines ersten Dramas „Götz von Berlichingen", verfasste Gedichte im Stil der Volksdichtung („Sesenheimer Lieder") und beschäftigte sich mit dem „Faust", den er aus Kindertagen als Puppenspiel kannte. Dies wirkte sich auf die deutsche Literatur im 18. Jahrhundert insgesamt aus, die die deutsche Volksdichtung und die Kunst des Mittelalters entdeckte. Der „große Kerl", das Kraft- oder Originalgenie, prägte als Motiv die Sturm und Drang-Dichtung. Diese Vorstellung der autonomen, nur sich selbst verantwortlichen Persönlichkeit übernahm Goethe ebenfalls von Herder. Die Rückkehr einer derart übermenschlichen Figur, deren Existenz man idealtypisch im Mittelalter annahm, schien einen Ausweg aus der absolutistischen Enge zu bieten. Die Autoren des Sturm und Drang empfanden sich selbst als „Genie", sie lebten im Konflikt mit den realen gesellschaftlichen Zuständen und konnten von diesem Standpunkt aus an den bestehenden Verhältnissen Kritik üben. 1771 übersiedelte Goethe nach Frankfurt, wo er bis 1775 als Rechtsanwalt arbeitete. In dieser Zeit verfasste er seine großen Sturm und Drang-Dichtungen: 1771 die „Geschichte Gottfriedens von Berlichingen, dramatisiert", den „Urgötz", dem er 1773 als „Götz von Berlichingen" seine endgültige Form gab, 1774 „Clavigo", die Tragödie um Liebe und Treue unter dem Eindruck einer neuen Liebe (zu Charlotte Buff), noch im selben Jahr „Die Leiden des jungen Werthers" und die berühmten Hymnen „Prometheus", „Ganymed", „Wanderers Sturmlied", „Mahomets Gesang", „An Schwager Kronos", in denen er dem genialischen Lebensgefühl eine poetische Form gab. 1775 wurde Goethe schließlich von dem erst 18-jährigen Herzog Karl August aufgrund persönlicher Freundschaft nach Weimar gerufen. Goethe lebte als oberster Beamter als Kriegs- und Finanzminister und Leiter der Verwaltung bis 1786 im Herzogtum Sachsen-Weimar. In diesem „ersten Weimarer Jahrzehnt" benahmen sich der Herzog und Goethe „genialisch", sie ritten aus, vergnügten sich mit den Mädchen auf dem Land und erledigten nebenbei die Regierungsgeschäfte. Trotz dieser vielfältigen Aufgaben und der eher unkonventionellen Lebensweise entstand 1776 der Einakter „Die Geschwister", außerdem begann Goethe die Arbeit an „Egmont", „Iphigenie" (die Prosafassung wurde 1779 vollendet), „Tasso" und „Wilhelm Meisters theatralische Sendung".

WICHTIGE WERKE GOETHES AUS DER ZEIT DES STURM UND DRANG

- 1773 „Götz von Berlichingen" (Drama)
- 1774 „Clavigo" (Drama)
- 1774 „Die Leiden des jungen Werthers" (Roman)
- 1774 „Prometheus" (Hymne)
- 1774 „Ganymed" (Hymne)
- 1775 „Egmont" (Drama)
- 1775 „Wilhelm Meisters theatralische Sendung" (Roman)

GOETHE IM STURM UND DRANG

1. An welchen Orten wirkte Goethe während seiner Sturm-und-Drang-Zeit?

1. ______________ **2.** ______________ **3.** ______________

2. Nenne drei bedeutende Werke Goethes aus seiner Sturm-und Drang-Zeit:

1. ______________

2. ______________

3. ______________

LÖSUNGEN

1. Straßburg, Frankfurt, Weimar • **2.** „Götz von Berlichingen", „Prometheus", „Egmont"

THEMATIK UND INHALT (ÜBERBLICK)

Werther ist ein empfindsamer junger Mann, der ein Mädchen – Lotte – kennen lernt, das aber schon verlobt ist. Als Lottes Verlobter von einer Reise zurückkehrt, besteht der Kontakt weiter. Werther fühlt sich jedoch als „drittes Rad am Wagen“, sucht sich eine Anstellung bei Hofe und will so Distanz zu Lotte gewinnen. Die Hofgesellschaft kränkt Werther, indem sie ihn seine bürgerliche Herkunft spüren lässt. Daraufhin kehrt Werther zu Lotte zurück. Da diese jedoch inzwischen verheiratet ist, wird ihm klar, dass es keine Beziehung zwischen ihnen geben kann. Unter einem Vorwand besorgt er sich eine Pistole und erschießt sich.

Der Roman beschreibt die Situation eines jungen Bürgerlichen, der in der absolutistischen Gesellschaft keinen Platz findet und dem wegen moralischer Zwänge und starrer Konventionen auch kein privates Glück vergönnt ist. So scheint dem Protagonisten der Selbstmord der einzige Ausweg aus dieser Krise zu sein.

INHALT UND HINTERGRUND DES ROMANS

Der Roman ist in zwei Bücher gegliedert: Im ersten Buch verlässt Werther nach Unstimmigkeiten mit seiner Mutter das Elternhaus und reist nach Wahlheim. Dort verliebt er sich auf einem Tanzfest in Lotte, die Tochter des Dorfamtmannes. Albert, der Verlobte Lottes, befindet sich zu dieser Zeit auf einer mehrtägigen Dienstreise, kann also die Treffen der beiden nicht verhindern.
Werther berichtet indessen in Briefen an seinen Freund Wilhelm (die die Grundlage für den Roman bilden) von seiner schwärmerischen Zuneigung zu Lotte. Die Besuche bei ihr werden immer häufiger und führen trotz der Toleranz Alberts, der inzwischen zurückgekehrt ist, zu ernsten Schwierigkeiten. Diesen entzieht sich Werther durch seine Abreise aus Wahlheim.

Zu Beginn des zweiten Buches erfährt der Leser, dass Werther in einer anderen Stadt und durch eine berufliche Tätigkeit Ablenkung sucht. Er kann sich aber nicht mit den Zwängen des Arbeitslebens abfinden, erfährt auch bei Hofe empfindliche Kränkungen und kehrt schließlich zu Lotte zurück, die inzwischen mit Albert verheiratet ist. Lotte hat Werther zwar keinen Augenblick vergessen, rät ihm aber trotzdem, seine Besuche bei ihr einzustellen. Dazu ist dieser in seiner völligen gesellschaftlichen Isolation aber nicht bereit. Er ist erfüllt von seiner grenzenlosen Liebe zu Lotte und sieht keinen anderen Ausweg, als sich mit Alberts Pistole zu erschießen, die er sich von diesem unter dem Vorwand borgt, er würde eine längere Reise unternehmen.

DER ROMAN IST PARALLEL ANGELEGT

	Erstes Buch	Zweites Buch
Stimmung	positiv	negativ
Jahreszeit	Frühjahr, Sommer	Herbst, Winter
Bauernburschen-episode	sanft, anmutig	Verzweiflung, Gewalttätigkeit
Begegnung mit der jungen Frau	das Kind lebt	das Kind ist tot
Atmosphäre im Pfarrhaus	Idylle	Asyl des Bösen, die Bäume sind gefällt
Umwelt	liebliches Tal	plötzliches Tauwetter, Verwüstung
Lektüre Werthers	der heitere Homer	der schwermütige Ossian

„DIE LEIDEN DES JUNGEN WERTHERS“

1. Wie heißen die Protagonisten des Romans?

1. ____________ **2.** ____________ **3.** ____________

2. Wo spielt der Roman?

____

3. Welches Hauptmotiv des Sturm und Drang verwendet der Roman?

____

LÖSUNGEN

1. Werther, Lotte, Albert • **2.** In einem fiktiven Ort namens Wahlheim • **3.** Kampf um die Freiheit der Liebe gegen ihre Beschränkungen durch Standesunterschiede

ERFOLG UND WIRKUNG DES „WERTHER“

Goethes Briefroman von 1774 „Die Leiden des jungen Werthers“ war der erste Bestseller der deutschen Literatur; man sprach sogar von einem um sich greifenden Werther-Fieber. So erfuhr das Werk zahlreiche Auflagen, auch zwei Überarbeitungen durch Goethe (1782 und 1786), außerdem mannigfache Übersetzungen und viele Nachdrucke. Selbst von Napoleon ist überliefert, dass er den Roman mehrmals, angeblich siebenmal, gelesen habe. Es war damals Mode, sich wie Werther zu kleiden (blauer Frack mit Messingknöpfen, gelbe Weste, braune Stulpenstiefel, Filzhut) und wie er empfindsame Briefe zu verfassen. Mehrere Selbstmorde aus Liebeskummer sind erwiesenermaßen durch die Romanlektüre wenn nicht angeregt, so doch gefördert worden. Dies zeigt, dass das Publikum den Roman weniger als Kunstwerk las, sondern seinen Inhalt auf das eigene Leben bezog - so wie man es durch die Lektüre der Bibel gewöhnt war.

Der erste Bestseller

„Werther-Mode“

Die christlichen Kirchen sprachen sich vehement gegen den Roman aus, der wegen seiner unmoralischen Tendenz die Sitten verderben würde. Besonders anstößig waren:

Ablehnung des Romans durch die Kirche

- Werthers Beziehung zu einer Frau, die bereits gebunden (verlobt, später verheiratet) war,
- die implizite Kritik am Adel und damit an der göttlichen Weltordnung (besonders im zweiten Buch),
- die Geringschätzung religiösen Gedankenguts (an die Stelle der Bibel treten im Roman die Werke Homers und Ossians),
- die Darstellung eines Selbstmörders als positiv gezeichnete Hauptfigur eines Romans.

Einige Schriftsteller des 18. Jahrhunderts, mit denen Goethe teilweise selbst bekannt war, reagierten literarisch auf den „Werther“: Sie stellten die Ereignisse aus der Perspektive Lottes dar oder erzählten die Handlung aus der Sicht der Überlebenden weiter. Der Aufklärer Friedrich Nicolai schrieb mit „Die Freuden des jungen Werthers“ (1775) eine Parodie auf Goethes Roman. Darin missglückt Werthers Selbstmord, denn Albert hatte die Pistole mit Hühnerblut gefüllt. Außerdem verzichtet er auf Lotte, so dass dem Glück Werthers und Lottes nichts mehr im Weg stand.

Literarische Reaktionen

ULRICH PLENZDORFS „WERTHER"

Ulrich Plenzdorf veröffentlichte 1973 in der damaligen DDR seinen Roman Die neuen Leiden des jungen W.. Darin steht Edgar Wibeau, der „junge W.", im Mittelpunkt. Als gesellschaftlicher Aussteiger macht er eine Selbstverwirklichungsphase durch und lebt in einer Berliner Laubenkolonie, wo er ein altes Reclamheft ohne Titelblatt findet, das ihn so fasziniert, dass er es in einem Zug liest. Edgar Wibeau befindet sich selbst in einer ähnlichen Lage wie Goethes Werther: Er verliebt sich in die Kindergärtnerin Charlie, hat mit seinem Liebeswerben jedoch keinen Erfolg, da sie bereits gebunden ist. Auf Tonbändern, die an seinen Freund gerichtet sind, beschreibt er seine Situation und unterstreicht sie mit Hilfe von Zitaten aus dem gefundenen „Werther"-Heft. Auf Anraten Charlies versucht sich Edgar Wibeau – wie auch Goethes Werther – als nützliches Mitglied der Gesellschaft; er schließt sich einem Malerkollektiv an. Aufgrund seiner Arbeitseinstellung gerät er mit einem Vorgesetzten in Konflikt, was ihn dazu antreibt, sich zu beweisen. Beim Versuch eine nebelfreie Farbspritzpistole zu konstruieren, die es bislang nirgendwo gibt, experimentiert er in seiner Laube mit völlig unzureichenden Mitteln und stirbt an einem Stromschlag. Plenzdorf überträgt mit seinem Roman die Probleme des Individuums vom 18. ins 20. Jahrhundert und zeigt, dass sich die gesellschaftlichen Zwänge gleichermaßen negativ auf den Einzelnen auswirken.

GOETHES ERFOLG HAT VERSCHIEDENE GRÜNDE:

- Er wählte den **richtigen Zeitpunkt**, in Deutschland einen Roman mit empfindsamem Inhalt zu veröffentlichen. Empfindsame Romane kannte das Lesepublikum aus England und Goethe wollte an diesem Erfolg teilhaben.
- Das Geschehen spielt in der damaligen **Gegenwart** – im Gegensatz zum ebenfalls beliebten Roman „Das Leben des Agathon“ von Christoph Martin Wieland, der auf die Antike zurückgreift.
- Das Geschehen wirkt **real**, nicht konstruiert.
- Man wusste, dass der Roman **biografische Hintergründe** hatte – die Sensationslust des Publikums war geweckt.

WARUM BEARBEITETE PLENZDORF DEN „WERTHER“ NEU?

- Plenzdorf sah **Parallelen zwischen der absolutistischen Gesellschaft des 18. und der sozialistischen Gesellschaft der DDR** des 20. Jahrhunderts und gestaltete sie.
- Beide Gesellschaftsformen lassen dem Individuum aufgrund ihrer starren Moral- und Wertvorstellungen **keinen Platz zur Entfaltung der eigenen Persönlichkeit**.
- Das Individuum, das sich im Sinn der Aufklärung verwirklichen will und selbstständig agiert, ist zum Scheitern verurteilt.

„WERTHER“ ALS BESTSELLER

1. Warum lehnte die Kirche den Roman ab?

1. ____________ **2.** ____________ **3.** ____________

2. Was sind Gründe für den Erfolg des Romans?

1. ____________ **2.** ____________ **3.** ____________

3. Warum wählte Ulrich Plenzdorf den „Werther“ für seine Neubearbeitung?

1. ____________

2. ____________

3. ____________

LÖSUNGEN

1. Werthers Beziehung zu einer gebundenen Frau; Kritik am Ständesystem; positive Darstellung eines Selbstmörders • **2.** Empfindsame Romane waren gefragt; das Geschehen spielt in der Gegenwart und wirkt real • **3.** Parallelen zwischen der Gesellschaft zur Goethezeit und dem Sozialismus

Beim Briefroman handelt es sich, wie der Name sagt, um einen Roman, der aus Briefen besteht. Man kann zwischen dem einstimmigen Briefroman, bei dem die fiktiven Briefe von einer Person stammen, und dem mehrstimmigen Briefroman, bei dem die Briefe mehrerer Personen im Wechsel wiedergegeben werden, unterscheiden. Ein fiktiver Herausgeber – meist handelt es sich um den Autor selbst – stellt die Briefe zur Veröffentlichung zusammen.

KENNZEICHEN DES BRIEFROMANS

Der Briefroman umfasst Briefe einer oder mehrerer Personen, die meist von einem fiktiven Herausgeber, dem Autor des Romans, zusammengestellt sind. Manchmal kommentiert der Autor diese Briefe, er kann aber in das berichtete Geschehen nicht mehr eingreifen. Dies verschafft ihm eine gewisse Distanz zum Geschehen, was besonders bei Tabu-Themen wie dem Selbstmord der Hauptperson in Goethes Roman „Die Leiden des jungen Werthers" ein Grund für die Verwendung dieses Romantyps ist.

Briefromane waren im 18. Jahrhundert auch deshalb besonders beliebt, weil sie den Autoren die Möglichkeit eröffneten, das Innenleben der Protagonisten aus deren Perspektive wiederzugeben, was die Authentizität der Romane erhöhte.

DER BRIEFROMAN IM 18. JAHRHUNDERT

Der Briefroman war besonders im 18. Jahrhundert sehr beliebt, weil er den Autoren die Darstellung der Gefühlswelt und des Innenlebens der Protagonisten ermöglichte. Der englische Autor Samuel Richardson beeinflusste mit seinen Briefromanen „Pamela“ (1741) und „Clarissa“ (1748) die empfindsame Literatur in Deutschland.

Die ersten Briefromane aus Deutschland stammen von Christian Fürchtegott Gellert („Leben der Schwedischen Gräfin von G*** “, 1747–48) und von Sophie von La Roche („Die Geschichte des Fräuleins von Sternheim“, 1771).

Johann Wolfgang von Goethe gelang mit seinem Briefroman „Die Leiden des jungen Werthers“ (1774) ein Bestseller. **Nach dem 18. Jahrhundert nahm die Bedeutung des Briefromans ab.** Nur Friedrich Hölderlins „Hyperion“ (1797–99) fand zahlreiche Leser.

Im 20. Jahrhundert kamen Briefromane nur noch vereinzelt vor (z. B. Walter Jens: „Herr Meister“, 1963).

DER BRIEFROMAN

1. Vervollständige folgende Aussage:

Der Briefroman umfasst Briefe einer oder mehrerer Personen, die meist von einem fiktiven ____________________, dem ____________________, zusammengestellt werden.

Der Briefroman war besonders im ____________________. Jahrhundert sehr beliebt, weil er den Autoren die Darstellung der ____________________ und des ____________________ der Protagonisten ermöglichte.

2. Nenne drei wichtige Werke der Gattung.

1. ____________________ **2.** ____________________ **3.** ____________________

LÖSUNGEN

1. Herausgeber; Autor; 18.; Gefühlswelt; Innenlebens • **2.** Richardson, „Pamela", Gellert, „Leben der Schwedischen Gräfin von G***", Hölderlin, „Hyperion"

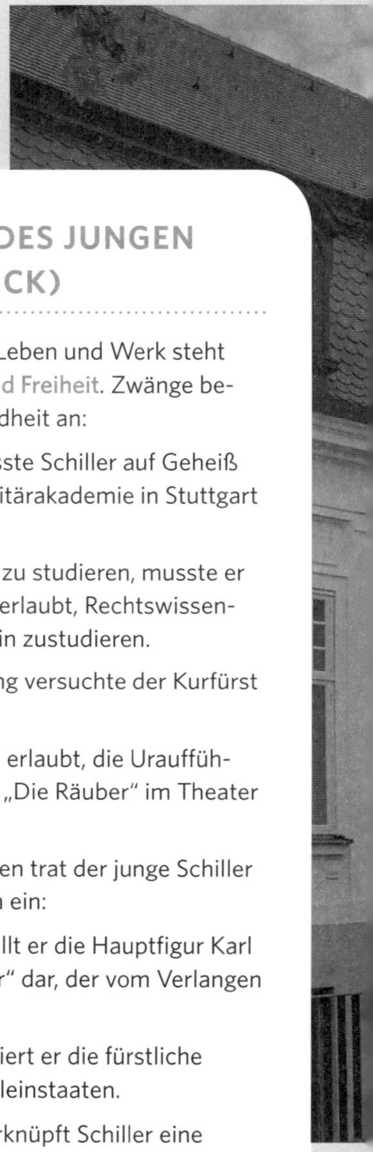

LEBEN UND WERK DES JUNGEN SCHILLER (ÜBERBLICK)

Im Mittelpunkt von Schillers Leben und Werk steht der Gegensatz von Zwang und Freiheit. Zwänge bestimmten sein Leben von Kindheit an:

- Im Alter von 14 Jahren musste Schiller auf Geheiß seines Landesherrn die Militärakademie in Stuttgart besuchen.
- Seinen Wunsch, Theologie zu studieren, musste er aufgeben – es war ihm nur erlaubt, Rechtswissenschaften und später Medizin zustudieren.
- Seine dichterische Begabung versuchte der Kurfürst zu unterdrücken.
- Schiller wurde nicht einmal erlaubt, die Uraufführung seines ersten Dramas „Die Räuber" im Theater zu erleben.

In seinen dichterischen Werken trat der junge Schiller für die Freiheit des Menschen ein:

- Im Drama „Die Räuber" stellt er die Hauptfigur Karl Moor als „edlen Verbrecher" dar, der vom Verlangen nach Freiheit erfüllt ist.
- In „Kabale und Liebe" kritisiert er die fürstliche Willkür in den deutschen Kleinstaaten.
- Im Drama „Don Carlos" verknüpft Schiller eine private Liebesgeschichte mit dem Kampf um politische Freiheit.

DER JUNGE SCHILLER

Friedrich Schiller wurde am 10. November 1759 in Marbach am Neckar in kleinbürgerlichen Verhältnissen als Sohn eines Wundarztes und seiner Frau geboren. Als der württembergische Herzog Karl Eugen dem jungen Schiller ein Studium an der Militärakademie in Stuttgart ermöglichte, war das für die Familie von materiellem Vorteil – allerdings auf Kosten des gewünschten Theologiestudiums. Schiller wählte das Jurastudium, später studierte er Medizin.

Herkunft aus kleinen Verhältnissen

Innerlich lehnte sich Schiller bald gegen den militärischen Geist auf, der über der Ausbildungsstätte, der Karlsschule, schwebte. Die Lektüre von literarischen Werken, die Schiller und seine Altersgenossen interessierte, war verboten – die Werke von Klopstock, Lessing und den Stürmern und Drängern, in denen Schiller und seine Mitstudenten ihre eigenen Gedanken wiederfanden, waren tabu.

Erster Erfolg mit „Die Räuber“

Trotzdem begann Friedrich Schiller sehr bald zu schreiben. Schon mit 21 Jahren gelang ihm mit seinem Schauspiel „Die Räuber“ der große Wurf: Das Stück, das 1780 im Mannheimer Nationaltheater uraufgeführt wurde, fand beim Publikum begeisterte Aufnahme, da es die fürstliche Willkür, die im 18. Jahrhundert in deutschen Kleinstaaten häufig zu finden war, anprangerte. Doch Herzog Karl Eugen konnte sich am sozialen Protest des jungen Dichters nicht erfreuen: Er befahl seinem Untertan Schiller, das Schreiben künftig zu lassen und forderte ihn auf, seinen Beruf als Militärarzt gewissenhaft auszuüben. >>

Strenge Erziehung auf der Karlsschule

Flucht nach Mannheim

>> Schiller dachte jedoch nicht daran, dieser Aufforderung Folge zu leisten. Er schrieb weiter, erkannte aber, dass er nicht in Württemberg bleiben konnte, wo es Karl Eugen jederzeit möglich gewesen wäre, ihn ins Gefängnis werfen zu lassen. Um vor dem Herzog in Sicherheit zu sein, flüchtete Schiller 1782 in die Kurpfalz nach Mannheim. Schon im Jahr 1783 erschien „Die Verschwörung des Fiesco zu Genua", ein politisches Trauerspiel, ein Jahr später das bürgerliche Trauerspiel „Luise Millerin", dem der Schauspieler und Autor rührseliger Familienstücke August Wilhelm Iffland (1759–1814) den publikumswirksameren Titel „Kabale und Liebe" gegeben hatte.

SCHILLER – EIN DICHTER DES STURM UND DRANG?

Schiller gehört nicht zum engen Kreis der Sturm und Drang-Dichter. Zehn Jahre jünger als Goethe, veröffentlichte er sein erstes Drama „Die Räuber" am Ende der Sturm und Drang-Zeit.

Thematisch greift Schiller aber die Ideen der Genie-Zeit auf und stellt vor allem die politischen Aspekte deutlich in den Vordergrund.

DER JUNGE SCHILLER

1. Wodurch sind Leben und Werk des jungen Schiller gekennzeichnet?

☐ **A** Frühe Förderung durch Elternhaus und Obrigkeit
☐ **B** Strenge Erziehung und Zwänge
☐ **C** Flucht ins Ausland wegen der Verfolgung als Dichter

2. Nenne drei wichtige Werke des jungen Schiller.

1. ______________________________

2. ______________________________

3. ______________________________

3. Warum lässt sich der junge Schiller der Bewegung des Sturm und Drang zurechnen?

____

LÖSUNGEN

1. B • **2.** „Die Räuber", „Die Verschwörung des Fiesco zu Genua", „Kabale und Liebe" • **3.** Er greift die Ideen des Sturm und Drang auf, vor allem deren politische Aspekte.

Shakespeare als Vorbild des Sturm und Drang

Die Literatur vor dem Sturm und Drang orientierte sich am französischen Klassizismus. Diese war von **Regelhaftigkeit** geprägt. Die dargestellten Probleme, die auftretenden Figuren und die verwendete Sprache erschien den „jungen Wilden" nicht geeignet, die eigenen Probleme darstellen zu können. Durch die **Abqualifizierung der Franzosen** durch Lessing und seine **Hinwendung zur englischen Literatur** war die Voraussetzung dafür geschaffen, dass die Werke Shakespeares positiv aufgenommen werden konnten. **Für die Stürmer und Dränger wurde Shakespeare zum Vorbild**: Sie begeisterten sich

- an den Inhalten seiner Dramen, die existenzielle Probleme des Menschen thematisieren,
- an der Gestaltung der Figuren, die als eigenständig handelnde, kraftvolle Personen für ihre Überzeugungen einstehen,
- an der Sprache der Werke. Die Figuren drücken sich klar und kraftvoll aus, jeder zärtelnde Ton, den man den Franzosen vorwarf, fehlt.

Regelhaftigkeit vs. Eigenständigkeit

SHAKESPEARE ALS VORBILD

Lessing, 17. Literaturbrief, 1759:

Ablehnung des französischen Dramas

Er [Gottsched] hätte aus unsern alten dramatischen Stücken, welche er vertrieb, hinlänglich ab merken können, dass wir mehr in den Geschmack der Engländer als der Franzosen einschlagen; dass wir in unsern Trauerspielen mehr sehen und denken wollen, als uns das furchtsame französische Trauerspiel zu sehen und zu denken gibt; dass das Große, das Schreckliche, das Melancholische besser auf uns wirkt als das Artige, das Zärtliche, das Verliebte; dass uns die zu große Einfalt mehr ermüde als die zu große Verwickelung etc. Er hätte also auf dieser Spur bleiben sollen, und sie würde ihn geraden Weges auf das englische Theater geführet haben. [...] Wenn man die Meisterstücke des Shakespeare, mit einigen bescheidenen Veränderungen, unsern Deutschen übersetzt hätte, ich weiß gewiss, es würde von bessern Folgen gewesen sein, als dass man sie mit dem Corneille und Racine so bekannt gemacht hat. Erstlich würde das Volk an jenem weit mehr Geschmack gefunden haben, als es an diesen nicht finden kann; und zweitens würde jener ganz andere Köpfe unter uns erweckt haben, als man von diesen zu rühmen weiß. Denn ein Genie kann nur von einem Genie entzündet werden; und am leichtesten von so einem, das alles bloß der Natur zu danken zu haben scheinet und durch die mühsamen Vollkommenheiten der Kunst nicht abschrecket.

Shakespeare als Naturtalent

(Aus: Werke, Bd. 5. Hrsg. v. G. Göpfert. Carl Hanser Verlag, München 1973, S. 527f.)

Goethe, Zum Shakespeares-Tag, 1771

Ich zweifelte keinen Augenblick, dem regelmäßigen Theater zu entsagen. Es schien mir die Einheit des Orts so kerkermäßig ängstlich, die Einheiten der Handlung und der Zeit lästige Fesseln unsrer Einbildungskraft. Ich sprang in die freie Luft und fühlte erst, dass ich Hände und Füße hatte. Und jetzo, da ich sahe, wie viel Unrecht mir die Herrn der Regeln in ihrem Loch angetan haben, wie viel freie Seelen noch drinne sich krümmen, so wäre mir mein Herz geborsten, wenn ich ihnen nicht Fehde angekündigt hätte und nicht täglich suchte, ihre Türme zusammenzuschlagen. [...] Shakespeares Theater ist ein schöner Raritätenkasten, in dem die Geschichte der Welt vor unsern Augen an dem unsichtbaren Faden der Zeit vorbeiwallt. Seine Plane sind, nach dem gemeinen Stil zu reden, keine Plane, aber seine Stücke drehen sich alle um den geheimen Punkt (den noch kein Philosoph gesehen und bestimmt hat), in dem das Eigentümliche unsres Ichs, die prätendierte Freiheit unsres Wollens, mit dem notwendigen Gang des Ganzen zusammenstößt. Unser verdorbner Geschmack aber umnebelt dergestalt unsere Augen, dass wir fast eine neue Schöpfung nötig haben, uns aus dieser Finsternis zu entwickeln. [...] Die meisten von diesen Herren stoßen auch besonders an seinen Charakteren an. Und ich rufe: Natur! Natur! nichts so Natur als Shakespeares Menschen. Da hab' ich sie alle überm Hals.

„Geniehaftigkeit" Shakespeares

Lasst mir Luft, dass ich reden kann!

Er wetteiferte mit dem Prometheus, bildete ihm Zug vor Zug seine Menschen nach, nur in kolossalischer Größe; darin liegt's, dass wir unsre Brüder verkennen; und dann belebte er sie alle mit dem Hauch seines Geistes, er redet aus allen, und man erkennt ihre Verwandtschaft.

(Aus: Werke. Hamb. Ausg. textkritisch durchgesehen v. Erich Trunz. dtv, München, Bd.12)

SHAKESPEARE ALS VORBILD DES STURM UND DRANG

1. Warum lehnten die Vertreter des Sturm und Drang die französische Dramatik ab?

- ☐ **A** Sie war von strenger Regelhaftigkeit geprägt.
- ☐ **B** Sie behandelte keine lebensnahen Probleme.
- ☐ **C** Ihre Sprache wurde als gekünstelt und kraftlos betrachtet.

2. Nenne drei Aspekte im Werk Shakespeares, die die Stürmer und Dränger begeisterten.

1. ____________ **2.** ____________ **3.** ____________

3. Was kritisiert Goethe am zeitgenössischen Theater?

____

____

LÖSUNGEN

1. A, C • **2.** Die Inhalte seiner Dramen; die Figurengestaltung; Shakespeares Sprache • **3.** Er empfindet die Regelhaftigkeit der Dramatik als einengend und die „Natur" unterdrückend.

KABALE UND LIEBE: INHALT

Luise, Tochter des Stadtmusikanten Miller, und Ferdinand, Sohn des Gerichtspräsidenten von Walter, lieben sich. Beide Väter sind gegen diese Beziehung, wenn auch aus unterschiedlichen Gründen.

- Miller fürchtet Probleme, weil er weiß, dass Standesunterschiede nicht durch eine Hochzeit aufgehoben werden können;
- Präsident von Walter möchte seinen Sohn mit Lady Milford verheiraten. Sie ist die Mätresse des Herzogs und so erhofft er sich, dass sie ihm bei Hof den Einfluss, den er sich wünscht, sichern könnte.

So setzen beide Elternhäuser alles daran, die Beziehung zwischen Ferdinand und Luise zu verhindern. Der Gerichtspräsident bedient sich einer List: Luises Eltern werden verhaftet, sie selbst gezwungen, einen derart verfänglichen Brief zu verfassen, dass Ferdinand, dem dieser in die Hände gespielt wird, von der Untreue Luises überzeugt sein muss. Ferdinand reagiert auf diese vermeintliche Untreue, indem er Luise und anschließend sich selbst vergiftet.

THEMATIK

Schiller kritisiert den absolutistischen Ständestaat anhand der unterschiedlichen Moralvorstellungen, die zwischen Adel und Bürgertum herrschen.

An Shakespeares „Romeo und Julia" angelehntes Ende

HANDLUNG

Schillers bürgerliches Trauerspiel „Kabale und Liebe" spielt an zwei Tagen in einer deutschen Residenzstadt am Ende des 18. Jahrhunderts. Das Drama ist in fünf Akte gegliedert. Die Handlung entwickelt sich folgendermaßen:

- 1. Akt: In beiden Familien gibt es Auseinandersetzungen wegen der Beziehung bzw. Pläne die bevorstehende Hochzeit betreffend.
- 2. Akt: Präsident von Walter will seinen Sohn zur Heirat mit Lady Milford zwingen und attackiert dazu die Familie Miller.
- 3. Akt: Höflinge zetteln im Sinn des Gerichtspräsidenten eine Intrige an, die Ferdinand und Luise entzweien soll.
- 4. Akt: Ferdinand fällt auf das Intrigenspiel herein und gibt Luise auf. Luise entsagt unter dem äußeren Druck ihrer Liebe zu Ferdinand.
- 5. Akt: Die Handlung mündet in die Katastrophe: Ferdinand vergiftet Luise und sich selbst. Erst in der letzten Szene wird das Komplott aufgedeckt.

ADLIGE WERTVORSTELLUNGEN VS. BÜRGERLICHE WERTVORSTELLUNGEN

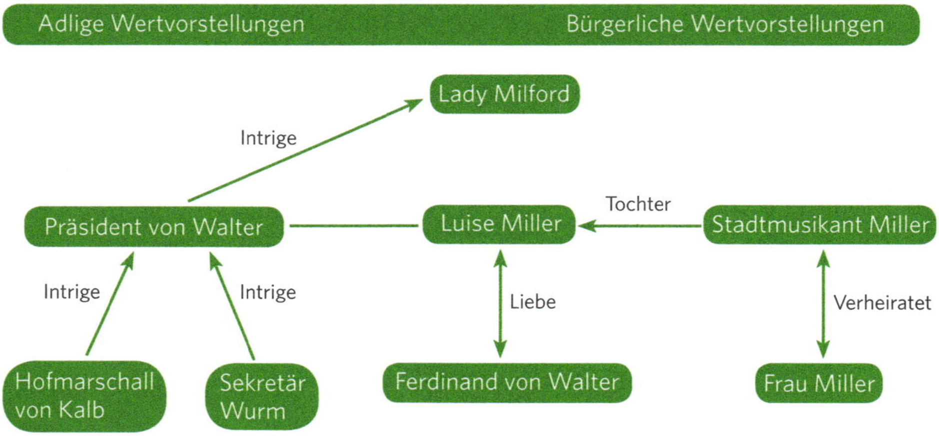

„KABALE UND LIEBE I"

1. Was ist das Thema des Stückes?

____

2. Inwiefern kollidieren in dem Stück adlige und bürgerliche Wertvorstellungen?

____

____

____

3. Welches Stück greift Schiller mit dem Ende seines Dramas auf?

____

LÖSUNGEN

1. Kritik am absolutistischen Ständestaat • **2.** Präsident von Walter möchte sich durch eine vorteilhafte Heirat seines Sohnes Einfluss bei Hofe sichern; Stadtmusikant Miller weiß um die Bedeutung von Standesunterschieden • **3.** Shakespeares „Romeo und Julia"

5 „Kabale und Liebe“ als typisches Drama des Sturm und Drang

Schillers Schauspiel „Kabale und Liebe“ ist ein typisches Drama des Sturm und Drang, wenn es auch nicht alle Kriterien, die es als solches kennzeichnen, erfüllt:

- „Kabale und Liebe“ ist ein bürgerliches Trauerspiel, da der Konflikt, der zur Katastrophe führt, in der bürgerlichen Welt angesiedelt ist. **Bürgerliche werden – entgegen der noch vor kurzem geltenden Ständeklausel – als tragödienfähig angesehen.**
- Im Zentrum des Dramas steht die **Kritik an der absolutistischen Ständegesellschaft** – ein typisches Sturm und Drang-Thema.
- Das Drama handelt von einem **zwischenmenschlichen Konflikt**, bei dem die gesellschaftlichen Bedingungen den Rahmen bilden – auch das ist für den Sturm und Drang typisch.
- Ferdinand von Walter ist als typische Sturm und Drang-Figur angelegt: Sein Vertrauen auf sein „Herz“ und sein unbedingter Subjektivismus lassen ihn am Ende scheitern.
- Die Figuren sprechen ihrem jeweiligen Stand angemessen individuell anders.

Eher **untypisch** für ein Sturm und Drang-Drama ist die **regelmäßige Bauform** sowie die **Einteilung der Handlung in fünf Akte**.

THEMATIK

Schiller stellt die Wertewelt dar, die im Adel und im Bürgertum am Ende des 18. Jahrhunderts vorherrschend war. Diese ist völlig unterschiedlich:

- Im Adel gelten Werte wie Staatsräson, politisches Kalkül, Eigennutz, Machtgier.
- Im Bürgertum zeigt man sich anständig, religiös und schicksalsergeben. Das „Herz" ist die letzte Beurteilungsinstanz für das Handeln.

Durch diese moralische Überlegenheit wird das Bürgertum aufgewertet und der absolutistische Ständestaat kritisiert.

INHALT

Wie es für Sturm und Drang-Dramen typisch ist, steht nicht ein Aspekt der „hohen Politik" im Mittelpunkt des Geschehens, sondern ein zwischenmenschliches Problem, die Liebe zwischen einem Adeligen und einer Bürgerlichen. Die absolutistische Staatsform und die damit verbundene gesellschaftliche Ungleichheit der Protagonisten bildet dafür lediglich den unverzichtbaren Hintergrund, vor dem sich das Geschehen abspielt.

GATTUNG UND BAUFORM

„Kabale und Liebe" ist ein bürgerliches Trauerspiel. Die Ständeklausel ist außer Kraft gesetzt, Vertreter des Bürgertums treten als gleichwertige (und moralisch höherstehende) Gegenspieler zu den adligen Figuren auf.

Die Bauform des Dramas entspricht weniger den Kennzeichen der Sturm und Drang-Stücke. Anders als z. B. in Goethes „Götz von Berlichingen" gibt es nicht die von Shakespeare übernommenen >>

>> „Fetzenszenen“; „Kabale und Liebe“ ist entsprechend der traditionellen Bauform in fünf Akten (mit Exposition, steigender Handlung mit Entfaltung des Konflikts, Höhepunkt, fallender Handlung mit Retardation und Katastrophe) angelegt.

FIGURENCHARAKTERISIERUNG

Typische Sturm und Drang-Figuren sind die beiden Gegenspieler, der Präsident von Walter und sein Sohn Ferdinand.

- Der Präsident ist negativ gezeichnet: Ihm ist nur sein eigener Vorteil wichtig, nicht das Glück seiner Familie. Selbst sein Sohn ist für ihn nur die Spielfigur seiner Intrigen. Dabei macht er sich aber selbst die Finger nicht schmutzig; dieses Geschäft überlässt er seinen Untergebenen.
- Sein Sohn Ferdinand gehört zu den „gemischten Charakteren“. Zwar ist er in seiner Ehrlichkeit und tugendhaften Lebensweise, in seinem Vertrauen auf seine Gefühle und seiner Opposition zum Vater eine typische – positiv gezeichnete – Sturm und Drang-Figur. Sein unbedingter Subjektivismus verbaut ihm aber sowohl den Blick auf die Realität, als auch den Zugang zu Luise, wodurch er die Katastrophe schließlich nicht verhindern kann.

SPRACHE DER FIGUREN

Auch die Sprache trennt die adlige von der bürgerlichen Welt.

- In der höfischen Welt äußert man sich geschliffen unter Einbeziehung von Höflichkeitsfloskeln und leeren Phrasen, oft pathetisch, zugleich zynisch und arrogant.
- Die Bürger – allen voran Miller – sprechen natürlich, unverblümt, manchmal in religiöser Metaphorik, manchmal derb.

„KABALE UND LIEBE II"

1. Was ist an „Kabale und Liebe" typisch, was ist untypisch für den Sturm und Drang?

Typisch sind die ____________________ und die ____________________,

untypisch ist die ____________________ Bauform sowie

die ____________________ in fünf ____________________.

2. Welche widerstreitenden Charakterzüge zeigen sich in Ferdinand von Walter?

____

3. Inwiefern trennt die Sprache in dem Drama die adlige von der bürgerlichen Welt?

____

LÖSUNGEN

1. Sprache, Figuren, regelmäßige, Einteilung, Akte • **2.** Ehrlichkeit und Tugendhaftigkeit vs. Ich-Bezogenheit / Subjektivismus • **3.** Der Adel spricht in phrasenhaften Floskeln, die Sprache der Bürger ist unverstellt und natürlich.

6 DIE WEIMARER KLASSIK

Grundlagen

Die Weimarer Klassik ist eine deutsche Antwort auf die Französische Revolution. Herrschte in Frankreich Chaos, setzte man dem aus der deutschen Sicht das aus der Antike entlehnte Ideal des guten und schönen Menschen entgegen. Harmonie und Humanität wurden zu erstrebenswerten Zielen der persönlichen, aber auch der gesellschaftlichen Entwicklung.

Goethe und Schiller waren die Vertreter der Weimarer Klassik. Ihre Ideen legten sie zumeist in Dramen dar.

DER BEGRIFF „KLASSIK"

„Klassik" leitet sich vom lateinischen Begriff „classicus" her, der Bezeichnung für die Angehörigen der höchsten Steuerklasse in Rom, steht aber bald für „vorbildlich, mustergültig".

In der deutschen Literatur kann man zwei klassische Epochen unterscheiden:

- Die erste ist um 1200 anzusetzen, man spricht in Anlehnung an das herrschende (und damit die Kultur bestimmende) Königsgeschlecht von der „Staufischen Klassik".
- Eine zweite klassische Periode gab es um 1800. Dabei spielt noch eine weitere Begriffsveränderung von „klassisch" eine Rolle: Als klassisch wird nun die Literatur bezeichnet, die sich in Inhalt und Form auf die Antike Griechenlands und Roms bezieht.

DIE WEIMARER KLASSIK

Unter Weimarer Klassik versteht man das **Kunstideal, das um 1800 in Weimar führend von Goethe und Schiller entwickelt wurde**. Zwei Ereignisse markieren die zeitliche Einordnung der „Weimarer Klassik“: **1786 brach Goethe zu seiner Italienreise auf**, während der er ganz unmittelbar mit den Zeugnissen der römischen Vergangenheit konfrontiert wurde. **Nach 1805, also dem Todesjahr Schillers, wandte sich Goethe von den gemeinsam erarbeiteten klassischen Positionen ab;** seine Dichtung nimmt romantische Züge an.

WICHTIGE WERKE

Goethe:

1787 „Iphigenie auf Tauris“

1808 „Faust. Der Tragödie erster Teil“

1809 „Die Wahlverwandtschaften“

Schiller:

1798 „Wallenstein“

1800 „Maria Stuart“

1804 „Wilhelm Tell“

POLITISCHE UND KULTURELLE VORAUSSETZUNGEN

Klassisches Ideal: Das Wahre, Gute und Schöne

Die Zeit um 1800 war geprägt von politischer Unruhe und großen Umwälzungen. Die Auswirkungen der Französischen Revolution waren auch in Deutschland deutlich zu spüren. Löste anfangs der Ruf nach Freiheit, Gleichheit und Brüderlichkeit Begeisterung im Deutschen Reich aus, führten das wachsende Chaos und der fortschreitende Terror der Jakobiner bald zu einer Hinwendung zu allgemeingültigen und überzeitlichen Ideen, die man in der Antike verwirklicht sah. Das antike Welt- und Menschenbild wurde somit vorbildhaft für die Krisenzeit um 1800. **Der poetische Gegenentwurf zur politischen Realität ist der in sich ruhende gute und schöne Mensch.** Harmonie und Humanität sind wesentliche Ziele. Die philosophischen Grundlagen der Epoche gehen auf Immanuel Kant zurück, dessen **kategorischer Imperativ** lautet: „Handle so, dass die Maxime deines Willens jederzeit zugleich als Prinzip einer allgemeinen Gesetzgebung gelten könne."

AUTOREN UND WERKE DER WEIMARER KLASSIK

Die Weimarer Klassik wurde von **Goethe und Schiller** getragen. Beide Autoren propagierten die Ideen, die sie in der griechischen und römischen Antike verwirklicht sahen, im von Krisen und Ängsten gezeichneten Deutschland.

Ein erweiterter Klassik-Begriff bezieht auch die Autoren ein, die um 1800 geschrieben und sich auch auf die Antike bezogen haben, jedoch nicht in direktem Kontakt zum Weimarer Kreis standen wie Friedrich Hölderlin, Jean Paul und Heinrich von Kleist.

DIE WEIMARER KLASSIK

1. Auf welche politisch-gesellschaftliche Entwicklung reagierte die Weimarer Klassik?

☐ **A** Die politische Zersplitterung Deutschlands
☒ **B** Die Gräuel der französischen Revolution
☐ **C** Die Gründung der Vereinigten Staaten im Jahre 1786

2. Welche Ideale pflegte die Weimarer Klassik?

Harmonie und Humanität

3. Welche klassische Periode kennt die deutsche Literatur neben der Weimarer Klassik?

____

4. Auf welcher philosophischen Grundlage baut die Weimarer Klassik auf?

☒ **A** Auf Kants kategorischem Imperativ
☐ **B** Auf den Lehren der griechischen Philosophen
☒ **C** Auf dem Humanitätsideal

LÖSUNGEN

1. B • **2.** Harmonie und Humanität • **3.** Die staufische Klassik • **4.** A, C

GOETHES WEG ZUM KLASSISCHEN KUNSTIDEAL

Während seiner Reise durch Italien (1786–1788) und besonders in Rom lernt Goethe viele Skulpturen und Bauwerke der Antike kennen.

- Die Antike wurde für ihn dabei zum Vorbild für die Kunst schlechthin.
- **Klassische Versmaße** gewannen gegenüber den traditionellen an Bedeutung.
- Goethes Menschenbild orientierte sich mehr und mehr an den **antiken Vorbildern**.
- Kontakte zu Künstlern prägen seine universelle Kunstauffassung.
- Das Lebensgefühl unter südlicher Sonne kommt Goethes Vorlieben entgegen.

LITERARISCHE UMSETZUNG DES KLASSISCHEN KUNSTIDEALS

- Goethe orientierte sich an den menschlichen und gesellschaftlichen Werten, die in der Antike galten.
- Die Stoffe, Motive und Figuren sind oft den klassischen Werken der Mythologie entlehnt.
- Goethe nimmt antike literarische Formen in sein Repertoire auf.
- Er verwendet die in der Antike gepflegten literarischen Gattungen, Formen und Versmaße und **passt sie den neuen Gegebenheiten an**.

DER KLASSISCHE GOETHE

Goethes klassische Phase beginnt mit der **Italienischen Reise** (1786–1788). Auf Drängen des Herzogs war Goethe im November 1775 nach Weimar gekommen. Als Minister war er ins politische und gesellschaftliche Leben des Herzogtums eingebunden, nebenher schrieb er am „Wilhelm Meister", am „Tasso" und an „Iphigenie". Doch **Weimar wurde Goethe bald zu eng** und die **Überlastung mit politischen Ämtern** zu drückend. Auch die **ungeklärte Beziehung zu Charlotte von Stein** belastete Goethe.

„Flucht" nach Italien

So nützte er einen Aufenthalt in Karlsbad, um sich fast fluchtartig nach Italien abzusetzen. Nur sein Sekretär in Weimar war eingeweiht, als sich Goethe am 3. September 1786 unter dem Decknamen Jean Philippe Möller und der Berufsbezeichnung „Maler" nach Italien aufmachte. Goethe fuhr über den Brenner nach Trient, weiter nach Verona, Vicenza, Venedig, Padua und Florenz nach Rom. Dort blieb er vom 29. Oktober 1786 bis zum 22. Februar 1787. Anschließend zog er weiter nach Sizilien. Auf der Rückfahrt machte er noch einmal in Rom Halt, ehe er über Mailand, Como und Chur am 18. Juni 1788 wieder in Weimar eintraf.

In der Begegnung mit der römischen Antike, mit dem Maler Tischbein, dem Dichter Karl Philipp Moritz und durch kunstgeschichtliche und naturwissenschaftliche Studien entwickelte Goethe eine Kunstauffassung, die sich von der des Sturm und Drang unterscheidet.

Entwicklung einer neuen Kunstauffassung

Die Reise nach Italien hatte für Goethe und seine Kunstauffassung höchste Bedeutung. Das, was wir heute „klassisch" nennen, bekam damals seine endgültige Gestalt.

In einem Brief an Herzog Karl August vom 25. Januar 1788 drückte Goethe dies so aus: „Als ich zuerst nach Rom kam, bemerkte ich bald, dass ich von Kunst eigentlich nichts verstand und ich bis dahin nur den allgemeinen Abglanz der Natur in den Kunstwerken bewundert und genossen hatte, hier tat sich eine ganz andere Natur, ein weites Feld der Kunst vor mir auf, ja ein Abgrund der Kunst, in den ich mit desto mehr Freude hineinschaute, als ich meinen Blick an die Abgründe der Natur gewöhnt hatte."

GOETHES KLASSISCHE KUNSTTHEORIE

Goethes klassische Kunsttheorie ist geprägt von folgenden Aspekten:

- Selbstverständnis des Dichters: Der **Dichter als Erzieher**
- Aufgabe der Dichtung: Bildung und Erziehung, Schaffung von überzeitlichen Kunstwerken
- Rückgriff auf **Stoffe und Themen der Antike**, die Vorbildcharakter hatten
- Gestaltung des modellhaft Typischen, Vorbildlichen
- Thematisierung von Aspekten wie **Humanität, Willensfreiheit, Schuld und Versöhnung**
- Verwendung von Figuren, die als **Repräsentanten philosophischer oder geschichtlicher Prinzipien** galten (z. B. Iphigenie, Tasso, Faust)
- Orientierung an **antiken Gattungen** wie Tragödie, Epos, Ode und Elegie
- Perfektion der künstlerischen Gestaltung durch **Formstrenge und Regelhaftigkeit**
- Verwendung aus der Antike stammender **sprachlicher Gestaltungsmittel** wie Hochsprache, Metapher, Distichon, Antilabe und Stichomythie

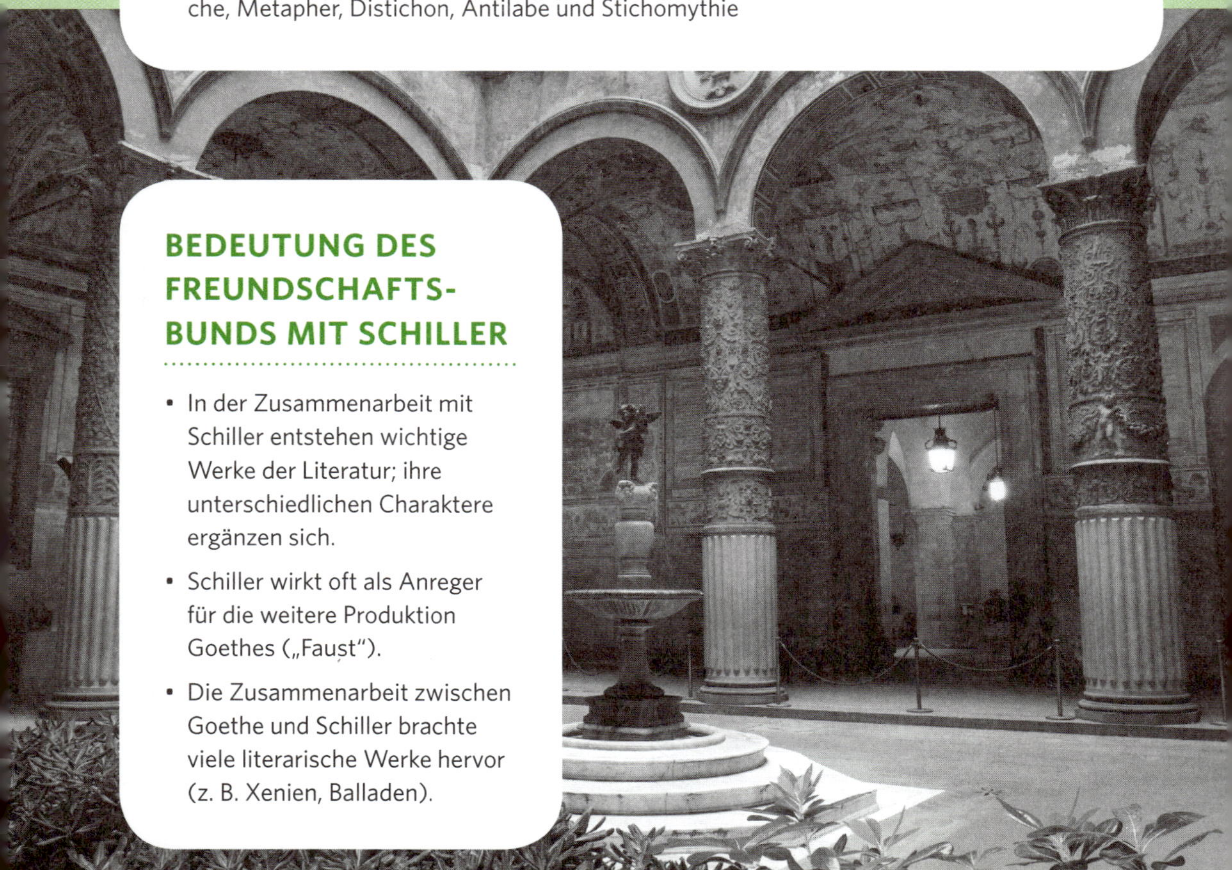

BEDEUTUNG DES FREUNDSCHAFTSBUNDS MIT SCHILLER

- In der Zusammenarbeit mit Schiller entstehen wichtige Werke der Literatur; ihre unterschiedlichen Charaktere ergänzen sich.
- Schiller wirkt oft als Anreger für die weitere Produktion Goethes („Faust").
- Die Zusammenarbeit zwischen Goethe und Schiller brachte viele literarische Werke hervor (z. B. Xenien, Balladen).

DER KLASSISCHE GOETHE

1. Welches Ereignis in Goethes Leben gab den entscheidenden Anstoß für die Entwicklung seiner klassischen Kunstauffassung?

____

2. Wie setzt Goethe dieses Kunstideal literarisch um?

1. ____________ **2.** ____________ **3.** ____________

3. Die Weimarer Klassik folgt im Schaffen Goethes und Schillers auf deren Sturm und Drang-Zeit. Welche der folgenden Aspekte treffen auf welche Epoche zu? Finde Gemeinsamkeiten und Unterschiede.

1. Thematisierung von Aspekten wie Humanität, Willensfreiheit, Schuld und Versöhnung

2. Perfektion der künstlerischen Gestaltung durch Formstrenge und Regelhaftigkeit

3. Selbstverständnis des Dichters: Der Dichter als Erzieher

LÖSUNGEN

1. Goethes Italienreise, 1786 bis 1788 • **2.** Orientierung an antiken Werten; Übernahme antiker literarischer Formen; Übernahme von Stoffen, Motiven und Figuren aus der antiken Mythologie • **3.** 1: beide; 2: Klassik; 3: beide

DER IPHIGENIE-STOFF BEI EURIPIDES UND BEI GOETHE

Der Iphigenie-Stoff wurde schon öfter behandelt, u.a. von Euripides und von Goethe. Dabei blieb das Grundkonzept der Handlung das gleiche, die Schwerpunkte wurden jedoch anders gesetzt.

Euripides: **Iphigenie in Aulis (um 410 v. Chr.)**	**Goethe:** **Iphigenie auf Tauris (1787)**
Opferforderung der Artemis als Wahnidee Kalchas', Rettung Iphigenies	Opferung Iphigenies durch ihren Vater Agamemnon, Rettung durch Diana
Iphigenie als Priesterin in Aulis, bringt Menschenopfer	Iphigenie als Priesterin auf Tauris weigert sich, Menschenopfer zu bringen.
Orest will die Statue der Artemis heimholen, um von der heiligen Krankheit erlöst zu werden.	Orest will das „Bild der Schwester" heimholen, um vom Fluch erlöst zu werden (Doppelsinn: gemeint ist nicht die Schwester der Artemis, sondern die Schwester Orests, also Iphigenie)
Die List geht von Iphigenie aus.	List gegen Thoas geht von Pylades aus.
Iphigenie hat keine Gewissensbisse.	Großer innerer Kampf Iphigenies, der in die Beichte gegenüber Thoas mündet.
Lösung: Die Göttin Athene tritt auf und lenkt ein.	Lösung: menschliches Verhalten statt göttlicher Hilfe.
Thoas hat keine Wahl.	Thoas lenkt freiwillig ein.

ÄUSSERE HANDLUNG

Die äußere Handlung in den Iphigenie-Dramen von Euripides und Goethe ist fast die gleiche: Iphigenie soll der Göttin Artemis/Diana geopfert werden, wird jedoch gerettet und dient der Göttin als Priesterin. Bei Euripides will der Bruder Iphigenies, Orest, die Statue der Göttin heimholen, um von der heiligen Krankheit – der Epilepsie –, an der er leidet, geheilt zu werden. Auch bei Goethe geht es um die Heimholung des Bildes der Schwester, hier ist jedoch Iphigenie gemeint. In beiden Dramen gelingt ein positives Ende, wenn auch aus anderen Gründen.

EINFLÜSSE DURCH DIE ITALIENISCHE REISE

Neue Ästhetik

Formaler Einfluss der italienischen Reise

Beeinflusst durch die auf der Italienischen Reise gewonnenen Eindrücke und Kenntnisse über die Antike entwickelte Goethe seine Ästhetik, in deren Zentrum das **Humanitätsideal** steht. Dieses prägt auch die Überarbeitung des Iphigenie-Dramas. Humanität prägt in der Fassung von 1787 das Handeln von Iphigenie und Thoas. Die beiden Protagonisten begegnen sich wahrhaft menschlich; Iphigenie verzichtet auf List und Lüge, Thoas weicht von seinen anfangs starren Prinzipien ab und stellt eigene Interessen denen Iphigenies hintan und ermöglicht ihr und ihren Begleitern damit die Rückkehr in die Heimat. **Formal zeigt sich der Einfluss der Italienischen Reise in der „klassischen" Form des Dramas, den fünf Akten, der begrenzten Anzahl der Figuren, der Einheitlichkeit des Ortes und der Versform.**

POLITIK UND WAHRHEIT ALS GEGENBEGRIFFE

Für Goethe sind Politik und Wahrheit **Gegenbegriffe**: Wer sich politisch verhält, verhält sich nicht wahrhaftig und umgekehrt.

- **Pylades handelt politisch**: Er setzt auf Überredungskunst, List und Erfolg, wenn er Iphigenie rät, Thoas zu betrügen und mit dem bereit liegenden Schiff die Flucht in die Heimat anzutreten. Freiheit bedeutet für ihn äußere Freiheit: Befreiung aus der Gewalt des Thoas und Rückkehr nach Griechenland. Pylades ist geprägt vom Zweckrationalismus, der in Goethes Schauspiel als männliches Prinzip dargestellt ist.

Äußere Freiheit

- **Iphigenie handelt wahrhaft**: Sie offenbart Thoas ihre Gefühle, dankt ihm für das, was er für sie getan hat, bittet ihn trotzdem, sie und ihre Gefährten in die Heimat zurückkehren zu lassen. Die Freiheit, nach Griechenland zurückzukehren, ist für sie an die Freiheit, sie selbst sein zu dürfen und als Person akzeptiert und geachtet zu werden, gebunden. Diese innere Freiheit weist Goethe der weiblichen Hauptfigur zu.

Innere Freiheit

- **Thoas nimmt eine Mittelstellung ein.** Zu Beginn des Schauspiels setzt er als absolutistischer Herrscher auf das Gewicht seines Wortes, auf Gehorsam und wenn nötig auf Zwang und Gewalt. Unter dem Einfluss Iphigenies wandelt er sich aber: Am Ende des Dramas steht er auf der Seite der Wahrheit, er akzeptiert Iphigenies Wunsch nach Heimkehr. Seine eigenen Interessen stellt er hintan. Er übernimmt damit gegen seine bisherigen Gewohnheiten das weibliche Prinzip, das ihm durch Iphigenie als das Schlüssigere vermittelt wurde.

Thoas' Wandlung hin zur Freiheit

„IPHIGENIE AUF TAURIS"

1. Welche historische Vorlage hat Goethes Drama „Iphigenie auf Tauris"?

____

2. Welche Unterschiede zum Originalstoff finden sich bei Goethe?

1. __________ **2.** __________ **3.** __________

3. Ergänze folgende Aussage:

Wer sich __________ verhält, verhält sich nicht __________ und umgekehrt.

4. Welche der drei Hauptfiguren Iphigenie, Pylades und Thoas verhält sich wie, folgt man obiger Definition?

____

LÖSUNGEN

1. Das gleichnamige Stück des Euripides, ca. 410 v.Chr. • **2.** Opferung Iphigenies, keine Menschenopfer durch Iphigenie, menschliches Verhalten statt göttlicher Hilfe • **3.** Politisch, wahrhaft • **4.** Iphigenie verhält sich wahrhaftig, Pylades handelt politisch, Thoas wandelt sich von Politik zu Wahrhaftigkeit.

7 DAS KLASSISCHE DRAMA

Grundlagen und Aufbau

DAS KLASSISCHE DRAMA – EIN GESCHLOSSENES DRAMA

Das klassische Drama behandelt Themen, die von philosophischer Bedeutung sind. Der dargestellte Konflikt hat einen Anfang und ein Ende (die Lösung des Konflikts), was durch die geschlossene Bauform des Dramas verdeutlicht wird:

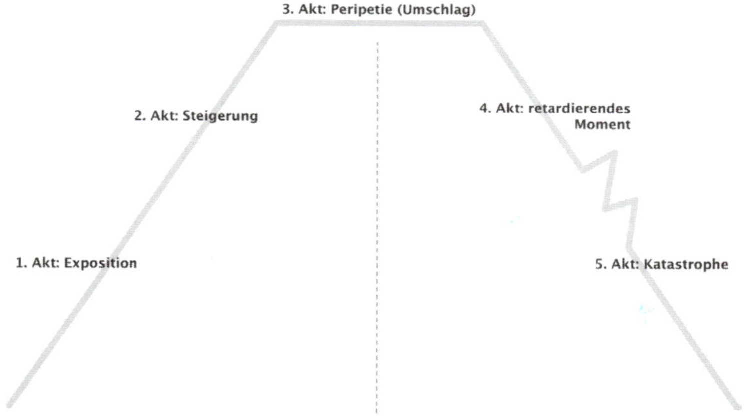

→ Gustav Freitag

- Die Exposition gibt eine Einführung in die Verhältnisse und Zustände, aus denen der dramatische Konflikt entspringt. Sie macht die Zuschauer mit der Vorgeschichte der Bühnenhandlung und mit den Hauptfiguren bekannt.
- In der steigenden Handlung entwickelt sich der Konflikt bis zum Höhepunkt.
- Im Höhepunkt kommt es zur vollen Entfaltung des Konflikts. Oft ist der Höhepunkt zugleich der Wendepunkt (auch Peripetie genannt), an dem das Geschehen eine ganz unvorhergesehene Richtung nimmt.
- Die fallende Handlung führt scheinbar unmittelbar zum Schluss hin. Meist wird das schnelle Ende aber durch das so genannte retardierende Moment verzögert, was noch einmal Spannung in die Dramenhandlung bringt.
- Der Schluss bringt dann die Lösung der dramatischen Handlung. In der Komödie handelt es sich dabei um ein glückliches Ende, in der Tragödie um die Katastrophe.

DAS GESCHLOSSENE WELTBILD DES KLASSISCHEN DRAMAS

Das Drama der Klassik ist ein geschlossenes Drama, dem ein geschlossenes Weltbild zugrunde liegt. Das bedeutet Folgendes:

Die äußere Handlung sowie Zeit, Ort und Personen entstammen meist der **griechischen Mythologie** oder der **Geschichte**.

Existenzielle philosophische Themen werden auf der Bühne dargestellt. Dabei endet die Handlung mit einer Lösung des Problems.

Der **Schwerpunkt liegt auf der inneren Handlung**, d. h. in den Gedanken und Empfindungen der Personen, und wird durch Personenrede (Monolog und Dialog) ausgedrückt.

Hoher Stil (z. B. Verssprache, Stichomythie, Antilabe), unterstützt durch eine Vielzahl sprachlich-stilistischer Mittel und ein einheitliches Vermaß, prägen die Figurenrede.

Das klassische Drama ist in Akte und Szenen gegliedert. Meist bestehen die Dramen aus **drei oder fünf Akten**.

ANALYTISCHES DRAMA VS. ZIELDRAMA

Man kann unterscheiden zwischen analytischem Drama und Zieldrama. Beim **analytischen Drama** (z. B. Heinrich von Kleist: „Der zerbrochne Krug") liegt die Vorgeschichte bzw. der Auslöser des Geschehens vor der Dramenhandlung. Auf der Bühne werden nur die letzten Auswirkungen, die Zuspitzung und die Aufklärung des Konflikts gezeigt.

Beim **Zieldrama** (z. B. Lessing: „Emilia Galotti") richtet sich die dramatische Handlung auf ein Geschehen oder Ereignis, das vom Zeitpunkt des Beginns der Bühnenhandlung her gesehen in der Zukunft liegt. Die Bühnenhandlung läuft geradlinig auf die Katastrophe am Ende zu.

DAS KLASSISCHE DRAMA

1. Wodurch sind die Themen des klassischen Dramas gekennzeichnet?

____

2. Wie lassen sich die fünf Akte des klassischen Dramas benennen?

1. ____________ **2.** ____________ **3.** ____________

4. ____________ **5.** ____________

3. Welchem Themenkreis sind Handlung, Personen, Ort etc. des klassischen Dramas entnommen?

____

4. Was ist prägend für die Figurenrede im klassischen Drama?

____

5. Bei welcher Form des Dramas liegt die Vorgeschichte des Geschehens vor der Dramenhandlung?

____

LÖSUNGEN

1. Durch ihre philosophische Bedeutung • **2.** Exposition – steigende Handlung – Höhepunkt/Peripetie – fallende Handlung – Schluss/Katastrophe • **3.** Der griechischen Mythologie oder Geschichte • **4.** Hoher Stil, Vielzahl sprachlich-stilistischer Mittel • **5.** Beim analytischen Drama

8 DER FAUSTSTOFF

Grundlagen / Die Gelehrtentragödie

DER HISTORISCHE FAUST

Als historischen Ahnherrn aller Faustdichtungen nimmt man Johann Georg Faust (geb. um 1480 in Knittlingen, gest. 1540 in Staufen im Breisgau) an. Dieser zog als Wahrsager, Heiler und Magier durch die Lande und wurde des Betrugs und der Scharlatanerie bezichtigt.

GESCHICHTE DES FAUSTSTOFFS

- Die Geschichte Fausts wird als Sage mündlich weitergegeben.
- Im Volksbuch des Johann Spiess wird der Fauststoff verbreitet und gelangt sogar nach England, wo er von Christopher Marlowe dramatisiert wurde. Diese Fassung lernten Lessing, der den Stoff bearbeitete, und – als Puppenspiel – Goethe kennen.
- In Deutschland gab es Bearbeitungen von Widmann, Pfizer und einem Unbekannten, der sich „Christlich Meynender" nannte und Faust wegen seiner Gottlosigkeit verdammte.

GOETHES FAUSTDICHTUNGEN

- In seiner Jugendzeit begann Goethe mit der Faustdichtung („Urfaust"), während der Italienischen Reise entstand „Faust. Ein Fragment".
- Auf Schillers Anregung hin begann Goethe ein drittes Mal: „Faust. Der Tragödie erster Teil" entstand.
- Erst kurz vor seinem Tod veröffentlichte Goethe „Faust. Der Tragödie zweiter Teil".

DIE GELEHRTENTRAGÖDIE

Die ersten Szenen zeigen die Probleme, die Faust als Gelehrter hat und die die Gretchenhandlung in Gang bringen: Sie zeigen auch seine Versuche, übersinnliche Mächte für sich nutzbar zu machen, den Teufel in Gestalt des Pudels zu beherrschen und die Welt mit Hilfe Mephistos zu erfassen. In allen Bereichen scheitert er jedoch.

Fausts Situation

Faust ist unzufrieden mit seinem Leben als Gelehrter: Er hat zwar alles erreicht, was ein Wissenschaftler zu seiner Zeit erreichen konnte, ist Doktor und Professor. Er hat jedoch auch erkannt, dass ihm die göttlichen Hintergründe der menschlichen Existenz unerschlossen geblieben sind. >>

Grundkonflikt: Streben nach absolutem Wissen

>> Versuch, Wissen über die Welt zu erlangen

Um umfassendes Wissen über den Menschen, die Welt und das göttliche Wirken zu erlangen, ruft er in der Szene „Nacht" die Mächte an, zu denen er Zugang hat und von denen er sich Aufklärung verspricht.

Die Versenkung in den Makrokosmos, die Darstellung des harmonisch geordneten Universums, bringt Faust nicht die Erkenntnis dessen, „was die Welt/Im Innersten zusammenhält."

Darauf ruft er den Erdgeist an, der auch erscheint, Faust aber in seine Schranken weist („Du gleichst dem Geist, den du begreifst,/Nicht mir!") und wieder verschwindet.

Um Einsicht in die letzten Geheimnisse des Seins zu gewinnen, schreckt Faust auch nicht davor zurück, mit einem Gifttrunk sein Bewusstsein zu erweitern, indem er die Schwelle vom Leben zum Tod bewusst überschreitet. Dieser Versuch scheitert im letzten Moment am einsetzenden Klang der Osterglocken, die Faust in die Welt zurückholen.

→ Streben nach Entgrenzung

Fausts Wette mit dem Teufel

Der Pudel, der Faust auf seinem Osterspaziergang bis nach Hause folgt, enthüllt bald seine wahre Identität als Mephistopheles, als „Teil von jener Kraft,/Die stets das Böse will und stets das Gute schafft."

Mephistopheles versichert Faust, er könne ihm alles das geben, was er sucht. Obwohl dieser an dem Versprechen zweifelt, lässt er sich mit Mephistopheles ein. Faust schließt keinen Pakt mit dem Teufel, der ihn diesem bedingungslos ausgeliefert hätte, sondern bietet ihm eine Wette an: Er will verloren haben, wenn er zum Augenblick sagen sollte: „Verweile doch! Du bist so schön!"

Faust will Zufriedenheit aber glaubt nicht daran dass Teufel ihm höchste Erkenntnis bringen kann

Mephistos Angebote an Faust

Nach Abschluss der Wette macht sich Mephistopheles sogleich ans Werk: Er will Faust die Welt zeigen. Ihre Reise führt die beiden nach Leipzig in Auerbachs Keller, wo der Teufel einige Kunststückchen vollführt, die Faust aber langweilen.

Anschließend versucht Mephistopheles Faust in der Hexenküche mit sprechenden Tieren und allerlei Firlefanz zu beeindrucken. Auch dies misslingt, doch Faust hat inzwischen in einem Zauberspiegel das Bild einer jungen Frau entdeckt, das ihn fasziniert. Mephistopheles verspricht Faust daraufhin so ein „Schätzchen".
Mit einigen Zaubertricks wird Faust nun in einen jungen Mann verwandelt, die Reise geht weiter – und die Gretchenhandlung beginnt.

FAUST I

1. Gibt es ein historisches Vorbild für die Figur des „Faust"?

2. Welche vier Bearbeitungen des Fauststoffs gibt es von Goethe?

1. ____ **2.** ____

3. ____ **4.** ____

3. Warum ist Faust unzufrieden mit seinem Leben als Gelehrter?

☐ **A** Er sehnt sich nach einer Liebesbeziehung.
☐ **B** Seine Wissenschaft bringt ihm nichts ein.
☒ **C** Er möchte die letzten Geheimnisse des Seins ergründen.

4. In welcher Gestalt tritt der Teufel Faust erstmals gegenüber?

Pudel

5. Warum wird Faust im Verlauf der Handlung in einen jungen Mann verwandelt?

Verjüngung zur Verführung Gretchens

LÖSUNGEN

1. Ja, den Magier Johann Georg Faust • **2.** „Urfaust", „Faust. Ein Fragment", „Faust I", „Faust II" • **3.** C • **4.** In Gestalt eines Pudels • **5.** Um ihm eine Liebesbeziehung zu einem jungen Mädchen zu ermöglichen

ELEMENTE DES BÜRGERLICHEN TRAUERSPIELS IN „FAUST"

Einen wesentlichen Teil in Goethes Schauspiel nimmt die Handlung ein, die sich zwischen Faust und Margarete abspielt.

Dieser Handlungsstrang trägt deutliche Züge des bürgerlichen Trauerspiels:

- Margarete entstammt einer kleinbürgerlichen Familie.
- Sie verliebt sich in Faust, dieser begehrt sie.
- Faust arrangiert (mit Hilfe von Mephistopheles) ein intimes Zusammensein, bei dem Gretchen schwanger wird.
- Der Liebhaber Faust verlässt seine Geliebte und wendet sich anderen Vergnügungen zu.
- Gretchen bleibt als uneheliche Mutter allein und verzweifelt zurück. Sie wird aus der Gesellschaft ausgegrenzt und ermordet ihr Kind.
- Am Ende des Dramas wird sie wegen des Kindsmords hingerichtet, Faust entzieht sich seiner Verantwortung.

Das bürgerliche Trauerspiel entstand im 18. Jahrhundert und thematisiert den Konflikt zwischen Bürgertum und Adel bzw. Konfliktstoffe, die sich innerhalb des Bürgertums ergaben.

Kennzeichen des bürgerlichen Trauerspiels

- Bürger und bürgerlich denkende Menschen, die prinzipiell allen Schichten angehören können, stehen im Mittelpunkt.
- Die Ständeklausel, die Vertreter des Bürgertums als nicht tragödienfähig benannte, ist aufgehoben.
- Bürgerliches Denken und Handeln ist an einen ausgeprägten Moralkodex gebunden.
- Die Handlung des bürgerlichen Trauerspiels ist in der privaten Sphäre der Protagonisten angesiedelt; öffentlich-politische Aspekte werden nicht thematisiert.

DIE GRETCHENTRAGÖDIE ALS BÜRGERLICHES TRAUERSPIEL

Die Gretchenhandlung spielt innerhalb des bürgerlichen Milieus. Gretchen gehört dem Kleinbürgertum an, auch Faust entstammt dem Bürgertum, ist aber durch seinen sozialen Status als Gelehrter (Doktor, Professor) ein Außenstehender. Dieser soziale Unterschied zwischen den Liebenden macht ein Gelingen ihrer Beziehung unmöglich.

Faust dringt in der Rolle des Verführers in Gretchens Welt ein. Er verführt Gretchen und setzt sich dabei über Widerstände hinweg: Er ermordet (wenn auch ohne sein Wissen) ihre Mutter und ihren Bruder Valentin im Zweikampf.

Faust schwängert Gretchen, was diese zur sozialen Außenseiterin macht. Sie hält aber an den religiösen und moralischen Werten ihres Standes fest und büßt dafür mit ihrem Tod, während sich Faust neuen Lustbarkeiten hingibt.

DAS KINDSMORD-MOTIV IN DER LITERATUR DES 18. JAHRHUNDERTS

Der **Kindsmord** ist ein häufiges Motiv der Literatur des 18. Jahrhunderts bzw. des bürgerlichen Trauerspiels. **Die steigende Zahl an Kindstötungen besonders bei unehelich geborenen Kindern war gesellschaftlich bedingt**: Während die Frauen an den Pranger gestellt und oft öffentlich gezüchtigt wurden, kamen die Väter ungeschoren davon. **Dies kritisierten die Dichter des Sturm und Drang und forderten einen humanen Umgang mit den allein gelassenen Frauen** (z. B. Jakob Michael Reinhold Lenz: „Der Hofmeister", 1774, Heinrich Leopold Wagner: „Die Kindermörderin", 1776).

Goethe nimmt dieses Motiv im Faust-Drama noch einmal auf und gibt der Bestrafung der Mörderin eine neue metaphysische Wendung, wenn er am Ende des Schauspiels dem Triumph Mephistopheles' „Sie ist gerichtet" ein „Sie ist gerettet" („Stimme von oben") entgegensetzt.

FAUST II

1. Nenne drei Merkmale des bürgerlichen Trauerspiels, die sich in der Gretchenhandlung finden.

1. ______________________________

2. ______________________________

3. ______________________________

2. Warum spricht man vom „bürgerlichen" Trauerspiel?

____

3. Warum kann die Beziehung zwischen Faust und Gretchen nicht gelingen?

Wegen des ______________________________:

Faust ist ein ____________________ und deshalb für die bürgerliche

Gesellschaft ein ____________________ .

4. Inwiefern war die steigende Zahl von Kindstötungen im 18. Jahrhundert gesellschaftlich bedingt?

____

LÖSUNGEN

1. Margarete entstammt einer kleinbürgerlichen Familie; sie bleibt als uneheliche Mutter allein zurück; sie wird aus der Gesellschaft ausgegrenzt • **2.** Bürger stehen im Mittelpunkt • **3.** Sozialen Unterschieds, Gelehrter, Außenseiter • **4.** Mütter unehelicher Kinder waren gesellschaftlich geächtet.

9 DIE ROMANTIK

Grundlagen

Die Romantik ist eine Kunstepoche, die um 1800 ganz Europa prägt. In Deutschland erwächst die Romantik aus dem Gedankengut der Klassik, wendet sich aber schließlich gegen diese.

Romantik: Renaissance des Gefühls

Die romantische Bewegung sieht sich in bewusstem Gegensatz zur Klassik, indem sie die Vorstellungen des Sturm und Drang wieder aufgreift. Den klassischen Vorstellungen von Gesetz, Maß, Ordnung, Sitte und Harmonie stellt die Romantik ein von tiefem Gefühl geprägtes Leben gegenüber; dieses reicht bis hin zu schwärmerischen, fantastischen und „dunklen" Strömungen. → schwarze Romantik

Erwachen eines deutschen Nationalgefühls

Typisch ist die durch Herder angeregte **Rückbesinnung auf volkstümliche Inhalte und Formen der Literatur** wie Märchen und Sagen bzw. die Wiederentdeckung der Vergangenheit. Vor dem Hintergrund des Kampfes gegen Napoleon entwickelten die Autoren auch nationale und nationalistische Gedanken.

DER BEGRIFF „ROMANTIK"

„Romantik" bedeutet heute oft einen Zustand, der durch die Betonung des Gefühls und der Phantasie gekennzeichnet ist: Mondschein, Naturerlebnis und Zivilisationsferne sind dabei wichtige Attribute.

Das war nicht immer so. Der Begriff „Romantik" leitet sich vom altfranzösischen „romanz" ab, was so viel wie **„in der Volkssprache"** (im Gegensatz zum Lateinischen) bedeutet.

Die Romantik umfasst die bildende Kunst ebenso wie die Malerei (Philipp Otto Runge, Caspar David Friedrich, die Nazarener), die Musik (Robert Schumann, Franz Schubert, Carl Loewe) und die Literatur zwischen 1790 und 1850.

Romantische Kunst fand Verbreitung in ganz Europa (z. B. Lord Byron, Madame de Staël).

Sehnsucht nach „alter" Ordnung

NATIONALE BEWEGUNG

Durch die Französische Revolution und die Herrschaft Napoleons entstand in vielen Staaten Europas eine Nationalbewegung, die sich an den eigenen Wurzeln orientierte. Teile des Bürgertums reagierten auf die eigene Machtlosigkeit und die territoriale Zersplitterung Deutschlands mit der Sehnsucht nach einer alten, vorabsolutistischen, sozusagen naturgewollten politischen und gesellschaftlichen Ordnung. Diese glaubten sie in der Königsherrschaft und der ständischen Ordnung des Hochmittelalters zu finden.

PHILOSOPHISCHE GRUNDLAGEN

Die philosophischen Grundlagen für die romantische Kunst legte der deutsche Idealismus mit Johann Gottlieb Fichte (1762–1814), Friedrich W. J. Schelling (1775–1854) und Friedrich Hegel (1770–1831). Für einen religiösen Individualismus trat der Theologe Friedrich Schleiermacher (1768–1834) ein.

WISSENSCHAFT

Die Wissenschaften wandten sich dem Volkhaften zu: Die historische Rechtsschule F. C. von Savignys sieht das Recht aus dem Volk erwachsen, Jakob Grimm ediert das Deutsche Wörterbuch (1854).

LITERATUR

Der Beginn der romantischen Literaturepoche in Deutschland ist mit der Wanderung Ludwig Tiecks und Wilhelm Heinrich Wackenroders im Jahr 1793 anzusetzen. Sie wird üblicherweise in drei Strömungen untergliedert. Daneben gab es noch die so genannte „Schwarze Romantik“: Dichter wie E. T. A. Hoffmann und E. A. Poe stellen die Nachtseiten der Romantik dar, das Untergründige, das im Menschen schlummert.

Auflösungserscheinungen sind vor allem im Werk Heinrich Heines erkennbar, doch die Nachwirkungen der Romantik reichen über das 19. Jahrhundert hinaus bis in unsere Zeit (vgl. Neuromantik um 1880, Surrealismus, Thomas Mann).

DIE STRÖMUNGEN DER ROMANTIK

	Kennzeichen	Idee	Autoren
Jenaer Romantik (oder Frühromantik)	Philosophische Grundlagen; Rückbindung an das klassische Kunstideal	Romantik als „progressive Universalpoesie“ (Schlegel)	Wackenroder; Tieck, Schlegel, Novalis
Heidelberger oder Berliner Romantik (auch Hochromantik)	wichtige dichterische Werke	Romantik als Rückgriff auf die deutsche Vergangenheit	Arnim, Brentano, Eichendorff
Schwäbische Romantik (oder Spätromantik)	historisches Interesse an Märchen und volkstümlichen Geschichten	Wiederaufleben der Kultur der Stauferzeit	Uhland, Hauff, Mörike, Schwab

DIE ROMANTIK

1. Welche Literaturepochen können als geistige Vorläufer der Romantik gesehen werden?

- ☐ **A** Aufklärung und Sturm und Drang.
- ☐ **B** Sturm und Drang und Klassik.
- ☐ **C** Es gibt keine direkten Vorläufer; die Romantik ist eine neuartige Strömung.

2. Was kann als typisches Wesensmerkmal der Romantik betrachtet werden?

___

3. Welche Bereiche der Kunst wurden von der Romantik hauptsächlich erfasst?

___

4. Wie nennt man die Hauptströmungen der Romantik?

1. ___

2. ___

3. ___

LÖSUNGEN

1. B • **2.** Die Wiederentdeckung der Vergangenheit • **3.** Malerei, Musik, Literatur • **4.** Jenaer oder Frühromantik, Heidelberger oder Berliner oder Hochromantik, Schwäbische oder Spätromantik

JOSEPH VON EICHENDORFF (1788–1857)

Von Eichendorff stammen viele Lieder, die heute als Volkslieder gelten, z. B. „Wem Gott will rechte Gunst erweisen ...“ und „In einem kühlen Grunde ...“. Bekannt ist auch seine Novelle „Aus dem Leben eines Taugenichts“, in dem er die Jugendjahre der Hauptperson nachzeichnet und dabei die romantische Position in der realen Welt verortet.

Eichendorff, der dem schlesischen Adel entstammt, lebte selbst in geordneten Verhältnissen, zuletzt als hoher Beamter im preußischen Kultusministerium in Berlin.

NOVALIS (FRIEDRICH VON HARDENBERG, 1772–1801)

Der Adlige Georg Friedrich Philipp von Hardenberg studierte Philosophie, Jura und Bergwissenschaften und arbeitete in der Verwaltung. Seine literarischen Werke veröffentlichte er unter dem Künstlernamen „Novalis“, was so viel bedeutet wie „der, der Neuland rodet“. In seinem Roman „Heinrich von Ofterdingen“, der als Gegenstück zu Goethes „Wilhelm Meister“ gelesen werden kann, beschreibt er die Erweckung der Hauptfigur zum Dichter, der von der „blauen Blume“, die zum romantischen Symbol wurde, träumt.

CLEMENS BRENTANO (1778–1842)

Brentano, der aus einer reichen Frankfurter Kaufmannsfamilie stammt und ein unstetes Leben führte, wurde als Lyriker und als Herausgeber der Gedichtsammlung „Des Knaben Wunderhorn" (zusammen mit Achim von Arnim) bekannt. In seiner Novelle „Die Geschichte vom braven Kasperl und dem schönen Annerl" setzt er sich mit dem Ehrbegriff auseinander. Er griff dazu auf zwei bekannte Themenkreise (Soldat begeht aus gekränktem Ehrgefühl Selbstmord, eine von einem Adligen verführte Braut ermordet ihr Kind) zurück und führte sie in seiner Novelle zu einer geschlossenen Handlung zusammen.

HEINRICH VON KLEIST (1777–1811)

Kleist steht mit seinem Werk zwischen Klassik und Romantik. Er entnahm seine Stoffe oft dem klassischen Gedankengut, formulierte es aber – unter dem Einfluss der Philosophie Kants – auf neuartige Weise aus. Wichtige Werke von Heinrich von Kleist sind: „Der zerbrochne Krug", „Die Marquise von O." und „Michael Kohlhaas". Auch als Literaturtheoretiker („Über das Marionettentheater") ist Kleist von Bedeutung.

WEITERE WICHTIGE AUTOREN DER ROMANTIK UND IHRE WERKE

E.T.A. Hoffmann

- Der goldene Topf (Erzählung, 1814)
- Der Sandmann (Erzählung, 1816)
- Die Elixiere des Teufels (Roman, 1816)
- Das Fräulein von Scuderi (Erzählung, 1819)
- Lebensansichten des Katers Murr (Roman, 1820)

Jakob und Wilhelm Grimm

- Kinder- und Hausmärchen (ab 1812)

Achim von Arnim

- Des Knaben Wunderhorn (Gedichtsammlung, 1805)

Bettina von Arnim

- Goethes Briefwechsel mit einem Kinde (1835)
- Dies Buch gehört dem König (1843)

WICHTIGE AUTOREN DER ROMANTIK

1. Nenne drei wichtige Autoren der Romantik.

1. ______________________________

2. ______________________________

3. ______________________________

2. Was wurde zum Symbol der Romantik?

____

3. Welcher Dichter steht zwischen Klassik und Romantik?

☐ **A** Novalis
☐ **B** Heinrich von Kleist
☐ **C** Joseph von Eichendorff

LÖSUNGEN

1. Clemens Brentano, Joseph von Eichendorff, Novalis • **2.** Die blaue Blume • **3.** B

THEMATIK UND INHALT

In der Erzählung „Der Sandmann“ geht es darum, wie ein junger Mann - Nathanael - mehr und mehr dem Wahnsinn verfällt und schließlich Selbstmord begeht.

Im Mittelpunkt der Erzählung steht Nathanael. Er fühlt sich durch die Geschichte vom Sandmann, die ihm als Kind erzählt wird, angesprochen und glaubt in Coppelius, der mit seinem Vater alchimistische Versuche durchführt, bei denen dieser ums Leben kommt, den Sandmann zu erkennen. Der Realitätsverlust Nathanaels wird immer größer: In der Holzpuppe Olimpia glaubt er seine große Liebe gefunden zu haben, seine Verlobte Clara bezeichnet er als „lebloses Automat“. Zu einem Zeitpunkt, als Nathanael die schlimmsten Wahnvorstellungen überstanden zu haben scheint, entdeckt er den Wetterglashändler Coppola, den er für Coppelius hält, und begeht durch den Sturz von einem Aussichtsturm Selbstmord.

AUFBAU DER ERZÄHLUNG

Die Erzählung „Der Sandmann“ stammt aus E. T. A. Hoffmanns Sammlung „Nachtstücke“, die 1817 veröffentlicht wurde. Der Aufbau der Erzählung ähnelt dem traditionellen Drama.

Im ersten Teil der Erzählung wird - einer Exposition gleich - die Vorgeschichte der Handlung in drei Briefen dargestellt:

- **Erster Brief** (Nathanael an Lothar, irrtümlich an Clara adressiert): Nathanael berichtet, wie ihn das Erscheinen des Wetterglashändlers Coppola an seine Kindheit erinnert. Er erzählt zuerst, wie ihn die Erzählung vom Sandmann, der den Kindern die Augen stiehlt, beeindruckt hat, dann, wie der Alchimist Coppelius mit seinem Vater nächtliche Experimente durchgeführt hat, bei denen dieser ums Leben kam.

Unheimliche Erzählungen des Vaters

- **Zweiter Brief** (Clara an Nathanael): Clara will Nathanael beruhigen und erklärt die Gedanken Nathanaels rational.

- Dritter Brief (Nathanael an Lothar): Nathanael berichtet vom Verschwinden Coppolas aus der Stadt und von Olimpia, die im Haus gegenüber wohnt. Im Anschluss an die drei Briefe tritt der Erzähler auf und rechtfertigt seine Erzählweise.

Beginnende Wahnvorstellungen Nathanaels

Im zweiten Teil der Erzählung spitzt sich der Konflikt zu:

Nathanael und seine Verlobte Clara entfremden sich aufgrund seiner Wahnvorstellungen immer mehr. Zwischen ihm und Lothar kommt es fast zum Duell, das Clara im letzten Augenblick verhindern kann. Alles scheint wieder gut und Nathanael kehrt in seine Stadt zurück.

Der dritte Teil der Erzählung ist der Höhepunkt: Da sein Haus abgebrannt ist, muss Nathanael umziehen. Im Haus gegenüber lebt Professor Spalanzani mit seiner Tochter Olimpia, die Nathanael nun täglich beobachten kann - besonders, als der Händler Coppola erscheint, der Brillen und Ferngläser verkauft. Durch ein Fernglas betrachtet Nathanael Olimpia, er ist fasziniert von ihr und besucht einen Ball, den Spalanzani für seine „Tochter“ ausrichtet. Die Menschen reagieren skeptisch auf Olimpia, doch Nathanael hat sich unsterblich in sie verliebt und verbringt nun täglich einige Stunden bei ihr. Dann aber erlebt er zufällig, wie Spalanzani und Coppola sich um Olimpia streiten. Dabei geht „das Automat“ zu Bruch und es wird offensichtlich, dass es sich nur um eine Puppe gehandelt hat. Coppola eilt mit der Puppe davon. In einem Anfall von Wahnsinn würgt daraufhin Nathanael den Professor Spalanzani, wird überwältigt und ins Irrenhaus gebracht.

Zunehmender Wahnsinn Nathanaels

Im vierten Teil kommt es zu einer scheinbaren Lösung des Konflikts:

Der Vorgang um Olimpia erregt Aufsehen in der Stadt. Viele haben sich durch die Puppe täuschen lassen und so versucht man nun auf Teegesellschaften und Bällen jeden Verdacht, gutgläubig zu sein, von sich abzuschütteln.

Der fünfte Teil bringt die Katastrophe: Nathanael wird nach seiner scheinbaren Genesung von Clara aus dem Irrenhaus abgeholt. Als die beiden einen Aussichtsturm besteigen, erblickt Nathanael durch Coppolas Glas Coppelius unterhalb des Turms. Er verfällt wieder in Wahnsinn und versucht Clara vom Turm zu werfen. Vor den Augen Lothars, der herbeigeeilt war, das verhindern kann, stürzt sich Nathanael selbst in den Tod. Coppelius verschwindet in der Menge.

„Der Sandmann“: ein typisches Werk der dunklen Romantik, auch „Schauerromantik“ genannt, die vor allem in England populär war (z. B. „Dracula“, „Frankenstein“)

WICHTIGE PERSONEN DER ERZÄHLUNG UND IHRE KENNZEICHEN

- Nathanael (das Gottesgeschenk): Hauptperson der Erzählung, leidet nach traumatischen Kindheitserlebnissen an Wahnvorstellungen
- Clara (sprechender Name: die Klarsichtige): Nathanaels Verlobte, ruhig und besonnen, vertritt die Ideen der Aufklärung
- Olimpia („die vom Olymp“): Automat, von Nathanaels Professor Spalanzani erbaut, Objekt von Nathanaels Sehnen und seiner Begierde
- Coppelius: Alchimist, der im Haus von Nathanaels Vater verkehrt und mit diesem Experimente durchführt, die diesen das Leben kosten. Nathanael hält Coppelius für den Sandmann.
- Coppola (ital.: Augenhöhle): italienischer Wetterglashändler, in dem Nathanael Coppelius wieder zu erkennen glaubt
- Lothar: Bruder Claras und Nathanaels Freund, an den die Briefe Nathanaels gerichtet sind

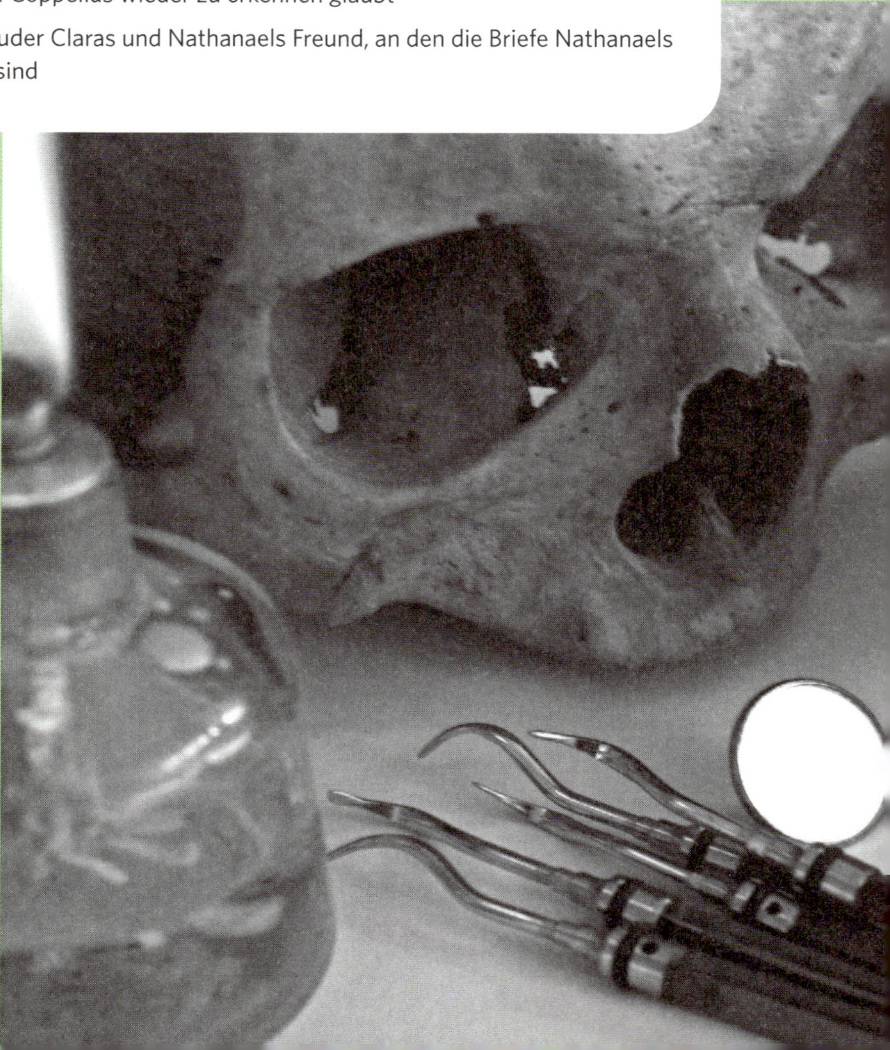

E.T.A. HOFFMANN – „DER SANDMANN“

1. Worum geht es in der Erzählung "Der Sandmann"?

____

____

____

2. Wie ist die Erzählung aufgebaut?

____

3. Wie heißt der Wetterglashändler?

☐ **A** Coppelius
☐ **B** Coppala
☐ **C** Coppola

LÖSUNGEN

1. Ein junger Mann verfällt dem Wahnsinn und begeht schließlich Selbstmord. • **2.** Der Aufbau ähnelt dem traditionellen Drama. Der erste Teil wird zudem in drei Briefen dargestellt. • **3. C**

Märchen sind fantastisch-wunderbare Erzählungen, die meist von Generation zu Generation weitererzählt wurden. Zauberer, Hexen, Feen, Gnome, Drachen, Naturgewalten und verwunschene Menschen sind fester Bestandteil von Märchen, aber man weiß nie, wann und wo sie spielen. Meistens wird im Märchen ein Kampf zwischen Gut und Böse ausgetragen, wobei am Ende das Gute nach vielen Prüfungen der Beteiligten siegt und belohnt wird. Das Böse, beispielsweise in Gestalt der Hexe oder des Wolfes, wird bestraft.

Das Wunderbare der Märchen zeigt sich auch in den häufig vorkommenden Symbolzahlen: drei Wünsche, drei Aufgaben, sieben Zwerge, sieben Geißlein usw.

In Märchen wird eine wunderbare, unwirkliche Welt gezeigt, in der Sehnsucht nach Glück, unerfüllbare Wünsche, aber auch Ängste und Probleme dargestellt werden.

Märchen beginnen oft mit der formelhaften Wendung „Es war einmal ..." und enden mit „... und wenn sie nicht gestorben sind, dann leben sie noch heute".

ZWEI ARTEN VON MÄRCHEN

Volksmärchen

Manche Märchen thematisieren volkstümliche Stoffe. Diese wurden anfangs mündlich überliefert; man erzählte sie in der Familie von Generation zu Generation weiter und veränderte sie dabei – die Personen und die Örtlichkeit der Handlung wurden dabei der Zuhörerschaft angepasst. So tradierte Märchen nennt man Volksmärchen.

In Deutschland wurden die Volksmärchen zu Beginn den 19. Jahrhunderts von den Brüdern Grimm gesammelt, die diese als „Kinder- und Hausmärchen" herausgegeben und für die Nachweltbewahrt haben.

Kunstmärchen

Im 18. und 19. Jahrhundert schufen Dichter Märchen, die den Volksmärchen in Motivik, Personal und Form ähneln. Diese Märchen nennt man Kunstmärchen – sie sind literarische Produkte.

MÄRCHENSAMMLER UND MÄRCHENDICHTER

Bekannte Märchensammler und -dichter aus dem deutschsprachigen Raum sind: Jakob und Wilhelm Grimm, Hans Christian Andersen, Ludwig Tieck und Ludwig Bechstein. Märchen gibt es jedoch in allen Kulturen auf allen Erdteilen. Aus Arabien kennen wir z. B. die „Geschichten aus Tausend und einer Nacht" (mit den Märchen „Ali Baba und die 40 Räuber", „Aladin und die Wunderlampe" und „Sindbad der Seefahrer").

BEISPIELE FÜR DIE VERSCHIEDENEN ARTEN VON MÄRCHEN

Beispiele für Volksmärchen sind:

Rotkäppchen, Dornröschen und Aschenputtel
(überliefert von den Brüdern Grimm)

Beispiele für Kunstmärchen sind:

Kalif Storch und Zwerg Nase von Ludwig Hauff,
Des Kaisers neue Kleider von Hans Christian Andersen

DAS MÄRCHEN ALS ROMANTISCHE LITERATURGATTUNG

1. Nenne je ein Volks- und ein Kunstmärchen.

1. ____________________

2. ____________________

2. Wer machte das Volksmärchen populär?

____

3. Was ist das zentrale Thema der meisten Märchen?

____

LÖSUNGEN

1. z. B. „Rotkäppchen" (Volksmärchen), „Zwerg Nase" (Kunstmärchen) • **2.** Jacob und Wilhelm Grimm • **3.** Der Kampf zwischen Gut und Böse

10 BIEDERMEIER UND VORMÄRZ

Grundlagen und politische Hintergründe

In der Spätphase der Romantik kamen neue literarische Strömungen auf, die als unterschiedliche Reaktionen auf die politische Entwicklung nach 1815 verstanden werden wollen.

BIEDERMEIER

Die Literatur des Biedermeier spiegelt die Resignation des Bürgertums wider, das sich aus Enttäuschung über die restaurative politische und gesellschaftliche Entwicklung Deutschlands nach dem Wiener Kongress in die Privatsphäre zurückgezogen hat. Wichtige Autoren sind: Eduard Mörike, Annette von Droste-Hülshoff, Jeremias Gotthelf, Adalbert Stifter und Franz Grillparzer.

VORMÄRZ

Die Literatur des Vormärz ist eine politisch engagierte Literatur in den Jahrzehnten vor 1848. Sie tritt für Reformen in Staat und Gesellschaft ein und richtet sich gegen die auf dem Wiener Kongress hergestellte Ordnung. Wichtige Autoren sind: Heinrich Heine, Georg Büchner, Ferdinand Freiligrath, August Heinrich Hoffmann von Fallersleben und Christian Dietrich Grabbe.

POLITISCHE HINTERGRÜNDE

Während der Zeit der napoleonischen Herrschaft erwachte in Deutschland ein starkes Nationalbewusstsein. Als die Fremdherrschaft in den Befreiungskriegen 1813 abgeschüttelt werden konnte, erwarteten die Menschen, dass Europa nach liberalen, demokratischen Prinzipien neu geordnet werden würde und hofften auf die Schaffung eines deutschen Nationalstaats. Die Ergebnisse des Wiener Kongresses (1815) enttäuschten viele: Metternich und die Vertreter der anderen Staaten stellten die alte, vorrevolutionäre Ordnung wieder her und tasteten die Monarchien in ihrer Existenz nicht an. Die Jahre zwischen 1815 und 1848, die Restaurationszeit, sind gekennzeichnet durch die Unterdrückung nationaler Forderungen und politischer Äußerungen, durch Pressezensur, Überwachung der Universitäten, die man für Zentren des Aufruhrs hielt, durch „Demagogenverfolgungen“, also Bespitzelung und Amtsenthebung liberal oder national gesinnter Professoren, die Mettemich mithilfe der Karlsbader Beschlüsse von 1819 im Deutschen Bund durchsetzte. Das selbstbewusster werdende Bürgertum artikulierte seine Forderung nach Einheit und Freiheit auf dem Wartburgfest (1817) und auf dem Hambacher Fest (1832).

LITERARISCHE REAKTION

Die literarischen Reaktionen spiegeln die Entwicklung der Gesellschaft wider: Der Großteil der Bevölkerung zog sich unter dem staatlichen Druck in die Innerlichkeit zurück, **bürgerliche Ideale wie Bescheidenheit und Rechtschaffenheit wurden zu leitenden Ideen**. Diese „biedermeierliche" Haltung fand ihre Entsprechung in unpolitischer Literatur, wie sie von Eduard Mörike, Annette von Droste-Hülshoff, Jeremias Gotthelf, Adalbert Stifter und Franz Grillparzer verfasst wurde.

Ein kleinerer Teil der Bevölkerung opponierte gegen die Metternich'sche Unterdrückungspolitik und hielt die Forderung nach einem liberalen, demokratischen deutschen Nationalstaat aufrecht.

Autoren, die diese Ziele in ihren Schriften formulierten, werden der Vormärzliteratur zugerechnet. Sie waren **politisch engagiert und standen meist aufseiten des Kleinbürgertums und der Arbeiterschaft**. Die Vormärzliteratur ist verbunden mit Namen wie Heinrich Heine, Georg Büchner, Ferdinand Freiligrath, August Heinrich Hoffmann von Fallersleben und Christian Dietrich Grabbe.

RESTAURATIONSZEIT – 1815 BIS 1848

Literatur des Biedermeier

- Rückzug in den privaten Bereich
- Unpolitische, oft konservative „Innerlichkeit"
- Resignative Tendenzen
- Bürgerliche Ideale als Themen: Selbstbescheidung, Ordnung, Zähmung der Leidenschaften, Unterordnung unter das Schicksal, innerer Frieden und kleines Glück

Literatur des Vormärz

- In Opposition zur offiziellen Politik
- Politische Themen
- Veränderung der staatlichen Ordnung und der gesellschaftlichen Verhältnisse als Ziel

BIEDERMEIER UND VORMÄRZ

1. Wie heißen die literarischen Hauptströmungen in der Restaurationszeit?

1. ______________________________

2. ______________________________

2. Nenne je zwei Autoren dieser Strömungen.

1. ______________ **2.** ______________

3. ______________ **4.** ______________

3. Wodurch ist die Restaurationszeit gekennzeichnet?

____

4. Was waren die zentralen Forderungen des Bürgertums im Vormärz?

1. ______________________________

2. ______________________________

LÖSUNGEN

1. Biedermeier und Vormärz • **2.** Biedermeier: Eduard Mörike, Jeremias Gotthelf; Vormärz: Ferdinand Freiligrath, Georg Büchner • **3.** Unterdrückung politischer Äußerungen, Einschränkung der Meinungsfreiheit • **4.** Nationale Einheit, Schaffung demokratischer Strukturen

GEORG BÜCHNER

- Geboren am 17. Oktober 1813 in Goddelau (Hessen)
- Studium der Medizin in Straßburg, Darmstadt und Gießen
- Gründet 1834 die „Gesellschaft der Menschenrechte", setzt sich dabei gegen Nationalismus, Ständeordnung und monarchische Herrschaftsform ein.
- Ruft in seinem Flugblatt „Der Hessische Landbote" (1834) zur Revolution auf, wird daraufhin von der Obrigkeit steckbrieflich verfolgt und flieht nach Frankreich.
- Abschluss des Studiums in Zürich, Erwerb des Doktortitels
- Ausbruch der Typhuserkrankung 1837
- Gestorben am 19. Februar 1837 in Zürich

DIE POLITISCHE DIMENSION IN GEORG BÜCHNERS SCHRIFTEN

- „Der Hessische Landbote": Mit diesem Flugblatt will Büchner die Bevölkerung wachrütteln, indem er die Unterdrückung durch staatliche Organe thematisiert.
- „Dantons Tod": Darstellung einer Episode aus der Französischen Revolution, die die Unterdrückung der Bevölkerung in den Mittelpunkt stellt.
- „Lenz": In dieser Novelle gestaltet Büchner die Frage nach der Sinnhaftigkeit des Lebens.
- „Leonce und Lena": Komödie, die die aristokratische Gesellschaft karikiert.
- „Woyzeck": Büchner zeigt an der Figur des Woyzeck, wie die bestehende gesellschaftliche Ordnung einen Menschen deformiert.

BIOGRAFIE UND LITERARISCHES SCHAFFEN

Georg Büchner, der sich schon als Schüler mehr für die Naturwissenschaften als für philosophische Fragen interessierte, wurde unter dem Eindruck der herrschenden gesellschaftlichen Verhältnisse bald zu einem politischen Kopf. Er gründete 1834 die „Gesellschaft der Menschenrechte" und wandte sich dabei gegen den Nationalismus, die bestehende Ständeordnung und die monarchisch-aristokratische Herrschaftsform. Im selben Jahr erschien in einer Auflage von 300 Exemplaren das Flugblatt „Der Hessische Landbote", das von Büchner abgefasst und von dem evangelischen Theologen und Publizisten Wilhelm Weidig überarbeitet wurde. Es enthielt viele Angriffe auf den Adel und war mit seiner Losung „Friede den Hütten! Krieg den Palästen!" eine Kampfschrift für die soziale Gerechtigkeit.

Im März 1835 – noch vor dem Verbot des „Jungen Deutschland" im Dezember desselben Jahres – wurde Büchner wegen seiner revolutionären Aktivitäten steckbrieflich gesucht. Büchner brachte in dieser Situation noch sein Drama „Dantons Tod" zum Abschluss, in dem zum ersten Mal ein unfreier, passiver Held, der an den politischen Zuständen scheitert, gezeichnet wird, und flüchtete nach Straßburg, ins benachbarte Frankreich, wo er vor der deutschen Polizei in Sicherheit war.

In Straßburg setzte Büchner vorübergehend sein Studium fort, das er 1836 in Zürich mit der Promotion beendete. In Zürich wurde er 1836 zum akademischen Lehrer für Vergleichende Anatomie ernannt. Während seiner Promotion schrieb Büchner die Erzählung **Lenz**, in der er die zunehmende Geisteskrankheit des Sturm und Drang-Dichters Jakob Reinhold Michael Lenz als Folge der gesellschaftlichen Verhältnisse beschrieb.

1836 verfasste Büchner für ein Preisausschreiben die Komödie **Leonce und Lena**, in dem er die adlige Gesellschaft karikiert. Da er das Stück nicht fristgerecht eingesandt hatte, ging es ungelesen an ihn zurück.

Erst im Nachlass Büchners fand sich sein Drama **Woyzeck**. Die Hauptperson dieses Stücks leidet wie so viele Protagonisten Büchners an den gesellschaftlichen Verhältnissen: Der Soldat Woyzeck, der für seine Geliebte Marie und das gemeinsame Kind sorgen will, macht sich zum Spielball der sozial Höherstehenden. Als Marie ihn dann betrügt, ermordet er sie.

Als Georg Büchner 1837 in Zürich starb, hinterließ er nur wenige Werke. Diese zeigen aber ebenso wie seine programmatischen Texte und seine Briefe sein **politisches Engagement für die sozial Schwachen und die Außenseiter der Gesellschaft**. Büchner gilt deshalb als einer der wichtigen Autoren der Vormärzliteratur.

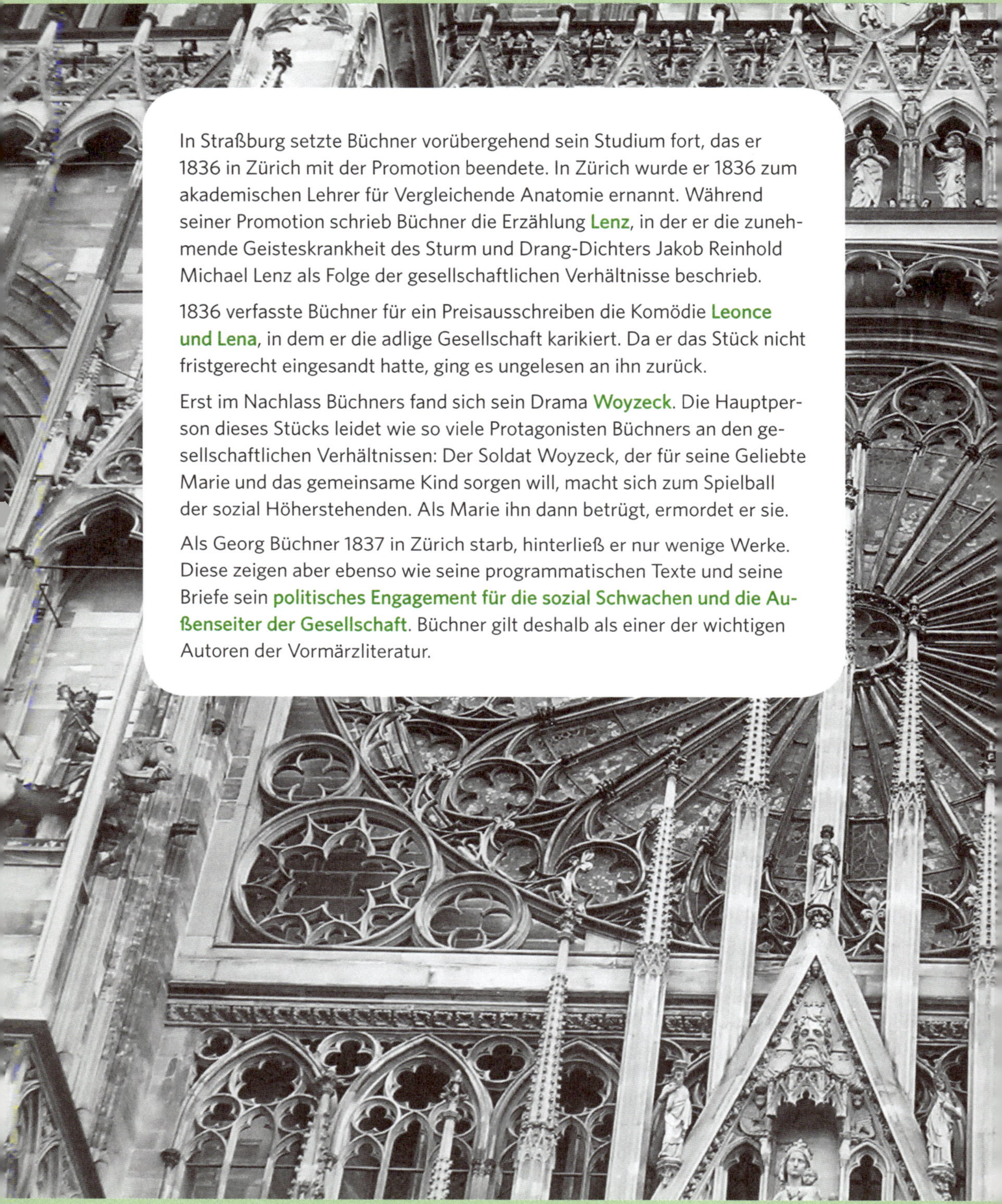

GEORG BÜCHNER – EIN POLITISCHER AUTOR

1. Was war Georg Büchner von Beruf?

____

2. Nenne drei Werke Büchners.

1. ____________ **2.** ____________

3. ____________

3. Warum wurde Büchner politisch verfolgt?

____

4. Warum gilt Büchner als einer der zentralen Autoren der Vormärzliteratur?

____

LÖSUNGEN

1. Arzt • **2.** Leonce und Lena; Dantons Tod; Woyzeck • **3.** Wegen seiner revolutionären Aktivitäten • **4.** Wegen seines Engagements für die sozial Schwachen und Außenseiter der Gesellschaft

THEMATIK

Georg Büchner zeigt in seinem Drama „Woyzeck", wie die gesellschaftlichen Verhältnisse einen Menschen deformieren und ihn zum Äußersten treiben können. Das Stück ist ein soziales Drama, da die gesellschaftliche Herkunft der Hauptfigur nicht zufällig, sondern Grundlage der Handlung ist. Woyzeck wird von den sozial Höhergestellten ausgebeutet:

Marie benutzt ihn als Zahler von Unterhalt für das gemeinsame Kind, für den Hauptmann ist er Dienstbote und Handlanger, für den Doktor Versuchskaninchen für medizinische Untersuchungen. Für die Probleme des Menschen Woyzeck interessiert sich niemand.

INHALT

In einzelnen, nur lose zusammenhängenden Bildern zeigt Büchner, wie Woyzeck aufgrund der gesellschaftlichen Verhältnisse zum Mörder wird. Woyzeck verdient sich mit verschiedenen Tätigkeiten Geld: Er schneidet Stöcke, rasiert den Hauptmann und nimmt an medizinischen Experimenten des Doktors teil. Das alles nimmt er auf sich, um das verdiente Geld Marie geben zu können, seiner Geliebten, die sich um den gemeinsamen Sohn Christian kümmert. Als Woyzeck bemerkt, dass Marie ihn mit dem Tambourmajor betrügt, dieser ihn damit ebenso aufzieht wie der Hauptmann und der Doktor, bringt Woyzeck Marie um.

DIE PERSONENKONSTELLATION DES STÜCKS

Woyzeck steht allein in der Welt: Seine Vorgesetzten beuten ihn aus, sein Freund Andres versteht ihn nicht, seine Geliebte Marie betrügt ihn.

Die Personen und ihr Verhältnis zu Woyzeck:

- Der Doktor beutet Woyzeck für seine wissenschaftlichen Versuche aus.
- Der Tambourmajor lässt Woyzeck seine Überlegenheit spüren: Er ist wohlhabender als Woyzeck, schon durch seine Stellung attraktiver und für Marie begehrenswerter und beginnt ein Verhältnis mit ihr.
- Der Hauptmann beutet Woyzeck ebenfalls aus, indem er ihn für sich arbeiten lässt.
- Andres ist Woyzecks Freund, aber er versteht dessen Lage und Gefühle nicht.
- Marie schließlich betrügt Woyzeck mit dem Tambourmajor und begeht so einen Verrat, den Woyzeck nicht ungesühnt lassen kann.

Die gesellschaftlichen und persönlichen Verhältnisse treiben den psychisch angeschlagenen Woyzeck schließlich zum Äußersten.

BÜCHNERS VARIATION DES STERNTALER-MÄRCHENS

Die Erzählung der Großmutter ist als Umkehrung des Sterntaler-Märchens der Brüder Grimm zu lesen. Das Waisenkind im Märchen ist so arm, dass es nur noch ein Stück Brot und die Kleidung, die es am Körper trägt, besitzt. Als es auf noch ärmere Menschen trifft, teilt es mit ihnen sein Hab und Gut, so dass es am Ende gar nichts mehr hat. Dann geschieht ein Wunder: Das Mädchen hat plötzlich wieder ein Kleid an, in dem es alle Sterntaler sammelt, die vom Himmel fallen.

Das Märchen der Brüder Grimm zeigt eine optimistische Weltsicht: Das Gute wird am Ende belohnt. Das arme Mädchen beweist Nächstenliebe und gibt immer mehr von seinem Eigentum ab. Am Ende wird es dann von Gott für seine Selbstlosigkeit und seine guten Taten belohnt.

Büchner variiert die Erzählung: Das arme Waisenkind sucht Trost und Zuflucht im Himmel, der ihm verheißungsvoll erscheint. Es stellt sich aber heraus, dass der Mond „ein Stück faul Holz“, die Sonne „ein verwelkt Sonneblum“ und die Sterne längst verendete Mücken sind. Die Erde ist ein umgestürzter Nachttopf. Das Kind ist in seiner Verzweiflung auf sich allein gestellt, es gibt keinen Himmel und keinen helfenden Gott. Das führt alle menschliche Heilserwartung ad absurdum: So wie das Kind am Ende des Märchens vor dem Nichts steht, so findet sich auch Woyzeck am Ende des Stücks ohne Perspektive wieder. Die Erzählung der Großmutter ist ohne Hoffnung, auf der Welt herrschen Einsamkeit und Trostlosigkeit.

Die Aussage des Büchner'schen Textes lautet: Gab es früher noch Hoffnung auf göttliche Gerechtigkeit, herrscht heute das Nichts; alles Bemühen um ein Leben nach christlichen Vorstellungen, wie Nächstenliebe und Selbstlosigkeit sind vergebens – der Mensch ist ausschließlich auf sich selbst gestellt. Die Darbietung dieser Erzählung und ihrer nihilistischen Weltdeutung durch die Großmutter unterstreicht die Richtigkeit des Gesagten, da man mit dem hohen Alter Weisheit verbindet, und dient als Deutungsansatz für das gesamte Drama.

Die Erzählung der Großmutter fügt sich in das Drama, das nach der offenen Form gebaut ist, ein. Ein Kennzeichen besteht darin, dass die Handlung nicht chronologisch aufgebaut ist und dass es Nebenhandlungen gibt, die mit der Haupthandlung scheinbar nichts zu tun haben. Tatsächlich dienen sie der Deutung, da sie sich aus einer scheinbar neutralen Perspektive auf die Thematik beziehen. Die Erzählung der Großmutter ist eine solche Nebenhandlung.

GEORG BÜCHNERS DRAMA „WOYZECK“

1. Was ist das Thema des Stücks?

2. Warum ist das Stück ein soziales Drama?

3. Wie ist das umgedeutete Sterntaler-Märchen im Stück zu verstehen?

LÖSUNGEN

1. Die Deformation und Zerstörung eines Menschen durch die sozialen Verhältnisse • **2.** Die gesellschaftliche Herkunft der Hauptfigur ist nicht zufällig, sondern Grundlage der Handlung • **3.** Büchner deutet die optimistische Weltsicht des Grimmschen Märchens in eine pessimistische um; der Mensch ist auf sich allein gestellt und kann keine göttliche Hilfe erwarten.

11 DAS JUNGE DEUTSCHLAND

Grundlagen

Das Junge Deutschland umfasst eine Gruppe von Autoren innerhalb der Vormärzliteratur, die sich selbst nie als literarische Bewegung oder Schule verstanden hatten. Dazu wurden sie erst gemacht, als der Deutsche Bund 1835 fünf politisch oppositionellen Autoren ein Publikationsverbot auferlegte und ihre Schriften verbot. Folgende Autoren wurden im Bundestagsbeschluss genannt: Heinrich Heine, Karl Gutzkow, Heinrich Laube, Ludolf Wienbarg und Theodor Mundt.

Die Jungdeutschen wandten sich gegen jede unpolitische Literatur, gegen Goethe und die Romantik, aber auch gegen die alten Autoritäten wie den absoluten Staat und die Kirche. Ihre politischen Forderungen orientierten sich an einem demokratischen Liberalismus, der die Abkehr von der Kleinstaaterei, die Abschaffung der Zensur, eine demokratische Verfassung und die Rechte der Frauen (z. B. auf Bildung) einforderte.

THEORETISCHE GRUNDLAGEN

Die Bezeichnung „Junges Deutschland" wurde zuerst 1834 von dem Literaturkritiker Ludolf Wienbarg in seiner Schrift „Ästhetische Feldzüge" verwendet. Diese begann mit den Worten:

„Dir, junges Deutschland, widme ich diese Reden, nicht dem alten. Ein jeder Schriftsteller sollte nur gleich von vornherein erklären, welchem Deutschland er sein Buch bestimmt und in wessen Hände er dasselbe zu sehen wünscht. Liberal und illiberal sind Bezeichnungen, die den wahren Unterschied keineswegs angeben. Mit dem Schilde der Liberalität ausgerüstet sind jetzt die meisten Schriftsteller, die für das alte Deutschland schreiben, sei es für das adlige oder für das gelehrte oder für das philiströse alte Deutschland [...] Wer aber dem jungen Deutschland schreibt, der erklärt, dass er jenen altdeutschen Adel nicht anerkennt, dass er jene altdeutsche, tote Gelehrsamkeit in die Grabgewölbe ägyptischer Pyramiden verwünscht und dass er allem altdeutschen Philistertum den Krieg erklärt und dasselbe bis unter den Zipfel der wohlbekannten Nachtmütze unerbittlich zu verfolgen willens ist."

OFFIZIELLE REAKTIONEN AUF DIE BEWEGUNG DES „JUNGEN DEUTSCHLAND"

Als der einflussreiche Literaturkritiker Wolfgang Menzel eine vernichtende Rezension über Karl Gutzkows Roman „Wally, die Zweiflerin" veröffentlichte, in dem er Pornografie und Blasphemie zu entdecken glaubte, griff der deutsche Bundestag in Frankfurt am Main zur Zensur und verbot am 10. Dezember 1835 alle Schriften der Autoren, die man dem „Jungen Deutschland" zurechnete. In diesem Beschluss heißt es wörtlich:

„Nachdem sich in Deutschland in neuerer Zeit, und zuletzt unter der Benennung „das junge Deutschland" oder „die junge Literatur", eine literarische Schule gebildet hat, deren Bemühungen unverhohlen dahin gehen, in belletristischen, für alle Klassen von Lesern zugänglichen Schriften die christliche Religion auf die frechste Weise anzugreifen, die bestehenden sozialen Verhältnisse herabzuwürdigen und alle Zucht und Sittlichkeit zu zerstören: so hat die deutsche Bundesversammlung – in Erwägung, dass es dringend notwendig sei, diesen verderblichen, die Grundpfeiler aller gesetzlichen Ordnung untergrabenden Bestrebungen durch Zusammenwirken aller Bundesregierungen sofort Einhalt zu tun, und unbeschadet weiterer, vom Bunde oder von den einzelnen Regierungen zur Erreichung des Zweckes nach Umständen zu ergreifenden Maßregeln – sich zu nachstehenden Bestimmungen vereiniget:

1. Sämtliche deutschen Regierungen übernehmen die Verpflichtung, gegen die Verfasser, Verleger, Drucker und Verbreiter der Schriften aus der unter der Bezeichnung „das junge Deutschland" oder „die junge Literatur" bekannten literarischen Schule, zu welcher namentlich Heinr. Heine, Karl Gutzkow, Heinr. Laube, Ludolf Wienbarg und Theodor Mundt gehören, die Straf- und Polizei-Gesetze ihres Landes, sowie die gegen den Missbrauch der Presse bestehenden Vorschriften, nach ihrer vollen Strenge in Anwendung zu bringen, auch die Verbreitung dieser Schriften, sei es durch den Buchhandel, durch Leihbibliotheken oder auf sonstige Weise, mit allen ihnen gesetzlich zu Gebot stehenden Mitteln zu verhindern. >>

>>

2. Die Buchhändler werden hinsichtlich des Verlags und Vertriebs der oben erwähnten Schriften durch die Regierungen in angemessener Weise verwarnt, und es wird ihnen gegenwärtig gehalten werden, wie sehr es in ihrem wohlverstandenen eigenen Interesse liege, die Maßregeln der Regierungen gegen die zerstörende Tendenz jener literarischen Erzeugnisse auch ihrerseits, mit Rücksicht auf den von ihnen in Anspruch genommenen Schutz des Bundes, wirksam zu unterstützen.
3. Die Regierung der freien Stadt Hamburg wird aufgefordert, in dieser Beziehung insbesondere der Hoffmann und Campeschen Buchhandlung zu Hamburg, welche vorzugsweise Schriften obiger Art in Verlag und Vertrieb hat, die geeignete Verwarnung zugehen zu lassen."

Viele Autoren stellten nach dem Publikationsverbot des Deutschen Bundestags ihre literarische Produktion ein, andere wie Heinrich Heine gingen ins Exil.

DAS JUNGE DEUTSCHLAND

1. Was ist das „Junge Deutschland"?

____

2. Nenne drei Autoren dieser Strömung.

1. ____________ **2.** ____________ **3.** ____________

3. Wogegen wandten sich die „Jungdeutschen?

1. ____________ **2.** ____________

4. Wie reagierten die staatlichen Stellen auf die Bewegung?

1. ______________________________

2. ______________________________

LÖSUNGEN

1. Eine Gruppe von Autoren innerhalb der Vormärzliteratur • **2.** Gutzkow, Heine, Wienbarg • **3.** Gegen unpolitische Literatur und gegen alte Autoritäten • **4.** Mit Verfolgung und Verboten

12 DER REALISMUS

Grundlagen

Realistische Elemente der Literatur sind in fast allen Epochen und bei den meisten Autoren zu finden. Das Besondere an der deutschen Epoche des Realismus, die man etwa zwischen 1850 und 1890 ansetzt, ist die betonte **Abkehr vom idealistischen Gedankengut**, das die Literatur der Klassik und der Romantik, aber auch noch des Biedermeier bestimmt hat. Die Dichter des Realismus wandten sich den **alltäglichen Erscheinungen** zu.

BÜRGERLICHER REALISMUS

„Bürgerlich" nennt man die realistische Dichtung in der zweiten Hälfte des 19. Jahrhunderts, weil in den literarischen Werken die **Lebenswirklichkeit des Bürgertums im Mittelpunkt** der Darstellung steht. Die Bezeichnung „Bürgerlicher Realismus" steht somit in Kontrast zu der realistischen Darstellung z. B. im Vormärz.

POETISCHER REALISMUS

Der Begriff „Poetischer Realismus" steht für die Art der Darstellung: **Reale Situationen, Ereignisse und Probleme werden nicht ungefiltert in die Literatur übernommen, sondern poetisch ausgestaltet.** Das ist auch ein Unterscheidungskriterium gegenüber anderen „Realismen", z. B. der naturalistischen Strömung.

WICHTIGE AUTOREN DES REALISMUS

- Theodor Storm,
- Theodor Fontane,
- Conrad Ferdinand Meyer,
- Friedrich Hebbel,
- Wilhelm Raabe,
- Gottfried Keller u.a.m.

DER REALISMUSBEGRIFF

Der Begriff „Realismus" ist die Bezeichnung für eine Epoche, die die empirisch fassbare Wirklichkeit in den Mittelpunkt der Dichtung rückt. Anders als die Idealisten sehen die Realisten die Dinge, wie sie sind und nicht in idealer Überhöhung. Der poetische Realismus verzichtet aber nicht auf eine dichterische Verklärung des Abgebildeten; die Autoren des bürgerlichen Realismus entstammen selbst dem (gehobenen) Bürgertum und stellen dessen Lebenswirklichkeit dar. Die Begriffe „poetischer Realismus" und „bürgerlicher Realismus" bezeichnen also keinen Gegensatz – sie ergänzen sich.

Das Leben der „kleinen Leute", der bürgerlichen Unterschichten und der Fabrikarbeiter, stellten die Realisten nicht dar – das blieb den Naturalisten vorbehalten, die die Idee des Realismus zu Ende dachten.

Der Realismus war eine gesamteuropäische Epoche: In Frankreich schrieben Flaubert, Stendhal und Balzac, in England Dickens und Thackeray, in Russland Dostojewskij, Tolstoj, Turgenjew realistische Dichtung. In Deutschland beginnt die Epoche des Realismus mit dem Ende der Revolution von 1848/49 und dauerte bis zum Rückzug Bismarcks aus der aktiven Politik (1890).

REALISMUS ALS KONSTANTE IN DER LITERATUR

Realistische Strömungen sind in vielen Werken aus verschiedenen Epochen feststellbar: in der altgriechischen Dichtung (in den Komödien des Aristophanes oder in der spätattischen Tragödie des Euripides), in der Literatur des 17. Jahrhunderts (z. B. Grimmelshausen: Simplicissimus) und in der Literatur des 19. Jahrhunderts (in den Schriften der Autoren des Vormärz und des jungen Deutschland).

Auch im 20. Jahrhundert gibt es Vertreter der realistischen Literatur, z. B. Alfred Döblin, Heinrich Böll, Martin Walser, Christoph Hein, Birgit Vanderbeke und Benjamin von Stuckrad-Barre.

Realismus als Begriff: „poetischer Realismus"	Form der dichterischen Gestaltung (in vielen Epochen)
Realismus als Epoche der deutschen Literatur im 19. Jahrhundert (ca. 1850 bis 1890): „bürgerlicher Realismus"	Darstellung der Verhältnisse, meist dichterisch verklärt, bürgerliche Autoren, bürgerliche Themen
wichtige Vertreter des bürgerlichen Realismus	Storm, Fontane, Freytag, Raabe, meyer, Hebbel, Keller, Ludwig, Rosegger, Geibel, Heyse

DER REALISMUS

1. Welche Aussage ist richtig?

- [x] **A** Der bürgerliche Realismus ist ein Teil des poetischen Realismus.
- [ ] **B** Bürgerlicher Realismus und poetischer Realismus waren gegensätzliche Strömungen.
- [ ] **C** Der bürgerliche Realismus löste den poetischen Realismus ab.

2. Nenne zwei Autoren des Realismus.

1. Fontane 2. Storm

3. Welche Gesellschaftsschicht stellte der realistische Roman dar?

bürgerliche Ober- und Mittelschicht

4. Was lässt sich im Verlauf der Literaturgeschichte über den Realismus sagen?

1. ______

LÖSUNGEN

1. A • **2.** Theodor Fontane, Theodor Storm • **3.** Die bürgerliche Ober- und Mittelschicht • **4.** Er stellt eine Konstante dar; es gibt auch im 20. Jahrhundert Vertreter realistischer Literatur.

FRIEDRICH HEBBEL (1813–1863)

Hebbel ist der bedeutendste Dramatiker des Realismus.
In seinen Dramen orientiert er sich an der klassischen Dichtung, auch in seinem Werk steht das Individuum, das sich in einer Krisensituation befindet, im Mittelpunkt. Die Leistung Hebbels besteht darin, dass er sich inhaltlich vom Drama Goethes und Schillers löste und – ganz im Zeichen des Realismus – die Tragik innerhalb des Bürgertums ansiedelte. Deutlich wird dies in seinem bürgerlichen Trauerspiel „Maria Magdalena“: Meister Anton hält an fragwürdigen Wertvorstellungen fest, ohne zu erkennen, dass er damit seine Tochter Klara ins Unglück stürzt.

THEODOR STORM (1817–1888)

Der Jurist Storm war ein politisch engagierter Mann. In seiner Dichtung, die eng mit seiner Heimat Schleswig verbunden ist, zeigt er sich wesentlich unpolitischer. In der Novelle „Der Schimmelreiter“ thematisiert er den Konflikt von Jung und Alt, Bewahren und Erneuern. Andere wichtige Werke sind die Novellen „Pole Poppenspäler“ und „Immensee“.

GOTTFRIED KELLER (1819–1890)

Der Schweizer Gottfried Keller ist heute vor allem durch seinen autobiografisch gefärbten Bildungs- und Entwicklungsroman „Der grüne Heinrich" präsent. Keller beschreibt darin den Werdegang Heinrichs vom Künstler, der scheitert, zum Selbstmörder (in der 1. Fassung). In der 2. Fassung gibt er dem Roman ein positives Ende: Heinrich nimmt seine Niederlage an und stellt sich in den Dienst der Gemeinschaft, indem er ein öffentliches Amt annimmt. Die Parallelen zu Goethes „Wilhelm Meister"-Roman – das Modell des Bildungsromans – werden hier deutlich.

MARIE FREIFRAU VON EBNER-ESCHENBACH (1830–1916)

Sie ist eine der wenigen Autorinnen von realistischer Literatur, deren Name in den Literaturgeschichten auftaucht. Obwohl sie als Gräfin adliger Herkunft war, griff sie nach ihren Anfängen als von Schiller angeregte Dichterin immer wieder bürgerliche Stoffe auf. In der **Erzählung** „Krambambuli" gestaltet sie am Beispiel eines Hundes das Motiv der Treue. Andere wichtige Werke sind die Erzählung „Lotti die Uhrmacherin" und der Roman „Das Gemeindekind".

Conrad Ferdinand Meyer

- Das Amulett (Novelle, 1873)
- Jürg Jenatsch (Roman, 1874)
- Gedichte

Wilhelm Raabe

Die Chronik der Sperlingsgasse (Roman, 1857)

Stopfkuchen (Roman, 1890)

Theodor Fontane

Wanderungen durch die Mark Brandenburg (Reisebericht, 1862)

Vor dem Sturm (Roman, 1878)

Irrungen Wirrungen (Roman, 1887)

Frau Jenny Treibel (Roman, 1892)

Effi Briest (Roman, 1895)

AUTOREN UND WERKE DES REALISMUS

1. Wer ist der bedeutendste Dramatiker des Realismus?

2. Was ist das Thema von Storms Novelle „Der Schimmelreiter“?

3. Was ist das Bemerkenswerte an Marie von Ebner-Eschenbach?

1. ______

2. ______

LÖSUNGEN

1. Friedrich Hebbel • **2.** Der Konflikt von Jung und Alt • **3.** Sie war eine der wenigen Autorinnen des Realismus, und sie war von adliger Herkunft.

FONTANES RUHM ALS ERZÄHLER

Vor allem seine späten Werke begründen den Ruhm Fontanes als realistischer Erzähler. Die Darstellung der Wilhelminischen Gesellschaft orientiert sich an den Figuren seines Werkes, ihrer Ideale, Werte und Verhaltensweisen. Die Personen werden meist indirekt, durch die Beschreibung ihrer Erscheinung, ihrer Umgebung und ihre Redeweise, charakterisiert. Aus der Thematik der Werke und der spezifischen Figurenzeichnung ergibt sich eine Kritik an Staat und Gesellschaft, die sich oft hinter seinem typischen Humor verbirgt.

BIOGRAFIE

- geb. am 30. Dezember 1819 in Neuruppin als Sohn hugenottischer Eltern
- Ausbildung zum Apotheker
- erste Veröffentlichungen, Aufnahme in den Dichterkreis „Tunnel über der Spree"
- zwischen 1849 und 1849 Tätigkeit in der Presseabteilung des preußischen Innenministeriums
- Aufenthalt in London (zwischen 1852 und 1859)
- Kriegsberichterstatter für die preußische Kreuzzeitung zwischen 1864 und 1870/71
- Theaterkritiker in Berlin (1870–1889). In dieser Zeit Veröffentlichung seiner wichtigsten Werke „Vor dem Sturm" (1878), „Grete Minde" (1880), „L'Adultera (1882), „Unterm Birnbaum" (1885), „Irrungen Wirrungen" (1887), „Stine" (1890), „Frau Jenny Treibel" (1892) und „Effi Briest" (1894/95).

LEBEN UND WERK

Frühe Tätigkeiten

Henri Theodore Fontane wurde am 30. Dezember 1819 in Neuruppin geboren. Seine Eltern waren französischstämmige Hugenotten. Als die väterliche Apotheke wegen Spielschulden verkauft werden musste, siedelte die Familie 1827 nach Swinemünde über. Der junge Theodor absolvierte zwischen 1836–1840 eine Apothekerlehre, trat aber mit ersten literarischen Texten an die Öffentlichkeit und wurde in den literarischen Verein „Tunnel über der Spree“ in Berlin aufgenommen. Bis 1849 war er als Apotheker in Berlin tätig und wechselte nach seiner Heirat in die Presseabteilung des preußischen Innenministeriums, der er bis 1859 angehörte. In deren Auftrag hielt er sich mit seiner Familie bis 1859 in London auf. Als Korrespondent für die Neue Preußische Zeitung/Kreuz-Zeitung berichtete er zwischen 1864 und 1870/71 von den Schauplätzen der so genannten deutschen Einigungskriege.

1870 wurde er der Spionage verdächtigt und geriet in französische Gefangenschaft; erst auf Bismarcks Eingreifen wurde er freigelassen.

Erste literarische Erfolge

Seine frühen literarischen Aktivitäten umfassten Verserzählungen und Balladen (z. B. „Archibald Douglas“, 1854). Er verfasste Reisebeschreibungen („Wanderungen durch England und Schottland“, 1844 ff., „Jenseits des Tweed“, 1860). Als vorbildlich für den realistischen Stil wirkte Fontane mit seinem Bericht über seine „Wanderungen durch die Mark Brandenburg“, 1862-1882. 1870–1889 war er Theaterkritiker in Berlin und ergriff für die Werke Ibsens und Hauptmanns Partei. Erst spät wandte sich Fontane wieder der längeren literarischen Prosa zu. In seinen realistischen Gesellschaftsromanen beschrieb er den Adel und das Bürgertum in Preußen in seiner Lebenswirklichkeit. Er verarbeitete in seinen Werken Probleme der Liebe und Ehe, der Ehre und soziale Fragen. In seinem ersten Roman „Vor dem Sturm“ (1878) bearbeitete Fontane einen historischen Stoff, beeinflusst von Walter Scott und Willibald Alexis. >>

Effi Briest

Roman

von

Theodor Fontane

Berlin W
F. Fontane & Co.
1896

>> Es folgten Kriminalerzählungen wie „Grete Minde" (1880) und „Unterm Birnbaum" (1885), auch der Balladendichtung wandte sich Fontane wieder zu („Die Brücke am Tay", 1880, „John Maynard", 1885,
„Herr von Ribbeck auf Ribbeck im Havelland", 1889, „Gorm Grymme", 1875).

Fontane als Meister des realistischen Romans

In seinen Gesellschaftsromanen „L'Adultera" (1882), „Graf Petöfy" (1884), „Irrungen Wirrungen" (1887), „Stine" (1890), „Frau Jenny Treibel oder Wo sich Herz zum Herzen find't" (1892) stellte er häufig eine weibliche Figur in den Mittelpunkt. Das bekannteste Beispiel ist wohl sein Roman „Effi Briest" (1894/95), in dem er die moderne Psychologie zur Zeichnung der Figuren einsetzte.

Das Spätwerk Fontanes bestand vor allem aus Romanen wie „Die Poggenpuhls" (1896) und „Der Stechlin" (1899), an dem er seit 1895 gearbeitet hatte. Fontanes letzter Roman, „Mathilde Möhring" (1906), blieb unvollendet. Theodor Fontane starb am 20. September 1898 in Berlin und wurde auf dem Friedhof der französischen Gemeinde beigesetzt.

THEODOR FONTANE

1. Woraus ergibt sich in Fontanes Romanen die Gesellschaftskritik?

1. ______________________________

2. ______________________________

2. Welches Werk Fontanes wirkte als vorbildlich für den realistischen Stil?

____

3. In welcher literarischen Gattung war Fontane besonders produktiv?

____

4. Welche damals neue Wissenschaft setzte Fontane für die Figurenzeichnung in seinem Roman „Effi Briest“ ein?

____

LÖSUNGEN

1. Aus der Thematik der Werke und der spezifischen Figurenzeichnung • **2.** „Wanderungen durch die Mark Brandenburg“ • **3.** Er schrieb zahlreiche Gesellschaftsromane • **4.** Die Psychologie

THEMATIK

In Fontanes Roman „Effi Briest“ wird aufgezeigt, dass gesellschaftliche Konventionen, die nicht mehr hinterfragt werden, Unglück über die Menschen bringen. Effis Ehemann, Baron von Innstetten, tötet Major von Crampas im Duell, verstößt seine Gattin und entfremdet ihr das Kind. Das alles tut er aber nicht, weil seine Gefühle ihn dazu drängen, sondern weil er glaubt, dass es die gesellschaftlichen Werte erfordern.

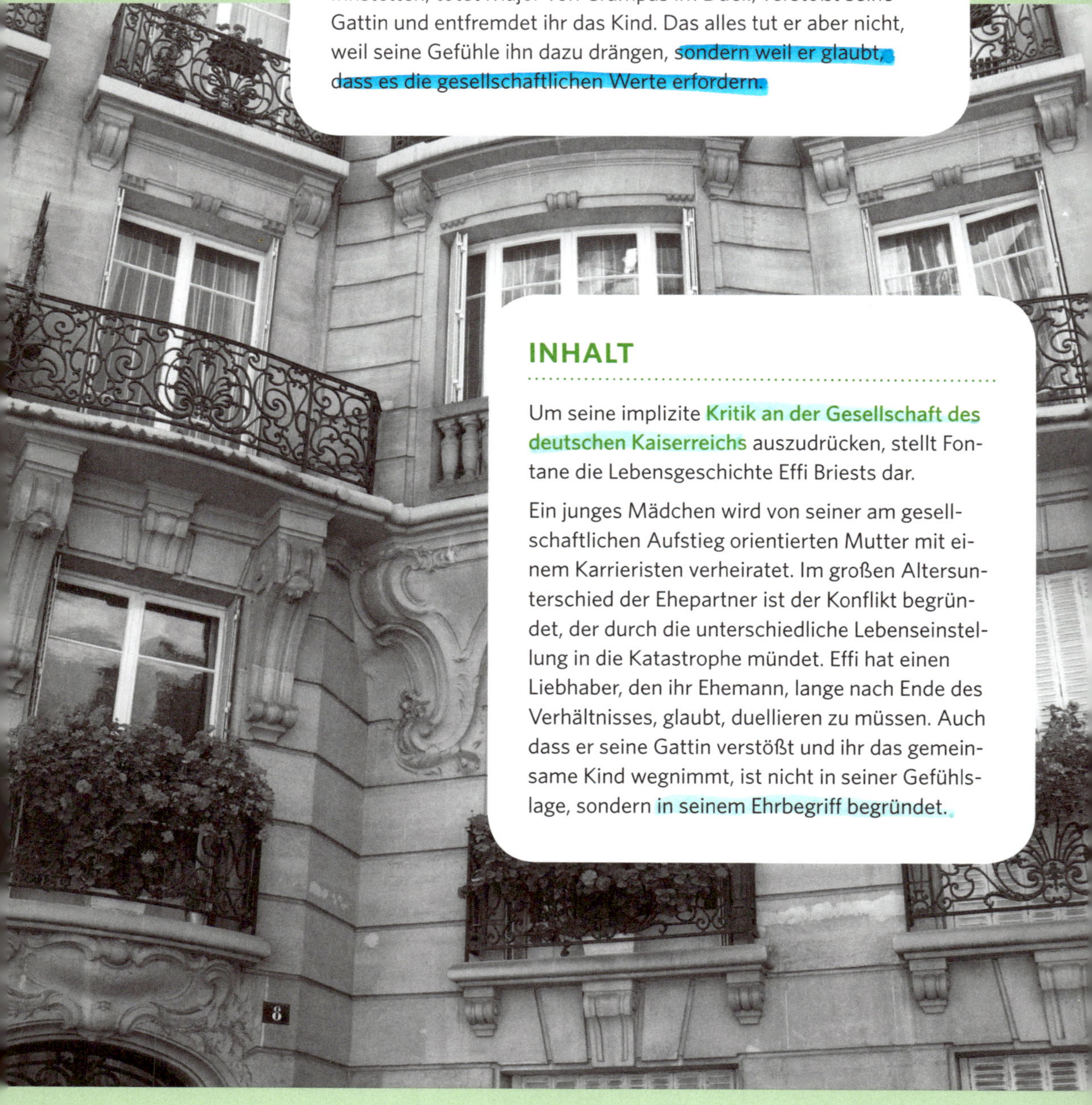

INHALT

Um seine implizite Kritik an der Gesellschaft des deutschen Kaiserreichs auszudrücken, stellt Fontane die Lebensgeschichte Effi Briests dar.

Ein junges Mädchen wird von seiner am gesellschaftlichen Aufstieg orientierten Mutter mit einem Karrieristen verheiratet. Im großen Altersunterschied der Ehepartner ist der Konflikt begründet, der durch die unterschiedliche Lebenseinstellung in die Katastrophe mündet. Effi hat einen Liebhaber, den ihr Ehemann, lange nach Ende des Verhältnisses, glaubt, duellieren zu müssen. Auch dass er seine Gattin verstößt und ihr das gemeinsame Kind wegnimmt, ist nicht in seiner Gefühlslage, sondern in seinem Ehrbegriff begründet.

EFFI BRIEST ALS GESELLSCHAFTSROMAN

Effi Briest ist ein Gesellschaftsroman: Baron von Innstetten, ein Beamter, der im Staatsdienst Karriere macht, besucht seine Jugendliebe, die inzwischen verheiratet ist und eine Tochter, Effi, hat. Innstetten, der die Mutter nicht bekam, heiratet die junge Effi, die sich in dieser Ehe mit dem sachlich denkenden, aufstrebenden und wesentlich älteren Ehemann bald langweilt. Als Effi Major von Crampas kennen und lieben lernt, sieht sie in ihrem Leben wieder einen Sinn und beginnt mit ihm eine Affäre, die sie genießt, die sie aber auch wegen ihrer Untreue belastet. So ist sie froh, als Innstetten aus beruflichen Gründen versetzt wird und sie Abstand zu Crampas gewinnt. Effi beendet die Beziehung zu ihrem Liebhaber, ohne dass Innstetten zunächst davon erfährt. Als dieser Jahre später alte Liebesbriefe von Crampas an Effi entdeckt, reicht er, ohne noch mit Effi gesprochen zu haben, um seiner Ehre willen die Scheidung ein und fordert Crampas zum Duell, der dabei den Tod findet. Er verstößt Effi, nimmt ihr die gemeinsame Tochter Anni weg, entfremdet sie der Mutter und findet dabei die Unterstützung von Effis Eltern, die das Verhalten ihrer Tochter missbilligen und ebenfalls den Kontakt zu ihr abbrechen. Effi lebt in Einsamkeit, nur ihre Kinderfrau Roswitha hält zu ihr. Aus Gram wird sie krank, woraufhin ihre Eltern sie aus Mitleid wieder zu Hause aufnehmen. Doch es ist zu spät: Effi stirbt an der Verzweiflung über ihre Situation, jedoch versöhnt mit den Lebenden.

DARSTELLUNG EINER IN KONVENTIONEN ERSTARRTEN GESELLSCHAFT

Fontane stellt in diesem Roman die Konflikte der Menschen dar, die in einer Gesellschaft leben, die in ihrer äußeren Form zwar noch besteht, deren Wertvorstellungen jedoch immer weniger adäquater Ausdruck individuellen Fühlens und Empfindens der jeweiligen Personen sind. Das Duell mit Crampas entspringt nicht Innstettens Wunsch nach Rache und Vergeltung. Er glaubt vielmehr so handeln zu müssen. Sein **unreflektiertes Festhalten an veralteten, zu starren Ritualen verkommenen Konventionen,** die seine scheinbar verletzte Ehre wiederherstellen sollen, führt zur Katastrophe. Ein selbstverantwortlicher Umgang mit zwischenmenschlichen Problemen ist den Figuren Fontanes aufgrund der festgefügten Konventionen, die das gesellschaftliche Leben im deutschen Kaiserreich bestimmen, nicht möglich. Nur so sind die Handlungsweise Innstettens, Effis Duldung ihrer Vereinsamung und ihre Resignation zu verstehen. Effi zeigt sich dabei aber stark: Der Glaube an ein letztlich doch gerechtes Schicksal, das über den gesellschaftlichen Erfordernissen steht, versöhnt Effi mit sich und ihrem Schicksal.

„EFFI BRIEST“ – EIN „TYPISCHER“ FONTANE-ROMAN

Theodor Fontane beschreibt in seinen Romanen gebrochene zwischenmenschliche Beziehungen. **Die Romanfiguren werden mit Konflikten konfrontiert, die nicht in ihnen selbst, sondern in den gesellschaftlichen Normen angelegt sind**: In „Irrungen Wirrungen“ und in „Stine“ sind Standesunterschiede der Anlass für die Verwicklungen; „L'Adultera“ ist eine Ehebruchsgeschichte, die zeigt, dass das Mädchen nur in die Eheschließung einwilligt, weil ihr Gatte ihr eine gesicherte Existenz bieten kann.

THEODOR FONTANES ROMAN „EFFI BRIEST“

1. Was zeigt Fontane in seinem Roman exemplarisch auf?

2. Warum verstößt Baron von Innstetten Effi?

3. Warum ist den Figuren Fontanes kein selbstbestimmter Umgang mit zwischenmenschlichen Problemen möglich?

LÖSUNGEN

1. Nicht mehr hinterfragte gesellschaftliche Konventionen bringen Unglück über die Menschen. • **2.** Die Konventionen, aus denen er sich nicht lösen kann, zwingen ihn dazu. • **3.** Im deutschen Kaiserreich herrschen festgefügte gesellschaftliche Prinzipien, denen der Einzelne machtlos gegenübersteht.

DIE RECHTLICHE SITUATION IM KAISERREICH

Die Männerwelt ist von der Welt der Frauen durch die geltenden Rechtsnormen und die gesellschaftlichen Konventionen streng geschieden, was im Roman auf den ersten Blick gar nicht erkennbar ist.

Dem preußischen Eherecht von 1794 zufolge ist der Mann das Familienoberhaupt, die Frau steht unter seiner Vormundschaft. Dadurch wird es Innstetten möglich, alle Wünsche und Vorschläge Effis ohne Diskussion vom Tisch zu wischen. Auch dass er ihr nach der Entdeckung der Untreue Anni entzieht, liegt hierin rechtlich begründet. Bei Seitensprüngen schrieb man den Frauen eine moralische Schuld zu, weil die eheliche Treue quasi zu ihrer Natur gehört; dem Mann, der sich in der Welt zu bewähren habe, gestand man mehr Freiheiten zu.

Auch im täglichen Leben waren die Frauen in ihrer Freiheit eingeschränkt: Eine berufliche Tätigkeit war den Frauen aus dem Adel verboten, bei Frauen aus dem Bürgertum war das Einverständnis des Ehemanns für die Ausübung eines Berufs notwendig.

In Effis Situation war es nicht „standesgemäß", einen Beruf auszuüben – nach der Trennung von Innstetten leidet Effi darunter, allein und „unnütz" in Berlin zu leben.

Ihre Krankheit und ihr früher Tod sind Ausdruck von Effis Verzweiflung über ihre Situation, die ihrer Rolle entspringt. Am Ende nimmt sie diese Rolle aber doch an und sagt über ihren Mann: „Er hatte viel Gutes in seiner Natur und war so edel, wie jemand nur sein kann, der ohne rechte Liebe ist."

FONTANES HELDINNEN ALS SPIEGEL DER REALITÄT

„In Fontanes literarischen Heldinnen begegnen uns die Frauen und Frauenbilder seiner Zeit und die seiner eigenen Biografie in unterschiedlichen Typen, wechselnden Schattierungen und Facetten und doch allesamt charakteristisch für die Gesellschaft der Gründerzeit und des Wilhelminismus. Die Geschichten handeln von weiblichen Lebensentwürfen; von Ehe, Ehebruch und Scheidung; von Ehre und Standeskonflikten oder unstandesgemäßen Liebesverhältnissen; vom gesellschaftlichen Aufstieg durch Geld oder Schönheit - niemals jedoch durch Liebe - und von der Tabuierung der Sexualität unter dem Verdikt einer doppelbödigen Moral. Es sind Konflikte, die in Frauenschicksalen unmittelbarer aufbrechen als in Männerleben. [...] Ein Blick auf die historische Realität des Wilhelminischen Preußen, dem diese Frauenfiguren meist entstammen und das auch den Erfahrungshintergrund ihres Schöpfers prägt, zeigt, wie solche weibliche Lebenswelt tatsächlich beschaffen war. Bevorzugter sozialer Schauplatz der Romane ist die Aristokratie, deren Vormachtstellung in Ministerialbürokratie, Diplomatie und Heeresführung - ungeachtet realer wirtschaftlicher Ohnmacht - ungebrochen ist. Das Junkertum, der Grund besitzende Adel, bildet nach wie vor einen exklusiven feudalen Berufsstand mit weit reichendem Einfluss auf Politik und Gesellschaft. Der Offiziersadel - um 1870 sind 90 % aller Kavallerieoffiziere und 80 % aller Generäle adliger Abstammung - gewinnt gegen Jahrhundertende immer mehr an Bedeutung, nicht nur als Berufs-, sondern vor allem als Gesellschaftsstand. Militärdienst rangiert in Preußen höher als Schulbildung.

Mit diesem Wertsystem der adligen Führungsschicht identifiziert sich auch die Bourgeoisie mehr und mehr. Das industrielle Besitzbürgertum arrangiert sich >>

>> wirtschaftlich mit den Junkern; durch Heirat steigt man in ihre Schicht auf und übernimmt mit den aristokratischen Normen, Denk- und Verhaltensweisen auch die ausgeprägte Indifferenz gegenüber Bildung und Kultur. Der Bildungsbürger gilt dieser Zeit der Parvenüs als Relikt der Vergangenheit. Erhalten hat sich nur der äußere Schein; ein ehrfürchtig-gläubiges Verhältnis zu Titeln und Orden. Repräsentation, das Bedürfnis nach Selbstdarstellung vor allem im Materiellen, prägt diese durch und durch patriarchalische Gesellschaft. Wichtigstes und ranghöchstes Objekt dieser Repräsentation sind die Frauen.

Das Dasein der bürgerlichen Frau – und dies gilt ähnlich auch für die adlige – legitimiert sich allein aus dem Status als Ehefrau und Mutter; Ehe und Familie sind die einzig sozial anerkannten weiblichen Lebensziele.

Dafür werden de facto auch demütigende, ja unerträgliche innerfamiliäre Verhältnisse in Kauf genommen, die oft zu schweren psychosomatischen Erkrankungen der Frauen führen. Hinter der ideologischen Aufwertung des Status der verheirateten Frau verbirgt sich ein sehr realer Grund. Bei einem Frauenüberschuss von ca. 2 ¼ Millionen gegen Jahrhundertende ist die Ehe vornehmlich eine Versorgungsinstitution, zumal weibliche Berufstätigkeit noch immer gesellschaftlich missachtet wird. Der weibliche Wirkungskreis ist ganz aufs Private beschränkt; er dient ausschließlich der Regeneration des Mannes, der Fortpflanzung und der Aufzucht der Kinder. Frauen werden bewusst naiv, ahnungslos gegenüber den Realitäten des Lebens, wie Politik, Arbeits- und Sozialverhältnissen, aber auch Sexualität, gehalten. Der begehrte Typ der Kindfrau, wie er in Effi Briest Gestalt geworden ist, entspricht diesem Frauenbild.“

(Edda Ziegler: Theodor Fontane. Lebensraum und Phantasiewelt. Eine Biographie.
© Aufbau Verlag GmbH & Co. KG, Berlin 1996, S. 211 ff.)

FRAUEN- UND MÄNNERWELT IN „EFFI BRIEST“

1. Wodurch waren Männer- und Frauenwelt im Kaiserreich voneinander abgegrenzt?

1. ____________________

____

2. ____________________

____

2. Nenne zwei Beispiele für die Situation der Frau im Kaiserreich.

1. ____________________

2. ____________________

LÖSUNGEN

1. Biedermeier und Vormärz • **2.** Biedermeier: Eduard Mörike, Jeremias Gotthelf; Vormärz: Ferdinand Freiligrath, Georg Büchner

13 DER GESELLSCHAFTSROMAN

Grundlagen

Der Gesellschaftsroman ist eine besondere Form des Romans, der die Gesellschaft, Probleme innerhalb der Gesellschaft und eine umfassende Darstellung des gesellschaftlichen Lebens in den Mittelpunkt stellt.

BEISPIELE DES GESELLSCHAFTSROMANS

- Romane der Franzosen Emile Zola, Gustav Flaubert, Honoré de Balzac und Stendhal
- Romane der Russen Leo Tolstoj und Fjodor Dostojewskij
- Gustav Freytag: „Soll und Haben" (1855)
- Theodor Fontane: „Irrungen Wirrungen" (1887), „Frau Jenny Treibel" (1892), „Effi Briest" (1894/95)
- Robert Musil: „Der Mann ohne Eigenschaften" (1930 ff.)
- Thomas Mann: „Buddenbrooks" (1901)

DER GESELLSCHAFTSROMAN ALS GATTUNG DES 19. JAHRHUNDERTS

- Die im 19. Jahrhundert entstehende bürgerliche Gesellschaft thematisiert ihre eigene Situation. Dabei ist der Begriff „bürgerlich" aber nicht scharf umrissen, er umfasst auch den niederen Adel, an dessen Lebenswelt sich das Großbürgertum orientiert.
- Der Gesellschaftsroman bedarf einer klar gegliederten Gesellschaft, deren Probleme er thematisiert. Diese ist im 20. Jahrhundert durch die soziale Nivellierung kaum noch gegeben.

FORMALE KRITERIEN

Für den Gesellschaftsroman gelten formal die gleichen Kriterien wie für jede andere Form des Romans, z. B. den Bildungsroman, den historischen Roman, den utopischen oder den Künstlerroman:

- mehrsträngige Handlung,
- Spiegelung der (bürgerlichen) Welt,
- Vielzahl von Personen,
- Erstreckung der Handlung über einen längeren Zeitraum.

ENTWICKLUNG DER GATTUNG

Anfänge des Gesellschaftsromans kann man in den Werken von Daniel Defoe (Robinson Crusoe, 1719), Henry Fielding (Tom Jones, 1749) und Laurence Sterne (Tristram Shandy, 1761 ff.) erkennen.

Zu seiner vollen Ausprägung brachten den Gesellschaftsroman französische (Emile Zola, Gustav Flaubert, Honoré de Balzac und Stendhal) und russische Autoren (Lew Tolstoj und Fjodor Dostojewskij); sie wirkten auf Deutschland vorbildhaft.

GESELLSCHAFTS-ROMAN UND GROSSSTADTROMAN

Die im 19. Jahrhundert entstehende bürgerliche Gesellschaft thematisiert ihre eigene Situation und ihre Probleme. Theodor Fontane perfektioniert den Gesellschaftsroman mit seinen späten Werken „Frau Jenny Treibel“ und „Effi Briest“.

Durch die sozialen Veränderungen, die der Erste Weltkrieg mit sich bringt, rücken im 20. Jahrhundert andere Problemfelder in den Mittelpunkt.

Autoren wie Robert Musil und Thomas Mann versuchen die Gattung wieder zu etablieren und bringen sie zu einem zweiten Höhepunkt. Mit dem Beginn der nationalsozialistischen Herrschaft in Deutschland bricht diese Entwicklungslinie aber ab.

Den **Großstadtroman**, den James Joyce („Ulysses“) und John Dos Passos („Manhattan Transfer“) begründeten, kann man als Gesellschaftsroman ansehen – schließlich ist die Großstadt der Spiegel der Gesellschaft im Kleinen. In Deutschland wurde der Großstadtroman „Berlin Alexanderplatz“ von Alfred Döblin 1929 veröffentlicht, zum Muster dieser Gattung.

DER GESELLSCHAFTSROMAN

1. Was steht beim Gesellschaftsroman im Mittelpunkt?

____

2. Aus welchen Ländern stammten die Einflüsse, die den deutschen Gesellschaftsroman prägten?

1. __________ **2.** __________ **3.** __________

3. Warum gibt es den Gesellschaftsroman im 20. Jahrhundert kaum noch?

____

____

4. Wie heißt die im 20. Jahrhundert entstandene Form des Gesellschaftsromans?

____

LÖSUNGEN

1. Die umfassende Darstellung einer Gesellschaft und ihrer Probleme • **2.** England, Frankreich, Russland • **3.** Durch die Nivellierung der Gesellschaft war er immer weniger zeitgemäß • **4.** Großstadtroman

14 NATURALISMUS – IMPRESSIONISMUS – SYMBOLISMUS Grundlagen

DER NEUANSATZ IN DER LITERATUR DES NATURALISMUS

Auf der Basis des Realismus und der sich mehr und mehr verbreitenden materialistischen Weltanschauung entstand ab etwa 1880 der Naturalismus. Er bedient sich zwar einer realistischen Darstellungsweise, rückt aber auch die Gesellschaftsschichten und Probleme in den Mittelpunkt, die bis dato für nicht literaturwürdig gehalten wurden: Kleinbürger und unterbürgerliche Schichten, soziale Außenseiter, soziale Konflikte, Alkoholismus und Inzest.

DER NATURALISMUS

Die Dichter des Naturalismus waren aufgrund der gewandelten gesellschaftlichen Verhältnisse mit der tradierten Literatur nicht einverstanden; sie strebten eine Literaturrevolution an. Arno Holz (1863–1929) forderte, dass die Kunst die Natur nicht abzubilden, sondern zu ersetzen habe. Dies sei seiner Meinung nach aber nicht möglich, indem der Dichter ein Kunstwerk im herkömmlichen Sinne verfasse. Er müsse vielmehr versuchen, Natur zu schaffen. Holz fasst dies in der Formel „Kunst = Natur – x" zusammen. Die Variable x ist dabei der Autor – wäre er nicht vorhanden, hätte das Kunstwerk seine höchste Entfaltung erreicht: Kunst und Natur wären identisch. Holz folgert daraus, dass der Dichter eine neue Rolle einnehmen müsse: Er müsse zum unsichtbaren Beobachter der Wirklichkeit entsprechender Begebenheiten werden. Diese Forderung rückte die sozialen Unterschichten in den Blick der Dichter. Auch die Form der Darstellung musste sich ändern: Die realistische Form der Sprechweise, der Sekundenstil, wurde eingefordert. Sekundenstil bedeutet, dass die Erzählzeit und die erzählte Zeit >>

>> deckungsgleich sind. Das ermöglicht eine exakte Wiedergabe von Sprechsituationen in Form der schriftlichen Darstellung. **Die naturalistischen Autoren enthielten sich in ihren Werken weitgehend einer persönlichen Bewertung des Dargestellten.** Sie bezogen jedoch mehr oder weniger eindeutig Stellung, indem sie die kleinbürgerlichen und proletarischen Schichten in die Literatur als Handlungsträger einführten. Sie zeigten die Schattenseiten des Daseins ihrer Protagonisten auf, wenngleich diese auch – der Milieutheorie zufolge – dafür nicht selbst zur Verantwortung zu ziehen sind. Erst eine Veränderung der Arbeits- und Lebensbedingungen sowie eine Verbesserung der Bildungssituation würde den sozial Unterprivilegierten zu einem menschenwürdigeren Leben verhelfen.

GEGENSTRÖMUNGEN ZUM NATURALISMUS

Ab 1890 kamen literarische Strömungen auf, die sich gegen die naturalistische und realistische Literatur wandten und sich auf Klassik und Romantik zurückbesannen.

Der **Impressionismus** wollte Augenblicksstimmungen wiedergeben und stellte die so genannte „Heimatkunst" gegen die „Großstadtliteratur". Im Gegensatz zum Naturalismus betonten die **Symbolisten** das Irrationale, Mythische und Ästhetische.

DER IMPRESSIONISMUS

Viele Autoren lehnten die Ästhetik der Naturalisten ab. Sie vertraten die Ansicht, Poesie müsse mehr leisten, als nur das soziale Elend der unteren Bevölkerungsschichten wiederzugeben und zu beklagen. **Wie die Maler versuchten auch die Dichter im Impressionismus eine Augenblicksstimmung einzufangen und gaben momentane Eindrücke und Empfindungen wieder.** Sie reihten Einzelbeobachtungen aneinander, was den Beobachter mit der ihn umgebenden Welt eins werden lässt. Der „innere Monolog" ermöglicht es dem Dichter, den Leser unmittelbar in das Geschehen einzubeziehen. Wichtige Werke des Impressionismus sind Schnitzlers „Anatol" (1893), „Liebelei" (1895), „Der Reigen" (1900) und „Leutnant Gustl" (1900), sowie Thomas Manns „Tonio Kröger" (1903) und Hugo von Hofmannsthals „Reitergeschichte" (1899). Die Gedichte von Detlev von Liliencron (1844–1909), Richard Dehmel (1863–1920) und Max Dauthendey (1867–1918) werden noch heute gelesen.

DER SYMBOLISMUS

Im Symbolismus steht nicht die Reflexion im Vordergrund, sondern die sinnenhafte Erfahrung der Welt. Damit wird der Symbolismus zu einer Gegenbewegung des Naturalismus, der nicht die Wirklichkeit abbildet, sondern in Symbolen fassen und mit Hilfe einer bewusst gestalteten Sprache erfahrbar machen will. Die Kunst der deutschen Symbolisten zeigt sich vor allem als Formkunst („l'art pour l'art"): Gegen den Alltagsjargon des Naturalismus stellten sie eine gewählte, kunstvolle und ungewöhnlich gestaltete Sprache, die elitäre Wirkung haben sollte.

Vertreter der symbolistischen Richtung in Deutschland sind der Lyriker Stefan George (1868–1933) und der Dramatiker Hugo von Hofmannsthal (1874–1929).

NATURALISMUS – IMPRESSIONISMUS – SYMBOLISMUS

1. Was ist das Neue am Naturalismus, verglichen mit dem Realismus?

____

2. Wie heißen die Gegenströmungen des Naturalismus?

____

3. Auf welche Epochen bezogen sich diese?

____

4. Nenne je zwei Autoren dieser Strömungen.

1. ______________ **2.** ______________

3. ______________ **4.** ______________

5. Was würde den Naturalisten zufolge zu einer Verbesserung der Lebenssituation ihrer Protagonisten führen?

1. ____

2. ____

LÖSUNGEN

1. Darstellung des Lebens niederer Schichten • **2.** Impressionismus, Symbolismus • **3.** Klassik und Romantik • **4.** Impressionismus: Arthur Schnitzler, Richard Dehmel; Symbolismus: Stefan George, Hugo von Hofmannsthal • **5.** Veränderung der Arbeits- und Lebensbedingungen, Verbesserung der Bildunssituation

BIOGRAFIE

- geb. am 15. November 1862 in Obersalzbrunn (Schlesien) als Sohn eines Gastwirts und seiner Frau
- Studium der Bildhauerei, der Philosophie, der Geschichte und der Naturwissenschaften in Breslau, Dresden, Jena und Berlin (ab 1880)
- erste wichtige sozialkritische Werke: „Bahnwärter Thiel“ (Novelle, 1888), „Vor Sonnenaufgang“ (Drama, 1889), „Das Friedensfest“ (Drama, 1890), „Die Weber“ (Drama, 1892)
- Lebenskrise, Amerika-Aufenthalt, Scheidung (1893)
- Umzug in das Haus Wiesenstein in Agnetendorf im Siebengebirge, Eheschließung mit Margarete Marschalk
- Hinwendung zur Neuromantik: „Hanneles Himmelfahrt“ (Drama, 1893), „Der arme Heinrich“ (Erzählung, 1902), „Und Pippa tanzt“ (Drama, 1906), aber auch sozialkritische Werke („Fuhrmann Henschel“, Drama, 1898, „Rose Bernd“, Drama, 1903, „Die Ratten“, Tragikomödie, 1911)
- Nobelpreis für Literatur 1912
- während der nationalsozialistischen Herrschaft in der „inneren Emigration“, von der NSDAP aufgrund seines internationalen Ansehens instrumentalisiert als Aushängeschild des Regimes, Hinwendung zur Literatur der Antike (Atridentetralogie, 1941 ff.)
- gest. am 6. Juni 1946 in Agnetendorf
- Fast zeitgleich mit der Novelle „Papa Hamlet“ von Arno Holz und Johannes Schlaf erschien Hauptmanns soziales Drama „Vor Sonnenaufgang“. Beide Werke begründeten den Naturalismus in Deutschland, den Hauptmann mit der Tragikomödie „Die Ratten“ 1911 vollendete.

DIE FRÜHEN JAHRE

Gerhart Hauptmann entstammt einer Gastwirtsfamilie, fühlte sich in diesem Umfeld aber nicht wohl. Er begann ein Bildhauerstudium sowie ein Studium der Philosophie und Literatur – schloss aber nie mit einem Examen ab. Eine Mittelmeerreise zusammen mit seinem Bruder Carl unterbrach er in Rom, wo er sich als Bildhauer niederlassen wollte. Auch dabei erlebte er nur Misserfolge, und als er zurück in Deutschland erst eine Zeichner-, dann Schauspielerausbildung begonnen, aber nicht abgeschlossen hatte, wandte er sich dem naturalistischen Dichterkreis in Berlin um die Brüder Hart, Bruno Wille, Paul Ernst und Karl Bleibtreu zu.

HAUPTMANN ALS NATURALISTISCHER DICHTER

In Berlin entstanden seine ersten wichtigen Werke, die Novelle „Fasching" und die novellistische Studie „Bahnwärter Thiel". Hauptmann versuchte sich dann mit „Vor Sonnenaufgang" an der drama-tischen Form. Das Stück wurde von Fontane gelobt und vom Verein „Freie Bühne" am 20. 10. 1889 im Lessingtheater in Berlin uraufgeführt. Die Aufführung wurde ein voller Erfolg und begründete Hauptmanns Ruhm als Theaterdichter. Am 25. 09. 1894 fand im „Deutschen Theater" in Berlin die Uraufführung seines Dramas „Die Weber" statt, was zu Konflikten mit der Obrigkeit führte, da man ihm revolutionäre Absichten unterstellte. Kaiser Wilhelm II. kündigte sogar seine Loge im Theater; das Stück wurde schließlich verboten. Hauptmann schrieb noch einige Dramen im naturalistischen Stil, wandte sich dann aber vom Naturalismus ab.

LEBENSKRISE, NEUANFANG UND WIRKEN IN DER WEIMARER REPUBLIK

Hauptmann, verheiratet mit Marie Thienemann, verliebte sich in Margarete Marschalk, reiste aber seiner Frau nach Amerika nach, um seine Ehe zu retten. Als ihm dies nicht gelang, siedelte er 1901 nach Agnetendorf über, wo er für seine neue Familie ein Haus baute. Hauptmann teilte die Begeisterung vieler Zeitgenossen beim Ausbruch des Ersten Weltkriegs, distanzierte sich aber rasch vom Verlauf des Kriegs und den Kriegszielen. Inzwischen war er zu einer angesehenen Persönlichkeit des öffentlichen Lebens aufgestiegen; 1912 erhielt er für sein Werk den Nobelpreis für Literatur. 1932 reiste Hauptmann wieder in die USA, wo er eine beachtete Rede zum hundersten Todestag Goethes hielt. Im selben Jahr wurde ihm auch der Goethe-Preis der Stadt Frankfurt am Main verliehen und sein Drama „Vor Sonnenuntergang" im Deutschen Theater unter der Regie von Max Reinhardt uraufgeführt.

HAUPTMANNS SITUATION NACH 1933

Hauptmann verachtete die Nationalsozialisten und stellte sie und ihre Ideologie in seinen Werken negativ dar. Aufgrund seines öffentlichen Ansehens wurde er aber von den Machthabern hofiert - er war als Nobelpreisträger ihr Aushängeschild, sein Werk unterlag jedoch der Zensur. Das Ende des Zweiten Weltkriegs erlebte Hauptmann im Osten Deutschlands. Er sollte sogar den Vorsitz des Kulturbundes übernehmen. Dazu kam es jedoch nicht mehr: Gerhart Hauptmann starb am 6. Juni 1946, er wurde auf Hiddensee beigesetzt.

GERHART HAUPTMANN – EIN AUTOR DES NATURALISMUS

1. Welcher Literaturepoche sind Gerhart Hauptmanns wichtigste Werke zuzurechnen?

- ☐ **A** Realismus
- ☐ **B** Naturalismus
- ☐ **C** Impressionismus

2. Nenne drei bedeutende Dramen Hauptmanns:

1. ____________ **2.** ____________ **3.** ____________

3. Wie stand Hauptmann zum Nationalsozialismus?

____

4. Wie war die Reaktion auf Hauptmanns Stück „Vor Sonnenaufgang“?

____

____

LÖSUNGEN

1. B • **2.** Vor Sonnenaufgang; Die Weber; Die Ratten • **3.** Hauptmann lehnte den Nationalsozialismus ab. • **4.** Das Publikum war begeistert, aber die Behörden unterstellten ihm revolutionäre Absichten; später wurde das Stück verboten.

THEMATIK

Gerhart Hauptmann zeigt in seiner Novelle „Bahnwärter Thiel“, wie ein Mann ins Unglück stürzt, nur weil er sich die falsche Ehefrau gewählt hat. Persönliche, ja Beziehungsprobleme sind es, die in diesem naturalistischen Text thematisiert werden.

INHALT

Die Novelle ist in **drei Abschnitte** gegliedert: Im **ersten Teil** stellt Hauptmann das Leben des Bahnwärters, das in ruhigen Bahnen verläuft, vor: Thiel tut seit zehn Jahren seinen Dienst, heiratet dann die feinsinnige Minna, die ihm den Sohn Tobias gebiert und noch im Kindbett stirbt. Der Bahnwärter sucht eine neue Frau, die ihn und Tobias versorgen soll und findet sie in Lene, die ein Gegenstück zu Minna darstellt: Sie ist robust, grobschlächtig und dominant. Thiel wird von ihr abhängig – im täglichen Leben und auch sexuell. Er reagiert darauf mit der Flucht in eine Traumwelt. In
seinem Bahnwärterhäuschen hängt er den Gedanken an Minna nach, in fast religiöser Verehrung hält er Zwiesprache mit ihr.
Im **zweiten Teil** wird dargestellt, wie Lene in Thiels zweites Leben einbricht. Er hatte vom Bahnmeister ein Stück Land in der Nähe seines Bahnwärterhäuschens zur Verfügung gestellt bekommen, das Lene bewirtschaften will. Nun ist sie immer in seiner Nähe. Thiel beobachtet, wie Lene, die inzwischen selbst ein Kind von Thiel bekommen hatte, Tobias schlecht behandelt; er hat aber nicht die Kraft, seinen Sohn vor den Attacken der Stiefmutter zu schützen. Im **dritten Teil** kommt es zur Katastrophe: Lene gräbt den Kartoffelacker um und achtet dabei nicht auf die Kinder. Tobias spielt an der Bahnstrecke, gerät unter einen Zug und stirbt. Von Verzweiflung über den Tod des Kindes geplagt, verfällt Thiel in Wahnsinn und erschlägt Lene und das Neugeborene mit der Axt.

„BAHNWÄRTER THIEL“ ALS NOVELLISTISCHE STUDIE

Hauptmann bezeichnete seinen Prosatext als novellistische Studie. Diese Bezeichnung deutet auf Wissenschaftlichkeit hin, die Hauptmann wohl im Hinblick auf die psychologische Gestaltung der Figuren gemeint hatte.

Das Werk trägt aber auch deutliche Züge der Novelle:

- gegliederter Aufbau in drei Teile,
- ähnliche Strukturierung wie im Drama: Exposition, Peripetie, Katastrophe,
- wenige Personen,
- überschaubare Handlung,
- kurze zeitliche Dauer,
- Hereinbrechen des Schicksals in die Alltagssituation der Hauptfigur,
- der Unfalltod des kleinen Tobias als unerhörte Begebenheit (im Sinne Goethes),
- symbolhafte Darstellung der äußeren Handlung,
- Eisenbahn als Dingsymbol.

Hauptmann nimmt mit dem „Bahnwärter Thiel“ die Tradition der Novelle des Realismus auf, gestaltet die Handlung aber im naturalistischen Stil. Auch die soziale Herkunft der Figuren, ihr geistiger Horizont und die von ihnen verwendete Sprache passen in das ästhetische Konzept des Naturalismus.

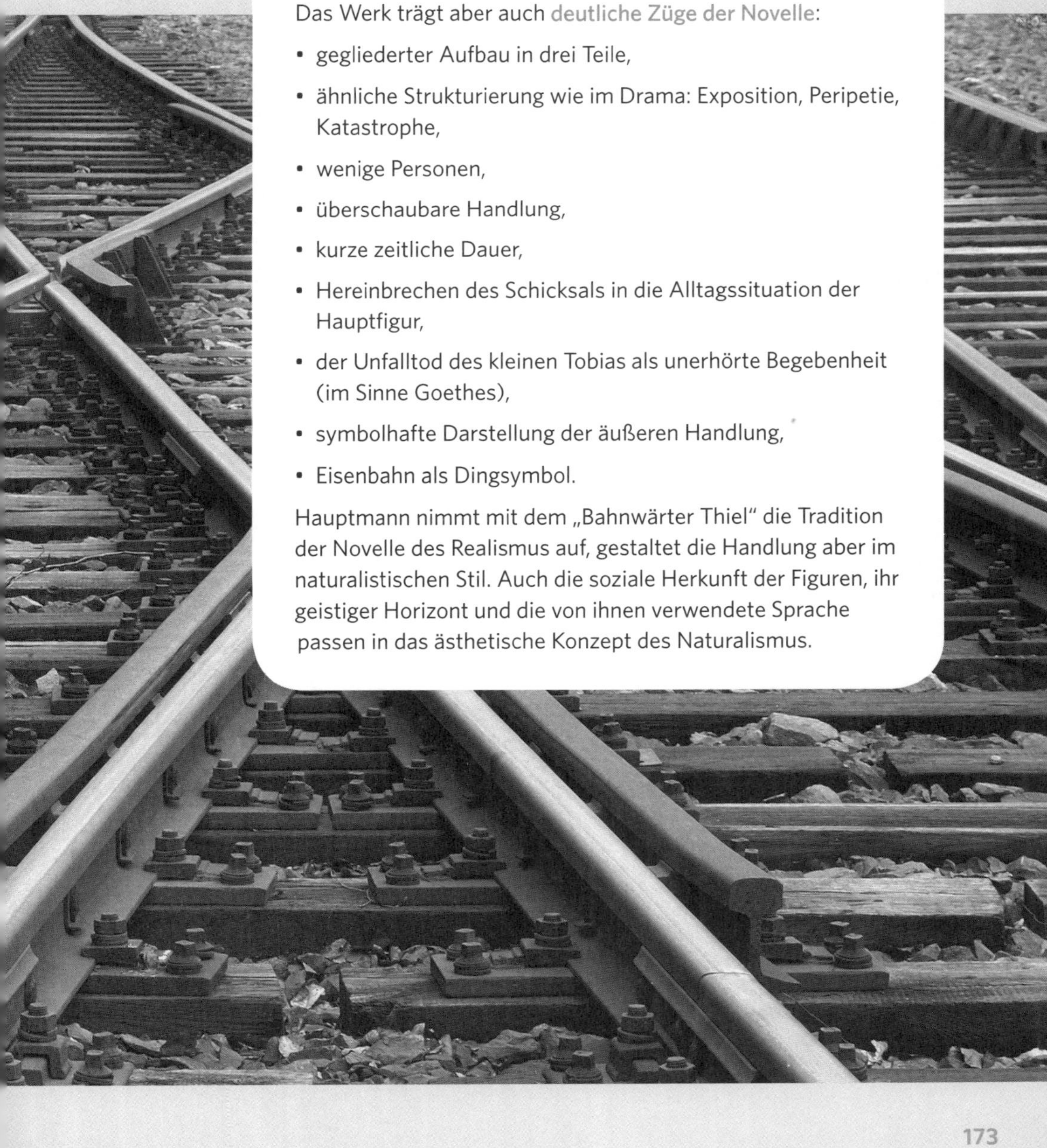

„BAHNWÄRTER THIEL“ – EIN TYPISCHES WERK DES NATURALISMUS

Folgende Aspekte weisen „Bahnwärter Thiel“ als naturalistisches Werk aus:

Form der Darstellung

Die „novellistische Studie“ ist aus der Sicht eines neutralen Erzählers verfasst. Der Autor gibt als objektiver Beobachter die Sachverhalte fast ganz ohne persönliche Wertung wieder.

Thematik

Gerhart Hauptmann thematisiert in seiner Novelle „Bahnwärter Thiel“ Beziehungsprobleme, die im Kleinbürgertum angesiedelt sind. Aufgrund seiner sozialen Stellung ist es Thiel nicht möglich, den Teufelskreis aus Hilflosigkeit, Abhängigkeit und Gewalt zu durchbrechen. So ereilt ihn schließlich – quasi schicksalshaft – die Katastrophe, der er hilflos ausgeliefert ist.

Figuren und ihre Lebenswelt

Die Figuren, denen die Katastrophe widerfährt, entstammen der Arbeiterschicht. Das ist neu: Bis Lessing wurde die Tragödienfähigkeit nur Adligen zugestanden, danach auch Bürgern. Arbeiter standen bis zum Naturalismus nicht im Zentrum einer Tragödienhandlung.

Sprache

Hauptmann verwendet in der Figurenrede eine einfache Wortwahl, Umgangssprache und den für den Naturalismus typischen Sekundenstil.

Motivik

Da der Autor weitgehend auf formulierte Deutungen des Geschehens verzichtet, verwendet er – typisch für die Novelle – eine Vielzahl von Motiven (besonders aus den Bereichen Natur und Technik), die die Handlung und die Befindlichkeit der Personen erläutern.

„BAHNWÄRTER THIEL“

1. Was ist das Thema der Novelle?

____

2. Welche Aspekte weisen die Erzählung als naturalistisch aus?

1. __________ **2.** __________ **3.** __________

3. Welche Kennzeichen der Novelle zeigt der Text?

____

____

4. Was ist typisch für die Sprache des Naturalismus?

1. __________ **2.** __________ **3.** __________

5. Welche Perspektive nimmt der Erzähler ein?

- ☐ **A** Er schildert das Geschehen als neutraler Berichterstatter.
- ☐ **B** Er schildert das Geschehen aus der Sicht einer beteiligten Figur.
- ☐ **C** Er gibt als auktorialer Erzähler auch die Gedanken und Gefühle der Personen wieder.

LÖSUNGEN

1. Persönliche und Beziehungsprobleme • **2.** Thematik, Sprache, Motivik • **3.** Gegliederter Aufbau, wenige Personen, übersichtliche Handlung, „unerhörte Begebenheit“ • **4.** Einfache Wortwahl, Umgangssprache, „Sekundenstil“ • **5.** A

15 DIE NOVELLE

Grundlagen

URSPRUNG

Die literarische Gattung Novelle hat ihren Ursprung in der **Renaissancedichtung** Giovanni Boccaccios. Er verfasste mit dem „Decamerone“ (1349) die erste Novellensammlung.

KENNZEICHEN

Die Novelle ist eine Erzählung mittleren Umfangs, in der in verdichteter Weise der **Zusammenprall von Mensch und Schicksal** dargestellt ist. **Dabei steht die Handlung im Mittelpunkt, nicht der Mensch.** Ein wichtiges Kennzeichen der Novelle ist das **Dingsymbol**, das symbolisch für den Umschwung der Handlung steht.

HERKUNFT UND ENTSTEHUNG

Ihren Ursprung hat die Novelle in der italienischen Renaissance. **Der erste Novellendichter war Giovanni Boccaccio** (1313–1375), der schon 1349 die Novellensammlung „Decamerone“ (dt. „Zehntagewerk“) veröffentlichte. **Daraufhin wurden Novellenzyklen in ganz Europa populär.** In Deutschland war Johann Wolfgang von Goethe der erste Dichter eines beachteten Novellenzyklus, der „Unterhaltungen deutscher Ausgewanderten“ (1795). In der Folgezeit wurde der Novellenzyklus von der Einzelnovelle abgelöst.

KENNZEICHEN DER NOVELLE

Die Novelle ist eine Prosaerzählung von mittlerem Umfang. Kennzeichnend für die Novelle, die auch in Deutschland zu einer eigenständigen literarischen Form geworden ist, ist die **Konfrontation eines Menschen mit einem schicksalhaften Ereignis**.

Ihr Inhalt ist auf das Wesentliche verdichtet und zeigt einen zentralen Konflikt, einen Zusammenstoß von Mensch und Schicksal, Realem und Außergewöhnlichem. Nach Goethes Definition steht eine „sich ereignete unerhörte Begebenheit" im Mittelpunkt der Novelle. Die Handlung verläuft geradlinig und weist eine geschlossene Form auf, die durch Leitmotive, das Dingsymbol und Straffungen der Handlung erreicht wird. Damit ist die Novelle dem Drama ähnlich: geraffte Exposition, Steigerung, konzentriert herausgearbeiteter Höhe und Wendepunkt, Abfall und Abklingen der Handlung als ahnungsvolle Andeutung des Schicksals.

BEDEUTUNG DER PERSONEN

Bei der Novelle steht die **Handlung** im Vordergrund.

Personen, Dinge und Charaktere sind nur soweit berücksichtigt, als sie **Träger oder Mittel des Hauptereignisses** sind. Das ist ein wichtiger Unterschied zum Roman, in der die Personen im Mittelpunkt stehen.

DAS DINGSYMBOL

Ein wichtiges Kennzeichen der Novelle ist das Dingsymbol. Dieses steht symbolisch für den **Umschwung der Handlung**. Das Dingsymbol stammt aus Boccaccios „Decamerone". In der 9. Geschichte des 5. Tages wird erzählt, wie ein Ritter aus Liebe zu einer adeligen Dame, für die er sein ganzes Vermögen verschwendet hat, ihr als seinen letzten Besitz einen Falken als Speise vorsetzt.

Dadurch ist sie so gerührt, dass sie in eine Heirat einwilligt und den verarmten Ritter zum Herren ihres gesamten Vermögens macht. Seitdem wird der Begriff des „Falken" als ein wichtiges Kennzeichen der Novellendichtung angesehen.

BEKANNTE AUTOREN UND IHRE NOVELLEN

- Conrad Ferdinand Meyer („Das Amulett", 1873, „Der Schuß von der Kanzel", 1878)
- Eduard Mörike („Mozart auf der Reise nach Prag", 1855)
- Theodor Storm („Immensee", 1850, „Aquis submersus", 1876, „Der Schimmelreiter", 1888)
- Gottfried Keller („Die Leute von Seldwyla, Novellenzyklus", 1856 ff.)
- Annette von Droste-Hülshoff („Die Judenbuche", 1842)
- Gerhart Hauptmann („Bahnwärter Thiel", 1888)
- Thomas Mann („Gladius Dei", 1902, „Tonio Kröger", 1903, „Tod in Venedig", 1912)
- Stefan Zweig („Die Schachnovelle", 1942)
- Martin Walser („Ein fliehendes Pferd", 1978)

DIE NOVELLE

1. Wo liegt der Ursprung der Novelle?

____

2. Nenne drei Kennzeichen der Novelle.

1. ______________ **2.** ______________ **3.** ______________

3. Welche Bedeutung haben die Personen in der Novelle?

____

____

4. Wofür steht das Dingsymbol?

____

5. Nenne drei wichtige Autoren von Novellen und jeweils ein Werk.

1. ______________; Werk: ______________

2. ______________; Werk: ______________

3. ______________; Werk: ______________

LÖSUNGEN

1. In der Renaissancedichtung Bocaccios • **2.** Mittlerer Umfang; Zusammenprall von Mensch und Schicksal; Handlung steht im Mittelpunkt • **3.** Sie treten hinter der Handlung zurück und sind nur Träger derselben. • **4.** Für den Umschwung der Handlung • **5.** Meyer: Das Amulett; Storm: Immensee; Droste-Hülshoff: Die Judenbuche.

16 DER EXPRESSIONISMUS

Grundlagen

KENNZEICHEN DES EXPRESSIONISMUS

Ausgangspunkt für die Entwicklung der expressionistischen Literatur war zum einen das Leiden an der Verlogenheit und Sinnlosigkeit des modernen Lebens, zum anderen die Erfahrung des Ersten Weltkrieges. Die expressionistischen Autoren artikulierten dies in einer neuartigen, drastischen Sprache, die sie selbst als revolutionär empfanden.

Revolution gegen ein erstarrtes Gesellschaftssystem in einem politisch überlebten Staat war Ziel ihres literarischen Schaffens. Dies erklärt auch ihre Gegnerschaft zu Autoren des Symbolismus oder Impressionismus wie Stefan George oder Rainer Maria Rilke, die aus einer ästhetischen Haltung heraus die Form der Dichtung betonten.

DIE LITERATUR DES EXPRESSIONISMUS (1910–1925)

Die expressionistischen Dichter einte die Kritik an der Gesellschaft vor dem Ersten Weltkrieg, an der Saturiertheit und Selbstgefälligkeit des Wilhelminischen Bürgertums. Dieses hatte sich ganz dem Materialismus und dem Positivismus verschrieben.

Der Expressionismus ist – wie auch der Naturalismus und der Symbolismus – **der Versuch, die Gesellschaft zu verändern** bzw. auf die sich verändernde Gesellschaft künstlerisch zu reagieren.

Die Expressionisten sahen die menschliche Existenz als verlogen und sinnlos an. Mit Hilfe der Kunst versuchten sie, diese Existenzängste zu benennen. Um ihren Vorstellungen von einem menschenwürdigen Dasein und einer neuen Brüderlichkeit Ausdruck zu verleihen, bedienten sich die Autoren eines leidenschaftlichen Pathos („expressionistischer Schrei"). Dabei verstanden sich die Expressionisten als Gegenspieler der Impressionisten und Symbolisten.

Während sie in den Impressionisten die melancholischen Chronisten der Krise bzw. in den Symbolisten die Dichter jenseits der gesellschaftspolitischen Wirklichkeit sahen, gaben sich die expressionistischen Autoren mit der Darstellung der Wirklichkeit nicht zufrieden – sie wollten die Realität verändern, die Wirklichkeit ihrem Ideal anpassen. **Ziel war die Befreiung des Menschen von den Zwängen der Maschinenwelt und des modernen Kapitalismus.** Zu diesem Zweck sollten neue gesellschaftliche Rahmenbedingungen geschaffen, das den Menschen umgebende Milieu verändert werden.

ERSTE PHASE

Die expressionistischen Dichter thematisierten in der Frühphase neben dem Krieg vor allem den Generationenkonflikt (Vater-Sohn-Problematik), die Auflehnung gegen die väterliche und die staatliche Autorität. Die bevorzugte Gattung der ersten Phase des Expressionismus war die Lyrik. In Gedichten wurde die Sinnentleertheit des Daseins und die Zivilisationskritik, die sich an der modernen Großstadt manifestierte, besonders drastisch dargestellt.

Die von Kurt Pinthus herausgegebene Anthologie „Menschheitsdämmerung" (1920) vereinigt die wichtigsten lyrischen Produkte der expressionistischen Richtung; die Sammlung enthält Gedichte z. B. von Jakob van Hoddis (1887–1942), Georg Trakl (1887–1914), Gottfried Benn (1886–1956), Johannes R. Becher (1891–1958), Ernst Stadler (1883–1914) und Else Lasker-Schüler (1869–1945).

ZWEITE PHASE

Die zweite Phase des Expressionismus beginnt mit dem Ausbruch des Ersten Weltkriegs 1914. Nun setzten sich die Autoren verstärkt mit dem Krieg und seinen Folgen auseinander. Sie beschworen in ihren Werken menschliche Wahrhaftigkeit und versuchten, die Welt mit Hilfe der Literatur zu verbessern. Pazifismus und neue Brüderlichkeit werden nun zu Themen der Literatur. Manche Autoren wie Carl Sternheim kritisierten offen die Gesellschaft. Der Expressionismus bezog in seiner zweiten Phase eine klare Gegenposition zur Entfremdung des Menschen durch Militarismus, Kapitalismus, Mechanisierung und Industrialisierung. Das Schwergewicht der literarischen Produktion lag nun auf dem Drama. Carl Sternheim veröffentlichte „Die Hose" (1911) und „Bürger Schippel" (1913), Ernst Barlach (1870–1938) die Dramen „Der tote Tag" (1912), „Der arme Vetter" (1918) und „Der blaue Ball" (1926), Ernst Toller (1893–1939) „Die Wandlung" (1919), „Masse Mensch" (1920) und „Die Maschinenstürmer" (1922). Andere wichtige Dramenautoren sind: Johannes R. Becher (1891–1958), Franz Werfel (1890–1945), Georg Kaiser (1878–1945) und Frank Wedekind (1864–1918).

DER EXPRESSIONISMUS

1. Was waren die Ziele der Expressionisten?

____

____

2. Was waren zunächst die Themen des Expressionismus?

1. __________ **2.** __________ **3.** __________

3. Was war in dieser Phase die bevorzugte Gattung?

☐ **A** Prosa
☐ **B** Lyrik
☐ **C** Drama

4. Nenne drei bedeutende Vertreter des Expressionismus.

1. __________ **2.** __________ **3.** __________

LÖSUNGEN

1. Revolution gegen ein erstarrtes Gesellschaftssystem in einem politisch überlebten Staat • **2.** Krieg, Generationenkonflikt, Auflehnung gegen Autoritäten • **3.** B • **4.** Jakob van Hoddis, Georg Trakl, Ernst Barlach

WICHTIGE DICHTER DES EXPRESSIONISMUS UND IHRE WERKE

Georg Kaiser (1878–1945)	Die Bürger von Calais (Drama, 1914) Gas I und II (Dramen, 1918 f.)
Alfred Döblin (1878–1957)	Die Ermordung einer Butterblume (Erzählung, 1913) Berlin Alexanderplatz (Roman, 1929)
Carl Sternheim (1878–1942)	Die Hose (Drama, 1911) Bürger Schippel (Drama, 1913)
Ernst Toller (1893–1939)	Die Wandlung (Drama, 1919) Masse Mensch (Drama, 1920) Die Maschinenstürmer (Drama, 1922)
Franz Werfel (1890–1945)	Nicht der Mörder, der Ermordete ist schuldig (Erzählung, 1920) Der Abituriententag (Roman, 1928) Die 40 Tage des Musa Dagh (Roman, 1933)
Ernst Barlach (1870–1938)	Der tote Tag (Drama, 1912) Der blaue Ball (Drama, 1926)

Bedeutende Lyriker:

Jakob von Hoddis (1887–1942)

Georg Trakl (1887–1914)

Gottfried Benn (1886–1956)

Else Lasker-Schüler (1869–1945)

ELSE LASKER-SCHÜLER (1869–1945)

Elisabeth (gen. Else) Lasker-Schüler war die Tochter eines Großrabbiners. Sie lebte lange in Berlin und war mit anderen expressionistischen Künstlern wie Oskar Kokoschka, Georg Trakl, Gottfried Benn und Franz Werfel befreundet. 1933 verließ sie Deutschland, siedelte in die Schweiz um und reiste wieder nach Palästina. Lasker-Schüler schrieb Dramen, Erzählungen und Gedichte, wobei vor allem die letzten ihren Ruf als Dichterin begründeten. Else Lasker-Schüler starb am 22. Januar 1945 in Jerusalem.

GOTTFRIED BENN (1886–1956)

Gottfried Benn war Arzt für Haut- und Geschlechtskrankheiten in Berlin. Während des Zweiten Weltkriegs war er als Militärarzt tätig. In seinen Gedichten (Morgue, Kleine Aster u. a.) und in seinen Novellen (Gehirne) bedient er sich einer grellen Sprache, die – oft im Gegensatz zu den medizinischen Fachbegriffen stehend – die menschliche Existenz als hinfällig beschreibt. Benn hatte anfangs die Nazi-Herrschaft begrüßt, wandte sich aber bald davon ab und wurde mit Schreibverbot bestraft. Erst nach 1945 konnte er wieder veröffentlichen.

GEORG TRAKL (1887–1914)

Der gebürtige Salzburger Trakl arbeitete als Apotheker, bevor er mit Ausbruch des Ersten Weltkriegs zum Militär eingezogen wurde. Trakl war durch exzessiven Alkohol- und Drogenmissbrauch geschwächt, als er als Sanitäter die Schlacht bei Gródek erlebte. Dies führte zu seinem völligen Zusammenbruch und zum Tod Trakls in einem Krakauer Lazarett.

Trakl beeinflusste durch sein lyrisches Werk, das sich von traditionellen Formen zu surrealen Reihungen mit einer reichen Farbmetaphorik entwickelte, Zeitgenossen, aber auch die Literatur nach 1945.

GEORG HEYM (1887–1913)

Geboren im schlesischen Hirschberg ist er einer der großen expressionistischen Lyriker. Alltägliches beschrieb er neu, Bekanntes versah er mit dem Nimbus des Dämonischen. Sein Gedicht „Die Stadt“ steht in der Tradition kulturkritischer Stadtgedichte der Jahrhundertwende. Darin drückt Heym mithilfe einer exakten, auf das Wesentliche reduzierten Sprache seine Kritik an den veralteten gesellschaftlichen Verhältnissen und an der für bedrohlich gehaltenen Zivilisation aus. Heym ertrank am 16. Januar 1913 beim Schlittschuhlaufen auf der Havel.

AUTOREN UND WERKE DES EXPRESSIONISMUS II

1. Worauf gründet der Ruhm von Else Lasker-Schüler?

___

2. Was ist das Hauptthema der Gedichte von Gottfried Benn?

___

___

3. Was ist das hervorstechendste Merkmal der Lyrik Trakls?

___

4. Was kritisiert Georg Heym in seinem Gedicht „Die Stadt"?

___

LÖSUNGEN

1. Auf ihren späten Gedichten • **2.** Die Hinfälligkeit der menschlichen Existenz • **3.** Ihre reiche Farbmetaphorik • **4.** Die veralteten gesellschaftlichen Verhältnisse

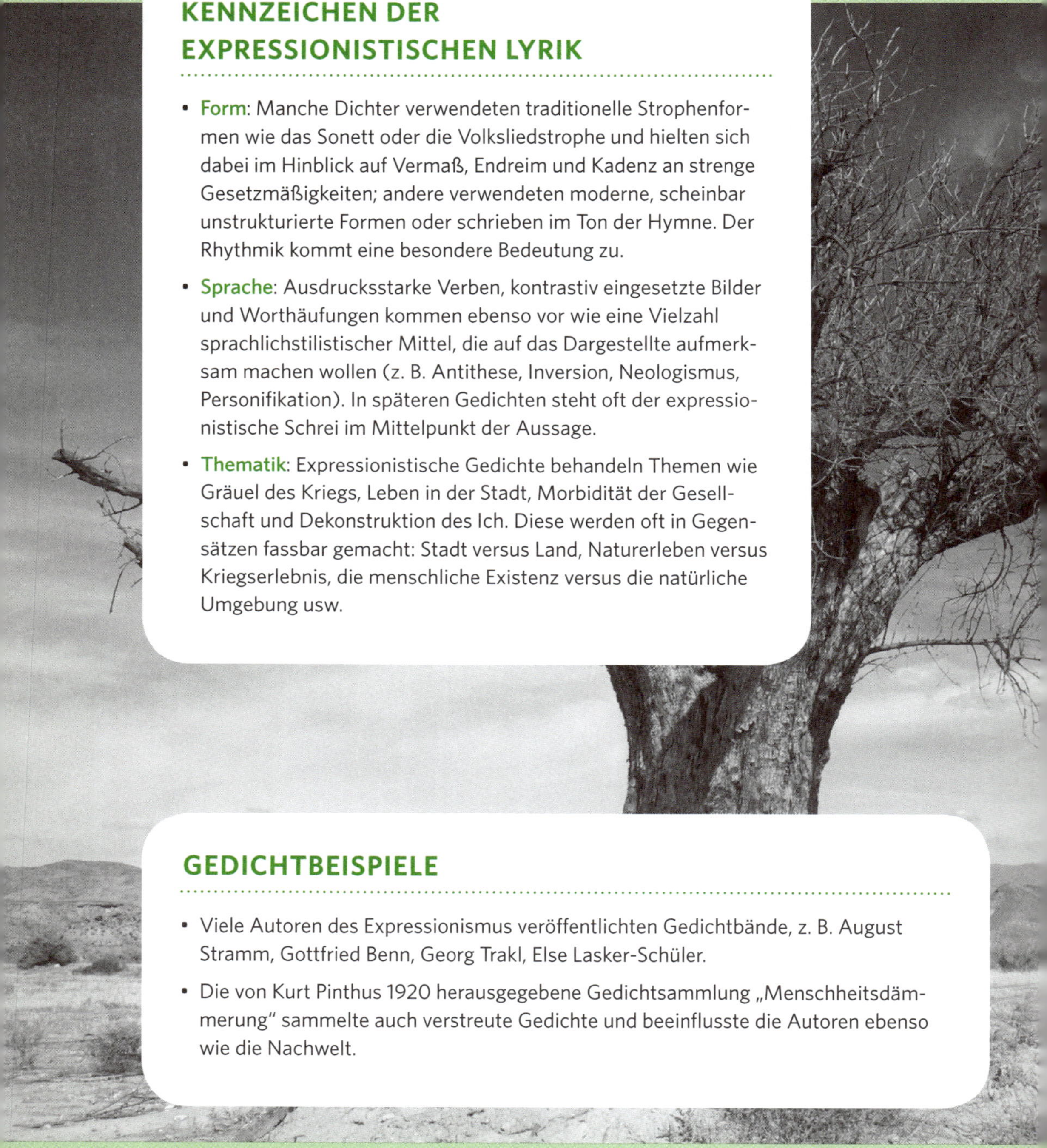

KENNZEICHEN DER EXPRESSIONISTISCHEN LYRIK

- **Form**: Manche Dichter verwendeten traditionelle Strophenformen wie das Sonett oder die Volksliedstrophe und hielten sich dabei im Hinblick auf Vermaß, Endreim und Kadenz an strenge Gesetzmäßigkeiten; andere verwendeten moderne, scheinbar unstrukturierte Formen oder schrieben im Ton der Hymne. Der Rhythmik kommt eine besondere Bedeutung zu.
- **Sprache**: Ausdrucksstarke Verben, kontrastiv eingesetzte Bilder und Worthäufungen kommen ebenso vor wie eine Vielzahl sprachlichstilistischer Mittel, die auf das Dargestellte aufmerksam machen wollen (z. B. Antithese, Inversion, Neologismus, Personifikation). In späteren Gedichten steht oft der expressionistische Schrei im Mittelpunkt der Aussage.
- **Thematik**: Expressionistische Gedichte behandeln Themen wie Gräuel des Kriegs, Leben in der Stadt, Morbidität der Gesellschaft und Dekonstruktion des Ich. Diese werden oft in Gegensätzen fassbar gemacht: Stadt versus Land, Naturerleben versus Kriegserlebnis, die menschliche Existenz versus die natürliche Umgebung usw.

GEDICHTBEISPIELE

- Viele Autoren des Expressionismus veröffentlichten Gedichtbände, z. B. August Stramm, Gottfried Benn, Georg Trakl, Else Lasker-Schüler.
- Die von Kurt Pinthus 1920 herausgegebene Gedichtsammlung „Menschheitsdämmerung" sammelte auch verstreute Gedichte und beeinflusste die Autoren ebenso wie die Nachwelt.

Anhand von zwei Gedichtbeispielen kann die Bandbreite expressionistischer Gedichte erfasst werden:

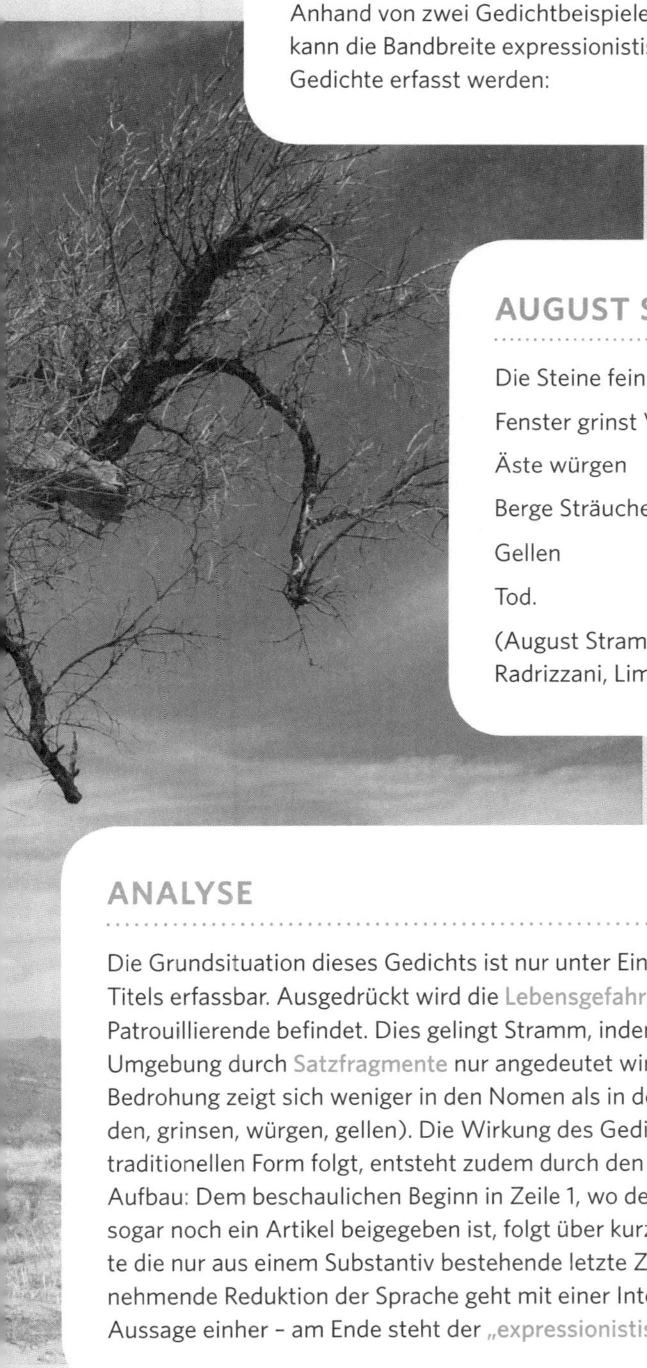

AUGUST STRAMM: PATROUILLE

Die Steine feinden

Fenster grinst Verrat

Äste würgen

Berge Sträucher blättern raschlig

Gellen

Tod.

(August Stramm. Das Werk. Hrsg. von René Radrizzani, Limes Verlag, Wiesbaden 1963, S. 86)

ANALYSE

Die Grundsituation dieses Gedichts ist nur unter Einbeziehung des Titels erfassbar. Ausgedrückt wird die Lebensgefahr, in der sich der Patrouillierende befindet. Dies gelingt Stramm, indem die feindliche Umgebung durch Satzfragmente nur angedeutet wird. Die eigentliche Bedrohung zeigt sich weniger in den Nomen als in den Verben (feinden, grinsen, würgen, gellen). Die Wirkung des Gedichts, das keiner traditionellen Form folgt, entsteht zudem durch den klimaktischen Aufbau: Dem beschaulichen Beginn in Zeile 1, wo dem Substantiv sogar noch ein Artikel beigegeben ist, folgt über kurze Zwischenschritte die nur aus einem Substantiv bestehende letzte Zeile: Tod. Die zunehmende Reduktion der Sprache geht mit einer Intensivierung der Aussage einher – am Ende steht der „expressionistische Schrei“.

GEORG HEYM: DIE STADT

Sehr weit ist diese Nacht. Und Wolkenschein
Zerreißet vor des Mondes Untergang.
Und tausend Fenster stehn die Nacht entlang
Und blinzeln mit den Lidern, rot und klein.

Wie Aderwerk gehn Straßen durch die Stadt,
Unzählig Menschen schwemmen aus und ein.
Und ewig stumpfer Ton von stumpfem Sein
Eintönig kommt heraus in Stille matt.

Gebären, Tod, gewirktes Einerlei,
Lallen der Wehen, langer Sterbeschrei,
Im blinden Wechsel geht es dumpf vorbei.

Und Schein und Feuer, Fackeln rot und Brand,
Die drohn im Weiten mit gezückter Hand
Und scheinen hoch von dunkler Wolkenwand.

(Georg Heym. Das lyrische Werk. Hrsg.
von K. L. Schneider, München 1977, S. 452)

ANALYSE

Das Gedicht Georg Heyms ist traditionell gebaut: Heym benützt die Sonettform und den fünfhebigen Jambus mit durchgehend männlichen Kadenzen, um die Situation des Lebens in der Stadt auszudrücken. Die geschieht in Stufen, die den einzelnen Strophen zuzuordnen sind: Erscheinungsform der Stadt, Monotonie des städtischen Lebens, Sinnlosigkeit der menschlichen Existenz, Untergang und Tod. Die bedrohliche Grundstimmung entsteht durch verfremdete Bilder, Wortwiederholungen, Inversionen, asyndetische Reihungen und Anaphern.

DIE LYRIK DES EXPRESSIONISMUS

1. Welche auf den ersten Blick gegensätzlichen Formen herrschen in der expressionistischen Lyrik vor?

____

____

2. Welche sprachlichen Merkmale sind auffällig?

1. ______________ **2.** ______________ **3.** ______________

3. Was versteht man unter dem „expressionistischen Schrei"?

☐ **A** Die revolutionäre Grundstimmung expressionistischer Gedichte
☐ **B** Die auf ein Wort reduzierte Hauptaussage des Gedichts
☐ **C** Ein bestimmtes Stilmittel zum Ausdruck großen Entsetzens.

4. Expressionistische Gedichte sind oft gekennzeichnet durch…

☐ **A** starke inhaltliche Gegensätze
☐ **B** innige Naturschilderungen
☐ **C** Betonung des Ästhetischen

LÖSUNGEN

1. Traditionelle Strophenformen, aber auch moderne, scheinbar unstrukturierte Formen • **2.** Ausdrucksstarke Verben, Bilder, Worthäufungen • **3.** B • **4.** A, B

17 LITERATUR DER WEIMARER REPUBLIK Grundlagen

KENNZEICHEN DER LITERATUR DER WEIMARER REPUBLIK

In der Zeit zwischen 1918 und 1933 gab es in Deutschland verschiedene literarische Strömungen:

- **Neuromantik, Neuklassik**: Unter dem Eindruck des Expressionismus und des Ersten Weltkriegs wandten sich viele Autoren von der Gegenwart ab und suchten positive Leitbilder in der Geschichte, einer sagenhaften, oft mystischen Vergangenheit oder in klassischen Vorbildern. Vertreter dieser Richtung sind Stefan George und sein Kreis, Rainer Maria Rilke („Duineser Elegien"), Hugo von Hofmannsthal („Jedermann") und der junge Hermann Hesse.
- **Neue Sachlichkeit**: Diese Stilrichtung verzichtet auf Pathos und Ornamentales, im Vordergrund steht das nüchterne, emotionslose Erzählen und die realitätsbezogene Darstellung. Für viele Dichter blieb sie nur ein Durchgangsstadium. Vertreter dieser Richtung sind Hermann Hesse („Der Steppenwolf"), Erich Kästner („Fabian"), Ödön von Horváth („Geschichten aus dem Wienerwald"), Thomas Mann („Mario und der Zauberer"), Erich Maria Remarque („Im Westen nichts Neues"), Irmgard Keun („Das kunstseidene Mädchen") und Bertolt Brecht.
- **Heimatkunst**: Wendet sich gegen alle neuen Strömungen, oft auch gegen die Großstadt als Zentrum von Wirtschaft, Kultur und als entfremdet empfundenem Leben. Vertreter dieser Richtung sind Oskar Maria Graf („Bolwieser"), Lena Christ („Die Rumpelhanni", „Madam Bäuerin") und Marie Luise Fleißer („Pioniere in Ingolstadt").

ZEITGESCHICHTLICHER HINTERGRUND

Ein Großteil der Bevölkerung war auch nach 1918 noch den Gedanken verhaftet, die vor dem Ersten Weltkrieg leitend waren. Erst nach den so genannten Krisenjahren der Weimarer Republik (mit denen man die Aspekte Inflation, Ruhrbesetzung, kommunistische Aufstände und Hitlerputsch verbindet) begann in Deutschland eine Zeit der kulturellen Blüte. In den so genannten „Goldenen Zwanziger Jahren" wurde Berlin zur Hauptstadt der Künste und Wissenschaft in Deutschland. Die neuen Medien Rundfunk und Film entstanden. Der funktionale, sachliche Stil der neuen Architektur des Bauhauses in Dessau prägte die Entwicklung der Kunst und Literatur. Besonders als nach der Einführung der Rentenmark 1923 neue wirtschaftliche Fragestellungen auf der Tagesordnung standen und die expressionistische Literatur kaum noch Anhänger fand, etablierte sich die „Neue Sachlichkeit" als dominierender Zeitstil. Satiren (Kurt Tucholsky) und journalistische Formen (Egon Erwin Kisch) von literarischem Rang entstanden.

Die literarische Produktion fand 1933 mit der Machtübernahme der Nationalsozialisten ein gewaltsames Ende: Manche Autoren erhielten Schreibverbot, andere mussten, da ihr Leben bedroht war, ins Ausland flüchten.

AUTOREN UND WERKE

Die Jahre nach 1918 brachten eine Vielzahl von epischen Meisterleistungen hervor.

- Heinrich Mann stellte in seinem Roman „Der Untertan" (1918) das Wilhelminische Deutschland mit all seinen Untugenden wie Militarismus, Nationalismus und Obrigkeitsdenken kritisch dar.
- Thomas Mann fing in seinem philosophisch-zeitkritischen Roman „Der Zauberberg" (1924) die Stimmungslage vor dem Ersten Weltkrieg ein.
- Erich Maria Remarque erzählt in „Im Westen nichts Neues" (1929) aus der Ich-Perspektive des Protagonisten Paul Bäumer das Leben der Menschen und die Gräuel des Ersten Weltkriegs.
- Hermann Hesse thematisiert in „Siddharta" (1922) die Wiedergeburt geistig-moralischer Werte, die er in der abendländischen Zivilisation verloren glaubt und die er in der Hinwendung zum Buddhismus wiederfand.
- Franz Kafka beschreibt in seinen Erzählungen und Romanen Menschen, die ihre Individualität verlieren und auf eine genormte Größe und ihre gesellschaftliche und wirtschaftliche Funktion reduziert sind.
- Lion Feuchtwanger stellt in seinem Romanzyklus „Der Wartesaal" (1930/40), der aus den drei Büchern „Erfolg", „Die Geschwister Oppermann" und „Exil" besteht, die schwierige Situation deutscher Juden in der Spätphase der Weimarer Republik und unter dem beginnenden Nationalsozialismus dar.
- Joseph Roth gilt als Chronist des untergehenden Habsburger-Reiches, das er in seinen Romanen „Hotel Savoy" (1924) und „Radetzkymarsch" (1932) darstellt.
- Robert Musil beschreibt im Roman „Der Mann ohne Eigenschaften" (1930) den Zeitgeist in der sich auflösenden Donaumonarchie.

LITERATUR DER WEIMARER REPUBLIK

1. Welche literarischen Strömungen gab es in der Zeit der Weimarer Republik?

1. ______ 2. ______ 3. ______

2. Wann begann die kulturelle Blüte der Weimarer Republik?

______

3. Welche literarische Gattung war während der Weimarer Republik dominierend?

☐ **A** Prosa
☐ **B** Lyrik
☐ **C** Drama

4. Was beendete die literarische Produktion der Weimarer Republik?

______

LÖSUNGEN

1. Neuromantik/Neuklassik; Neue Sachlichkeit; Heimatkunst • **2.** Nach den „Krisenjahren" (ca. 1923) • **3.** A • **4.** Die Machtübernahme der Nationalsozialisten

Alfred Döblin ist keiner Epoche eindeutig zuzuordnen: Die Anfänge seines literarischen Schaffens liegen im Expressionismus.

Seinen größten Erfolg als Dichter feierte er als Autor der Neuen Sachlichkeit mit dem Großstadtroman „Berlin Alexanderplatz" in der Weimarer Republik. Nach der Machtübernahme der Nationalsozialisten musste Döblin aus Deutschland fliehen und schrieb im amerikanischen Exil weiter.

WICHTIGE DATEN ZU LEBEN UND WERK

- 1878 geboren in Stettin als Sohn eines Kaufmanns
- ab 1888 aufgewachsen in Berlin
- 1900–1905 Medizinstudium in Berlin und Freiburg
- 1911–1931 eigene Praxis für Neurologie und Psychiatrie in Berlin
- 1913 „Die Ermordung einer Butterblume" (Erzählungen)
- 1914–1918 Militärarzt im Ersten Weltkrieg
- 1929 „Berlin Alexanderplatz" (Roman)
- ab 1933 im Exil in Paris und in den USA
- 1945 Rückkehr nach Deutschland (als Mitarbeiter der französischen Militärregierung)
- 1953–1956 Aufenthalt in Paris
- 1956 „Hamlet oder Die lange Nacht nimmt ein Ende" (Roman)
- 1957 gestorben in Emmendingen

KINDHEIT UND JUGEND

Alfred Döblin wurde am 10. August 1878 als viertes Kind von Max Döblin und seiner Frau Sophie in Stettin geboren. Als der Vater die Familie verlassen und mit der wesentlich jüngeren Henriette Zander nach Amerika ausgewandert war, zog die Mutter mit den Kindern nach Berlin um. Nach dem Abitur studierte Alfred Döblin Medizin, Philosophie und Literatur in Berlin und Freiburg im Breisgau. In diesen Jahren beginnt er mit der Niederschrift eines ersten Romans.

ARZT IN BERLIN

Nach seiner Promotion zum Dr. med. ließ er sich als praktischer Arzt, später als Internist und Nervenarzt in Berlin nieder und gründete zusammen mit Herwarth Walden die expressionistische Zeitschrift „Der Sturm". 1912 heiratete er Erna Riess, mit der er vier Kinder hatte. Sein Erzählband „Die Ermordung einer Butterblume" erschien 1913. Im Ersten Weltkrieg war Döblin als Militärarzt im Elsass im Einsatz, was seine pazifistische Haltung wesentlich prägte. Zurück in Berlin wurde Döblin Augenzeuge der Märzkämpfe, trat 1918 in die USPD ein und kritisierte die SPD aus einer linken Position. In den folgenden Jahren schrieb er (teilweise unter Pseudonym) zahlreiche Artikel über das Leben in Berlin. Der junge Alfred Döblin war von Heinrich von Kleist, Friedrich Hölderlin und Friedrich Nietzsche beeindruckt, ihn begeisterte aber auch der technische Fortschritt der Großstadt. Beide Strömungen flossen später in seinen Roman „Berlin Alexanderplatz" ein.

EXIL

Im Februar 1933 floh Döblin mit seiner Frau vor den Nationalsozialisten zunächst nach Zürich, dann nach Paris. 1936 nahm er die französische Staatsbürgerschaft an. Nach dem Beginn des Zweiten Weltkriegs 1939 verfasste Döblin als Mitarbeiter des französischen Propagandaministeriums Flugblätter gegen das NS-Regime. Als die Deutschen weiter vorrückten, floh er mit seiner Frau nach Südfrankreich und über Portugal in die USA. Nach Kriegsende kehrte Döblin als einer der ersten Exilautoren nach Europa zurück. Er wurde mit der Zensur von Manuskripten in Deutschland betraut. Enttäuscht über die Restaurationspolitik der Regierung Adenauer und in Ablehnung des starren Dogmatismus in der DDR ging Döblin 1953 wieder nach Frankreich, wo er bis 1956 blieb. Am 26. Juni 1957 starb er in Emmendingen.

KUNSTAUFFASSUNG

Döblin äußerte sich zu seiner Kunstauffassung so: „So ist meine ganze Schreiberei immer solche unbeendete Bemühung gewesen, ein Heranpirschen an Einsichten. Ich habe im Laufe der Jahre eine Anzahl Bücher geschrieben. Kein Buch ist fertig. Ich bestreite, obwohl ich Mitglied der Akademie der Künste bin, dass meine Bücher etwas mit Kunst im heutigen Sinne zu tun haben. Ich tadle Kunst nicht, ich stelle nur fest: ich habe immer eine Abneigung, einen Widerwillen gegen die Kunst gehabt, und meine geistige Tätigkeit dient anderen Dingen. Es handelt sich um einen ständigen Besinnungsakt. Es ist ein ununterbrochenes und ernstes Gespräch an die Wahrheit heran, eine Auseinandersetzung und Herausarbeitung dessen, was ich sehe und erfahre, und eine Stellungnahme dazu, ein Ja- und ein Neinsagen. Man kann auf verschiedene Weise denken. Wir gebrauchen das Wort denken nur für die Tätigkeit im Logischen und Abstrakten, ich bin der Meinung, man kann auch in Tönen denken, musikalisch, in Stein, bildnerisch, in Häusern, architektonisch, aber auch in Phantasieprodukten. Das sind alles verschiedene Arten, zum Teil Stufen des Denkens, und jeder Art wohnt Wahrheit inne, und wie die Berührung mit der abstrakten Wahrheit mit irgendeiner Erkenntnis erfreut und fördert, so erfreut und fördert und nützt die Berührung mit der Wahrheit und der Ordnung der Musik und der Literatur."

(Alfred Döblin, Berlin Alexanderplatz. Mit einer Dokumentation. Rütten und Loening, Berlin 1978, S. 526 f.)

ALFRED DÖBLIN

1. Welchen literarischen Epochen ist Alfred Döblin zuzuordnen?

____

2. Wie heißt Döblins bekanntestes Werk?

- ☐ **A** Berlin, Potsdamer Platz
- ☐ **B** Münchner Freiheit
- ☐ **C** Berlin Alexanderplatz

3. Welcher politischen Richtung gehörte Döblin an?

____

LÖSUNGEN

1. Expressionismus und Neue Sachlichkeit • **2.** A • **3.** Der Linken: Er war Mitglied der USPD.

THEMATIK

Der Roman zeigt, wie sich ein Mensch in der modernen Großstadt durch die Einwirkung von anderen, aber auch durch eigenes Verschulden systematisch zugrunde richtet.

INHALT

Franz Biberkopf, ein ehemaliger Transportarbeiter, wird zu Beginn des Romans aus der Strafanstalt Tegel, wo er einsitzen musste, da er im Affekt seine Freundin Ida erschlagen hatte, entlassen. Darauf reagiert der Protagonist zuerst irritiert, da er sich in der Großstadt nicht mehr zurechtfindet. In neun Büchern schildert Döblin den Weg Biberkopfs durch Berlin, der dabei ist, sich Arbeit und Wohnung zu suchen und „ein neuer Mensch“ zu werden. Dabei steht er sich zum einen mit seiner Gutgläubigkeit selbst im Weg, zum anderen wird er, der nicht in der Lage ist, seine Mitmenschen zu übervorteilen, immer wieder Opfer egoistischer Zeitgenossen, die ihn für ihre Zwecke missbrauchen.

Als Reinhold, den er für seinen Freund hält, ihn überredet, bei einer Diebestour mitzumachen und ihn auf der Flucht aus dem fahrenden Wagen wirft, überlebt er zwar den Sturz, doch er wird von einem nachfolgenden Fahrzeug überfahren und verliert den rechten Arm. Nun erkennt Biberkopf, dass sein Leben nur mehr an einem dünnen Faden hängt. Als dann Reinhold auch noch seine Freundin, die Prostituierte Mieze tötet, bricht Biberkopf zusammen. Er kommt in die Irrenanstalt, wo er sein bisheriges Leben reflektiert. Nach seiner Entlassung ist er in der Lage, sein Leben grundlegend zu ändern: Er findet eine Anstellung als Hilfsportier.

„Berlin Alexanderplatz" als moderner Roman

Der erste deutsche Großstadtroman

Der Roman „Berlin Alexanderplatz. Die Geschichte vom Franz Biberkopf" (1929) hat, wie der Titel schon besagt, zwei „Helden": die Stadt Berlin und Franz Biberkopf. Beide sind keine Helden im traditionellen Sinne: Indem Döblin das Leben in Berlin in den Mittelpunkt rückte, schuf er den ersten deutschen Großstadtroman. Franz Biberkopf unterscheidet viel vom Helden des klassischen Typs: Statt durch seine Taten die Handlung voranzutreiben, wird er selbst von unsichtbarer Hand getrieben und erleidet mehr, als er bewegt.

Das Stichwort „Moderne" prägte das Selbstverständnis der Schriftsteller des beginnenden 20. Jahrhunderts. Als „modern" empfand man in der Weimarer Republik den Bruch mit der Tradition, mit den bisher tragenden Werten und Lebensformen, Zweifel an der Verlässlichkeit und der Darstellbarkeit der Welt. Unter dem Einfluss des Ersten Weltkriegs und der politischen Entwicklung der Weimarer Republik, der Entdeckung der Psychoanalyse durch Sigmund Freud und durch die Existenzphilosophie Heideggers suchten die Autoren nach anderen, neuen Formen der Darstellung, die den neu aufkommenden Inhalten gerecht werden sollten.

„Berlin Alexanderplatz" ist in vielfacher Hinsicht ein „moderner Roman". Nicht nur die Abkehr vom traditionellen Helden und der chronologisch erzählten Fabel macht ihn dazu, sondern auch die Verwendung neuartiger Mittel des Erzählens (innerer Monolog, erlebte Rede und Bewusstseinsstrom), die häufig eingesetzte Montagetechnik (Einbau von Songtexten, Überschriften von Tageszeitungen etc.) und die Verwendung einer expressiven Sprache.

GROSSSTADTROMANE

Vorläufer von Döblins Roman waren „Ulysses“ (1922) von James Joyce und „Manhattan Transfer“ (1925) von John Dos Passos. Auch diese Romane sind Großstadtromane, auch ihre Autoren bedienen sich einer Darstellungsweise, die dem Film entlehnt ist: harte Schnitte in einzelne Bilder, scheinbar zusammenhanglose Szenen, die aber doch ein Gesamtbild ergeben. Dazu tragen die montageartig zusammengefügten Stilebenen wie Berliner Jargon, Bibelzitate, Schlager und Songs, Werbeslogans, Zeitungsdeutsch, Statistiken und Kommentare des Autors bei. Doch im Gegensatz zu Dos Passos will Döblin die Großstadtatmosphäre nicht nur realistisch beschreiben: Biblische Leitmotive wie das von der „großen Hure Babylon“ überhöhen die Hektik des Großstadtlebens ins Apokalyptische. Hier trifft sich die Modernität der Darstellung mit der expressionistischen Grundstimmung, die das Berlin der Zwanziger Jahre wie ein modernes Sodom erscheinen lässt. Der Antiheld Franz Biberkopf wird zu einem neuen Hiob, der sein Schicksal annehmen muss und erst durch sein Leiden frei für einen neuen Anfang wird.

ALFRED DÖBLINS ROMAN „BERLIN ALEXANDERPLATZ“

1. Was ist das Thema des Romans?

____

2. Nenne drei Gründe, warum „Berlin Alexanderplatz“ ein moderner Roman ist:

1. ______________________________

2. ______________________________

3. ______________________________

3. Warum ist Franz Biberkopf kein Held klassischen Typs?

____

4. Nenne zwei weitere Beispiele für den Großstadtroman.

1. ______________________________

2. ______________________________

LÖSUNGEN

1. Ein Mensch richtet sich durch äußere Einflüsse und durch eigenes Verschulden zugrunde • **2.** Fehlen eines traditionellen Erzählers; der Protagonist ist kein Held im herkömmlichen Sinn; die Handlung ist vielfach gebrochen • **3.** Er macht Fehler und ist ein Getriebener; er erleidet, statt zu bewegen. • **4.** James Joyce, „Ulysses“; John Dos Passos, „Manhattan Transfer“

18 LITERATUR ZWISCHEN 1933 UND 1945 Grundlagen

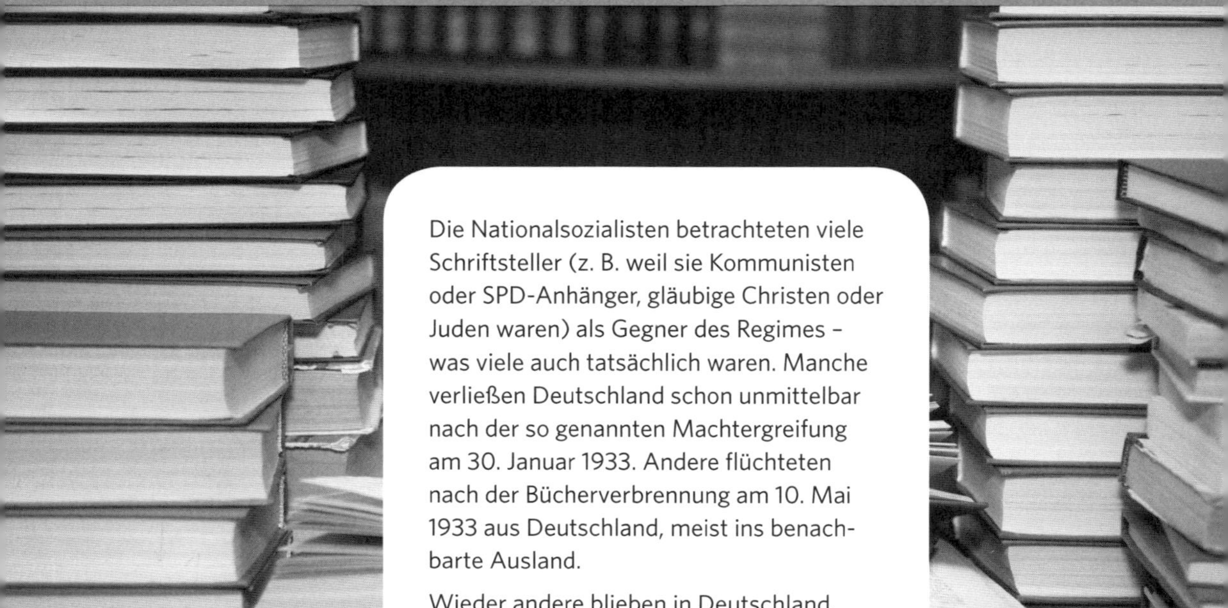

Die Nationalsozialisten betrachteten viele Schriftsteller (z. B. weil sie Kommunisten oder SPD-Anhänger, gläubige Christen oder Juden waren) als Gegner des Regimes – was viele auch tatsächlich waren. Manche verließen Deutschland schon unmittelbar nach der so genannten Machtergreifung am 30. Januar 1933. Andere flüchteten nach der Bücherverbrennung am 10. Mai 1933 aus Deutschland, meist ins benachbarte Ausland.

Wieder andere blieben in Deutschland, erhielten Schreibverbot, wurden in Konzentrationslager gesperrt oder arrangierten sich mit den neuen Machthabern.

Aus diesen unterschiedlichen Reaktionen auf das Hitlerregime entstanden verschiedene literarische Strömungen.

EXILLITERATUR

Rund 1500 bedrohte deutsche Autoren jüdischer Abstammung oder aktive Mitglieder der kommunistischen Partei flüchteten nach 1933 ins Exil. Zuerst glaubten sie sich noch in den Nachbarstaaten (Österreich, Schweiz, Tschechoslowakei) in Sicherheit, doch nach dem „Anschluss" Österreichs 1938 wuchs auch im europäischen Ausland die Bedrohung und so zogen viele Flüchtlinge in die USA, nach Südamerika, in die Sowjetunion oder nach Israel weiter. Im Ausland verkörperten die Exilschriftsteller die deutsche Kultur und genossen oft hohes Ansehen, hatten aber trotzdem oft massive wirtschaftliche Probleme, da sie in der neuen Heimat gesellschaftlich und beruflich kaum integriert waren. Deutschsprachige Literatur wurde kaum gelesen und ein Wechsel der Sprache war den meisten Autoren nicht möglich. >>

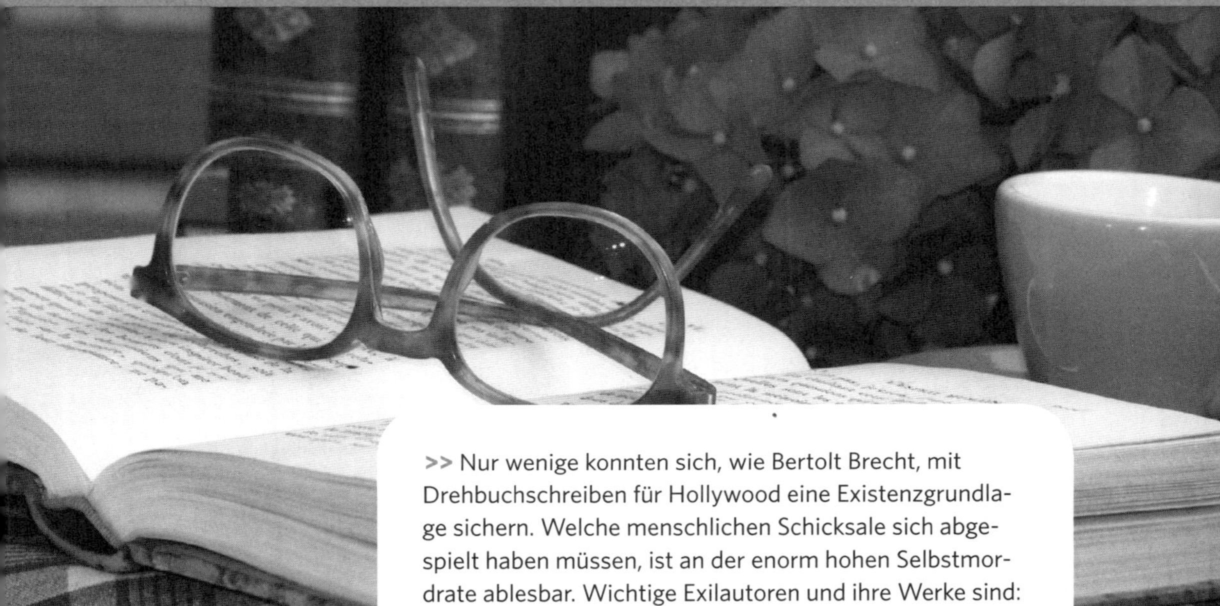

>> Nur wenige konnten sich, wie Bertolt Brecht, mit Drehbuchschreiben für Hollywood eine Existenzgrundlage sichern. Welche menschlichen Schicksale sich abgespielt haben müssen, ist an der enorm hohen Selbstmordrate ablesbar. Wichtige Exilautoren und ihre Werke sind:

Bertolt Brecht („Furcht und Elend des Dritten Reiches", 1934-38), Klaus Mann („Mephisto", 1935), Anna Seghers („Das siebte Kreuz", 1937), Thomas Mann („Lotte in Weimar", 1939), Carl Zuckmayer, („Des Teufels General", 1946) und Stefan Zweig („Die Schachnovelle, 1943).

INNERE EMIGRATION

Der Begriff „Innere Emigration" stammt von Frank Thieß (1890–1977), der damit die Autoren meint, die während der nationalsozialistischen Diktatur in Deutschland geblieben waren und unter Lebensgefahr ihr Werk fortschrieben - oft in der Gewissheit lebend, es nicht mehr veröffentlichen zu können.

Häufig werden auch solche Autoren der „Inneren Emigration" zugerechnet, die zwar in Deutschland geblieben waren, aber ihre schriftstellerische Produktion eingestellt oder in politisch ungefährliche Bahnen gelenkt hatten.

Wichtige Autoren der Inneren Emigration und ihre Werke sind: Werner Bergengruen („Der Großtyrann und das Gericht", 1935), Reinhold Schneider („Las Casas vor Karl V.", 1938), Stefan Andres („El Greco malt den Großinquisitor", 1936) und Wolfgang Koeppen („Die Mauer schwankt", 1935).

„BLUT UND BODEN"-LITERATUR

Einige – meist bis dahin unbekanntere – Autoren sahen nun ihre Stunde gekommen und schrieben Texte, die dem Gedankengut des Nationalsozialismus entsprachen: Sie verherrlichten die deutsche Rasse, das Germanentum, den Krieg, das Soldatentum oder die Frau und Mutter als Kern der Familie.

„Blut und Boden"-Literatur heroisierte nationalsozialistische Ideale: das deutsche Wesen, den Führergedanken, den fleißigen Landmann und das blonde „Mädel". Zu den Autoren, die sich in der Nähe des Nationalsozialismus befanden, gehören Hans Grimm, Will Vesper, Hans Baumann und Baldur von Schirach.

LITERATUR ZWISCHEN 1933 UND 1945

1. Warum wurden im „Dritten Reich" viele Schriftsteller verfolgt?

____

2. Nenne drei Strömungen der Literatur in der Nazi-Zeit.

1. ______________________________

2. ______________________________

3. ______________________________

3. Warum begingen viele Exilautoren Selbstmord?

____

4. Nenne zwei wichtige Exilautoren.

1. ______________________________

2. ______________________________

LÖSUNGEN

1. Die Nationalsozialisten betrachteten viele Schriftsteller als Gegner des Regimes. • **2.** Exilliteratur, Innere Emigration, „Blut und Boden"-Literatur • **3.** Viele Exilautoren litten unter massiven wirtschaftlichen Problemen und schafften es nicht, sich gesellschaftlich und beruflich zu integrieren. • **4.** Bertolt Brecht, Thomas Mann

BRECHTS LEBEN UND WERK

Brecht wurde als Eugen Berthold Friedrich Brecht am 10. Februar 1898 in Augsburg geboren. Schon 1917 zog er zum Studium der Medizin und Philosophie nach München um, wo er sich als Autor betätigte. Nach zwei Jahren gab er sein Studium auf und ging nach Berlin, das als Kulturhauptstadt der Weimarer Republik galt. In Berlin schrieb Brecht seine frühen Stücke und war als Dramaturg am Deutschen Theater unter Max Reinhardt tätig.

Am Tag nach dem Reichstagsbrand flüchtete Brecht mit seiner Familie aus Deutschland, zuerst nach Prag, dann nach Wien, dann in die Schweiz. Als die Nationalsozialisten auch die europäischen Nachbarländer besetzten, ging Brecht nach Skandinavien, zuerst nach Dänemark, dann nach Schweden, schließlich nach Finnland. Als er auch dort nicht mehr sicher war, floh er über die Sowjetunion in die USA und ließ sich in der Nähe von Hollywood nieder, wo er in der Filmindustrie Arbeit fand.

In diesen Jahren entstanden „Leben des Galilei“, „Der gute Mensch von Sezuan“ und „Mutter Courage und ihre Kinder“.

Nach Kriegsende kehrte Brecht nach Europa zurück. Nach einem kurzen Aufenthalt in Zürich siedelte er nach Ostberlin um, nahm aber nicht die deutsche, sondern die österreichische Staatsbürgerschaft an. In Ostberlin gründete er eine eigene Theatertruppe, das Berliner Ensemble, und führte im Theater am Schiffbauerdamm eigene und fremde, oft von ihm bearbeitete Stücke auf.

Brecht in Augsburg

- geb. am 10. Februar 1898 als Sohn eines Papierfabrikanten in Augsburg
- Besuch der Volksschule und des Gymnasiums,
- Notabitur 1917

Brecht in München

- 1917: Beginn des Studiums der Medizin und der Philosophie an der Universität München
- 1918: erste dichterische Versuche

Brecht in Berlin

- 1919: Aufgabe des Studiums, Versuch als freier Autor zu leben
- 1922: Heirat mit Marianne Zoff (Baal, Trommeln in der Nacht)
- 1923: Im Dickicht der Städte
- 1932: Die Heilige Johanna der Schlachthöfe (Rundfunkfassung)
- 1927: Scheidung von Marianne Zoff
- 1929: Heirat mit Helene Weigel
- 1925: Dramaturg am Deutschen Theater in Berlin

Brecht im Exil

- 28. Februar 1933: Flucht Brechts nach Prag
- März 1933: Flucht nach Wien, danach in die Schweiz
- April 1939: Flucht nach Schweden (Mutter Courage und ihre Kinder, Das Verhör des Lukullus)
- April 1940: Flucht nach Finnland (Der aufhaltsame Aufstieg des Arturo Ui)
- Juni 1933: Flucht nach Dänemark (Svendborger Gedichte, Furcht und Elend des Dritten Reiches, Beginn der Arbeit am „Galilei"), 1935 wird Brecht die deutsche Staatsbürgerschaft aberkannt
- Mai 1941: Flucht über Moskau in die USA
- Ab Juli 1941: wohnhaft in St. Monica bei Hollywood (Der gute Mensch von Sezuan, Schweyk im Zweiten Weltkrieg)
- 31. Oktober 1947: Rückkehr nach Europa (Zürich)

Brechts Rückkehr nach Deutschland

- 1949: Übersiedlung nach Ostberlin
- 1954: Brecht wird Vizepräsident der Deutschen Akademie der Künste, Arbeit mit dem „Berliner Ensemble" im Theater am Schiffbauerdamm
- 1950: Brecht nimmt die österreichische Staatsangehörigkeit an
- 1953: Brecht wird Präsident des deutschen Schriftstellerverbandes
- 1956: Tod Brechts am 14. August in Ostberlin

BERTOLT BRECHT

1. Warum verließ Brecht Deutschland 1933?

____

2. Nenne drei Stationen seines Exils.

1. ____

2. ____

3. ____

3. Wo siedelte er sich nach seiner Rückkehr in Deutschland an?

____

4. Nenne zwei seiner Stücke.

1. ___________________________

2. ___________________________

LÖSUNGEN

1. Er musste der Verfolgung durch die Nationalsozialisten entgehen • **2.** Schweden, Dänemark, USA • **3.** In Ost-Berlin. • **4.** „Mutter Courage und ihre Kinder", „Furcht und Elend des Dritten Reiches"

THEMA

Im Mittelpunkt von Brechts Drama steht die Frage nach der Verantwortung des Wissenschaftlers. Brecht geht davon aus, dass die Ergebnisse der Wissenschaften nicht wertfrei sind - entweder nützen sie der Bevölkerung oder sie stärken die Herrschaft der Mächtigen. Diesen Zwiespalt zeigt der Autor anhand der Figur des Galileo Galilei zu einer Zeit auf, als es möglich wurde, mit Hilfe der Atombombe Kriege zu entscheiden und Menschen millionenfach zu vernichten.

INHALT

Unter Zuhilfenahme eines niederländischen Fernrohrs, das Galilei als eigene Entwicklung ausgibt, entdeckt er die Jupitermonde. Deren Existenz beweist, dass die Sonne der Mittelpunkt des Universums ist, nicht die Erde. Diese Erkenntnis läuft aber der kirchlichen Lehre zuwider, Galileis Schriften werden verboten und er selbst zum Schweigen gebracht. Das neue Weltbild wird aber trotzdem bekannt. Als Galilei dann zur Inquisition nach Rom beordert wird und man ihm die Folterinstrumente zeigt, widerruft er zur Enttäuschung seiner Freunde seine Lehre. Er beauftragt aber seinen Schüler Andrea Sarti, die Schriften, die die Wahrheit enthalten, zur Veröffentlichung ins Ausland zu bringen.

Eine ähnliche Thematik griffen nach 1945 Heinar Kipphardt („In der Sache J. Robert Oppenheimer“) und Friedrich Dürrenmatt („Die Physiker“; siehe dort) auf.

Sie kamen dabei zu anderen Konfliktlösungen als Brecht.

PERSONEN

- Galileo Galilei und seine Anhänger: Andrea Sarti, Frau Sarti, Sagredo, der kleine Mönch
- Vertreter der Kirche und der weltlichen Obrigkeit: Der Kardinal Inquisitor, Kardinal Bellarmin, Kardinal Barberini (später Papst Urban VIII.), Cosmo de Medici (Großherzog von Florenz), Ludovico Marsili

Bertolt Brecht greift in seinem Stück „Leben des Galilei" den Konflikt auf, in dem sich ein Wissenschaftler befindet: Soll er zu seiner Entdeckung stehen, auch wenn sie ihm persönliche Nachteile bereitet, oder soll er seine Erkenntnisse für sich behalten?

Das Stück spielt im Italien des 17. Jahrhunderts und erstreckt sich über den Zeitraum von 28 Jahren. Der Physiker Galileo Galilei beweist mit Hilfe der neuen Erfindung des Fernrohrs das kopernikanische Weltbild (die Sonne als Mittelpunkt des Universums) und widerlegt damit die Vorstellung des ptolemäischen Weltbilds, das die Erde im Mittelpunkt sieht. Dadurch gerät Galilei in Konflikt mit der katholischen Kirche, die ihre Lehre auf das alte Weltbild stützt; sie verbietet Galilei die Verbreitung dieser „ketzerischen" Lehre, weil sie den Verlust ihrer Autorität und damit einen gesellschaftlichen Umsturz fürchtet. Galilei wird schließlich von der Inquisition inhaftiert, seine Schriften und die weitere Verbreitung seiner Erkenntnisse wird verboten. Als Galilei aufgefordert wird, seine Lehre zu widerrufen, tut er dies, weil ihm Folter angedroht wird. Dies ist ein Verrat an seinen Ideen und an seinen Anhängern. Zugleich stützt Galilei damit die Herrschaft der Kirche und der weltlichen Obrigkeit über das Volk. Von seinem schlechten Gewissen geplagt, vertraut er seinem Schüler Andrea Sarti eine Abschrift des verbotenen Werks an, das dieser außer Landes schmuggeln soll. Der Verrat an der Wissenschaft und an der Bevölkerung, die aus der neuen Lehre einen gesellschaftlichen Nutzen ziehen könnte, ist damit aber nicht mehr rückgängig zu machen.

Galileo Galilei siegt als Wissenschaftler ...

Galilei bedient sich des neu erfundenen Fernrohrs und kann damit die Theorie von Kopernikus, nicht die Erde, sondern die Sonne sei der Mittelpunkt des Universums, empirisch nachweisen. Seine Erkenntnisse sind über jeden Zweifel erhaben, selbst die katholische Kirche muss sie als richtig anerkennen und tut das auch. Obwohl die Amtskirche diese Erkenntnisse dann unterdrückt, können sie sich langfristig durchsetzen. Dies ist ein (später) Erfolg für den Wissenschaftler Galileo Galilei.

... scheitert aber als Mensch

Der katholischen Kirche geht es aber zu Lebzeiten Galileis nicht um die Wahrheit, sondern um den Machterhalt und die Stabilisierung der gesellschaftlichen Ordnung. Deshalb unterdrückt sie die Wahrheit. Galilei beugt sich den Forderungen der Kirche, weil er unter Androhung der Folter persönliche Nachteile befürchtet, ja Angst um sein Leben hat. Deshalb widerruft er wider besseren Wissens und verrät damit nicht nur seine Lehre, sondern auch seine Anhänger. Zugleich verhindert er damit eine neue, säkular begründete Gesellschaftsordnung, die der gesamten Menschheit zugute käme.

DIE TRAGIK DES WISSENSCHAFTLERS IN DER LITERATUR DES 20. JAHRHUNDERTS

Brecht bezeichnet Galilei als „**sozialen Verbrecher**“, der aus Eigennutz die Wissenschaft verraten und so der Menschheit die Möglichkeit auf ein menschenwürdigeres Leben verwehrt hat. Denn wenn sich auch Galileis Erkenntnisse schließlich durchgesetzt haben, hat der Wissenschaftler es doch den gesellschaftlich Mächtigen – Kirche und Staat – ermöglicht, ihre Macht über das Volk zu bewahren. So ist es schon in der Geburtsstunde der modernen Wissenschaften unmöglich geworden, dass die Wissenschaft dem ganzen Volk dient. Brecht sieht hier die „**Erbsünde**“ der modernen Naturwissenschaften: Große technische Leistungen dienen nicht der gesamten Menschheit, sondern nur den Mächtigen.

BERTOLT BERCHTS DRAMA „DAS LEBEN DES GALILEI"

1. Welche Frage steht im Mittelpunkt des Dramas?

____

2. Nenne zwei weitere Werke, die dasselbe Thema behandeln.

1. ____

2. ____

3. Warum scheitert Galilei als Mensch?

____

4. Warum bezeichnet Brecht Galilei als „sozialen Verbrecher"?

____

____

LÖSUNGEN

1. Die Frage nach der Verantwortung des Wissenschaftlers • **2.** Dürenmatt, „Die Physiker", Kipphardt, „In der Sache J. Robert Oppenheimer • **3.** Er verrät aus Furcht vor persönlichen Nachteilen seine Erkenntnisse. • **4.** Galilei ermöglicht es den Mächtigen, ihre Macht über das Volk zu wahren."

Bertolt Brechts Parabelstück „Der gute Mensch von Sezuan"

THEMA

Brechts Parabelstück ist eine Kritik an der bürgerlich-kapitalistischen Gesellschaft, in der sich alles um Geld dreht und die den Menschen deformiert. Das Thema des Stücks formuliert Shen Te bei ihrem letzten Zusammentreffen mit den Göttern selbst: „Gut zu sein und doch zu leben/Zerriß mich wie ein Blitz in zwei Hälften."

KURZZUSAMMENFASSUNG

Drei Götter kommen auf die Erde, um eine Bestätigung dafür zu bekommen, dass es gute Menschen gibt. Sie finden aber nur Shen Te und hinterlassen ihr als Dank für das Nachtlager, das sie ihnen gewährt hat, mehr als tausend Silberdollar. Shen Te eröffnet damit einen Laden, wird aber nur ausgenutzt. Sie verliebt sich in Sun, erkennt aber erst spät, dass auch er es nur auf ihr Geld abgesehen hat. So erfindet sie den Vetter Shui Ta, der ihr die lästigen Bittsteller vom Hals halten soll. Sie selbst schlüpft in diese Rolle, was dazu führt, dass man glaubt, Shui Ta habe Shen Te umgebracht. Als es zur Gerichtsverhandlung kommt, erkennen die Richter – wieder die drei Götter – dass Shen Te nicht zugleich gut und wirtschaftlich erfolgreich sein kann. Sie wollen es aber nicht wahrhaben und verschwinden wieder, ohne das Problem gelöst zu haben.

PERSONEN

- Die gute Shen Te – und ihr Pendant, der böse Shui Ta
- Personen, die Shen Te ausnützen: Der Flieger Sun, die Hausbesitzerin Mi Tzü, der Barbier Shu Fu, die achtköpfige Familie u. a.
- Die drei Götter, die Shen Te Reichtum und Unglück bringen

INHALT

Drei Götter kommen auf die Erde, um einen „guten Menschen" zu finden. Die Prostituierte Shen Te ist bereit, sie über Nacht bei sich aufzunehmen und erhält als Lohn mehr als tausend Silberdollar, damit sie einen Tabakladen eröffnen kann. Die Menschen kommen gern in ihren Laden – doch nicht um etwas zu kaufen, sondern um sich von der „guten" Shen Te in ihren finanziellen Nöten aushelfen zu lassen. Wenn das Mädchen nun seine Existenzgrundlage nicht verlieren will, muss es aufhören, „gut" zu sein. So verwandelt Shen Te sich in Shui Ta und gibt sich für ihren Vetter aus. Dieser kann es sich nun erlauben, die Schmarotzer aus dem Laden zu werfen. In der Rolle Shui Tas geht Shen Te sogar so weit, eine bald florierende Tabakfabrik zu eröffnen, in der die Arbeiter ausgebeutet werden, um den Gewinn zu sichern. Die Menschen in Sezuan fragen sich bald, wo Shen Te geblieben sein mag, und verdächtigen Shui Ta, sie getötet zu haben. Es kommt zu einer Gerichtsverhandlung, bei der die drei Götter als Richter auftreten. Vor Gericht deckt Shen Te ihre Doppelexistenz auf und begründet diese damit, dass sie nicht zugleich gut sein und doch leben könne. Die Götter sind blind für das Problem Shen Tes und kehren auf einer rosa Wolke in den Himmel zurück.

ELEMENTE DES EPISCHEN THEATERS IM STÜCK

Das **Parabelstück** „Der gute Mensch von Sezuan" ist dem epischen Theater zuzurechnen: **Die Handlung entwickelt sich nicht chronologisch, sondern sprunghaft in der Form des Stationentheaters.** Die Schauspieler führen sich selbst als Rollenträger in die Handlung ein und schaffen damit eine Distanz zwischen Dramenhandlung und Publikumserwartung. Im Epilog wird der Zuschauer in die gezeigte Bühnenhandlung einbezogen: „Verehrtes Publikum, los, such dir selbst den Schluss! Es muss ein guter da sein, muss, muss, muss!"

ROLLE UND FUNKTION DER GÖTTER

Die Götter stehen für das idealistische Prinzip; sie geben Geld und gute Ratschläge. An der realen Situation, die vom Kapitalismus geprägt ist, können und wollen sie nichts verändern. Da jedoch gerade darin die Probleme der Protagonistin liegen, erscheinen die Götter als realitätsfremd. Dies unterstreicht die von Brecht intendierte Aussageabsicht des Stücks: Eine idealistische Herangehensweise an die Probleme der kapitalistischen Gesellschaft ist verfehlt.

Die Götter stoßen die Handlung an, indem sie Shen Te, dem einzigen guten Menschen, den sie finden, mehr als tausend Silberdollar zurücklassen. Sie treten in insgesamt fünf Zwischenspielen immer wieder auf, lassen sich von Shen Tes Werdegang berichten oder kommentieren das Geschehen. In der letzten Szene treten sie als Richter über Shui Ta in Erscheinung, können aber – als Shen Te von ihren Problemen berichtet – diese nicht lösen und ziehen sich mit gut gemeinten, aber unrealistischen Ratschlägen wieder in ihren Himmel zurück.

BRECHTS „DER GUTE MENSCH VON SEZUAN“

1. Was ist das Thema von Brechts Stück?

   Kapitalismus- und Gesellschaftskritik

2. Nenne die drei Personengruppen, die im Stück vorkommen.

   1. Shen Te / Shui Ta
   2. Sun, Mi Tzü, Frau Yang, Shin, Familie, Shu Fu
   3. Götter

3. Wofür stehen die drei Götter?

   idealistisches Prinzip

4. Welche Elemente des epischen Theaters lassen sich im Stück erkennen?

   1. ___
   2. ___
   3. ___

LÖSUNGEN

1. Kritik an der kapitalistischen Gesellschaft • **2.** Shen Te und Shui Ta, die Personen, die sie ausnützen, die drei Götter • **3.** Für das idealistische Prinzip • **4.** Keine chronologische Handlung; Schauspieler stellen sich als solche vor; Einbeziehung des Zuschauers.

19 DAS EPISCHE THEATER

Grundlagen

Zu den Neuerungen des 20. Jahrhunderts gehört das epische Theater. Es steht für eine besondere Form des modernen Dramas, die Bertolt Brecht im Gegensatz zum klassisch-aristotelischen Drama theoretisch begründet und auf der Bühne erprobt hat.

Ziel ist die Veränderung der Gesellschaft im marxistischen Sinn, wozu Brecht das Mitfühlen und Mitleiden des Zuschauers mit den Bühnenfiguren und ihrem Schicksal durch eine kritische Distanz zur Bühnenhandlung ersetzen will.

Die von Brecht verwendeten Mittel sind:

DER VERFREMDUNGSEFFEKT (V-EFFEKT)

Dem Zuschauer wird Alltägliches wie Fremdes, Unbekanntes präsentiert, wodurch er zu den Figuren und zum Geschehen auf der Bühne eine kritische Distanz einnehmen soll, die ihn die Notwendigkeit zur Veränderung erkennen lassen.

Brecht definiert den Verfremdungseffekt selbst so: „Einen Vorgang oder einen Charakter verfremden heißt zunächst einfach, dem Vorgang oder dem Charakter das Selbstverständliche, Bekannte, Einleuchtende zu nehmen und über ihn Staunen und Neugierde zu erzeugen."

(Bertolt Brecht: Das Prinzip der Verfremdung. In: Schriften zum Theater I)

MONTAGETECHNIK

Als Montagetechnik bezeichnet man kritisch-kommentierende Einschübe eines Erzählers, Prolog, Epilog, Einfügung von Songs, Kinderliedern und Bibelzitaten, Verwendung von Spruchbändern, Projektionen und Lichteffekten.

WEITERE WICHTIGE STÜCKE BRECHTS

Die folgenden Dramen Brechts lassen sich ebenfalls dem epischen Theater zurechnen:

- Baal (1918; ein Vorläuferstück des epischen Theaters)
- Mutter Courage und ihre Kinder (1938)
- Der kaukasische Kreidekreis (1944)
- Die Gewehre der Frau Carrar (1937)
- Die heilige Johanna der Schlachthöfe (1928)

DAS EPISCHE THEATER

In folgender Tabelle stellte Brecht selbst das neue, epische Theater der traditionellen Form des Theaters gegenüber:

dramatische Form des Theaters	epische Form des Theaters
handelnd	erzählend
verwickelt den Zuschauer in eine Bühnenaktion	macht den Zuschauer zum Betrachter, aber
verbraucht seine Aktivität	weckt seine Aktivität
ermöglicht ihm Gefühle	erzwingt von ihm Entscheidungen
Erlebnis	Weltbild
der Zuschauer steht mittendrin, miterlebt	der Zuschauer steht gegenüber, studiert
der Mensch wird als bekannt vorausgesetzt	der Mensch ist Gegenstand der Untersuchung
der unveränderliche Mensch	der veränderliche und verändernde Mensch
Spannung auf den Ausgang	Spannung auf den Gang
eine Szene für die andere	jede Szene für sich
Wachstum	Montage
Geschehen linear	in Kurven
evolutionäre Zwangsläufigkeit	Sprünge
der Mensch als Fixum	der Mensch als Prozess
das Denken bestimmt das Sein	das gesellschaftliche Sein bestimmt das Denken
Gefühl	Ratio

(Bertolt Brecht: Schriften zum Theater. Über eine nicht-aristotelische Dramatik. Suhrkamp, Frankfurt/M. 1957. S.19 f.)

DAS EPISCHE THEATER

1. Zu welcher Dramenform steht das epische Drama im Gegensatz?

____

2. Was will Brecht mit dieser Form des Dramas erreichen?

____

3. Nenne zwei von Brecht verwendete dramatische Mittel.

1. ____

2. ____

4. Nenne zwei Unterschiede zwischen der dramatischen und der epischen Form des Theaters:

______________________ ______________________

______________________ ______________________

LÖSUNGEN

1. Zum klassisch-aristotelischen Drama • **2.** Kritische Distanz des Zuschauers zur Bühnenhandlung • **3.** Verfremdungseffekt und Montagetechnik • **4.** Das dramatische Theater ermöglicht Gefühle – das epische Theater erzwingt Entscheidungen; das dramatische Theater weckt Spannung auf den Ausgang – das epische Theater weckt Spannung auf den Fortgang

20 DIE DEUTSCHE LITERATUR ZWISCHEN 1945 UND 1968

THEMEN DER NACHKRIEGSZEIT

Die Zeit nach 1945 ist geprägt von der Auseinandersetzung mit dem Nationalsozialismus, den Erfahrungen des Zweiten Weltkriegs und dem Wiederaufbau der Bundesrepublik Deutschland. In Kurzgeschichten, Hörspielen und Dramen setzen sich Autoren wie Wolfgang Borchert und Heinrich Böll mit der Zeitproblematik auseinander.

50ER- UND 60ER-JAHRE

In den 50er- und 60er-Jahren wurden viele zeit- und gesellschaftskritische Romane geschrieben, die sich mit der politischen Restauration der Ära Adenauer, dem Wirtschaftswunder und der Verdrängung der Nazizeit beschäftigen. Wichtige Autoren sind Wolfgang Koeppen, Heinrich Böll, Günter Grass, Siegfried Lenz, Alfred Andersch und Martin Walser.

NACHKRIEGSZEIT

Die Literatur der unmittelbaren Nachkriegszeit nennt man Trümmerliteratur. Man spricht auch von der „Kahlschlagliteratur“. Themen waren die Zeit des Nationalsozialismus, die Erlebnisse des Zweiten Weltkriegs und die Lebensverhältnisse im Nachkriegsdeutschland. Nach 1945 veröffentlichten meist junge Dichter, die selbst im Krieg waren, ihre Werke. Sie wollten die Verhältnisse ungeschönt darstellen, so wie sie sie sahen. Für einen „schönen Stil“ oder eine neue Innerlichkeit war kein Platz. Dichter, die so dachten, fanden sich in der von Alfred Andersch und Hans Werner Richter gegründeten Gruppe 47, einer lockeren Vereinigung von Autoren, zusammen.

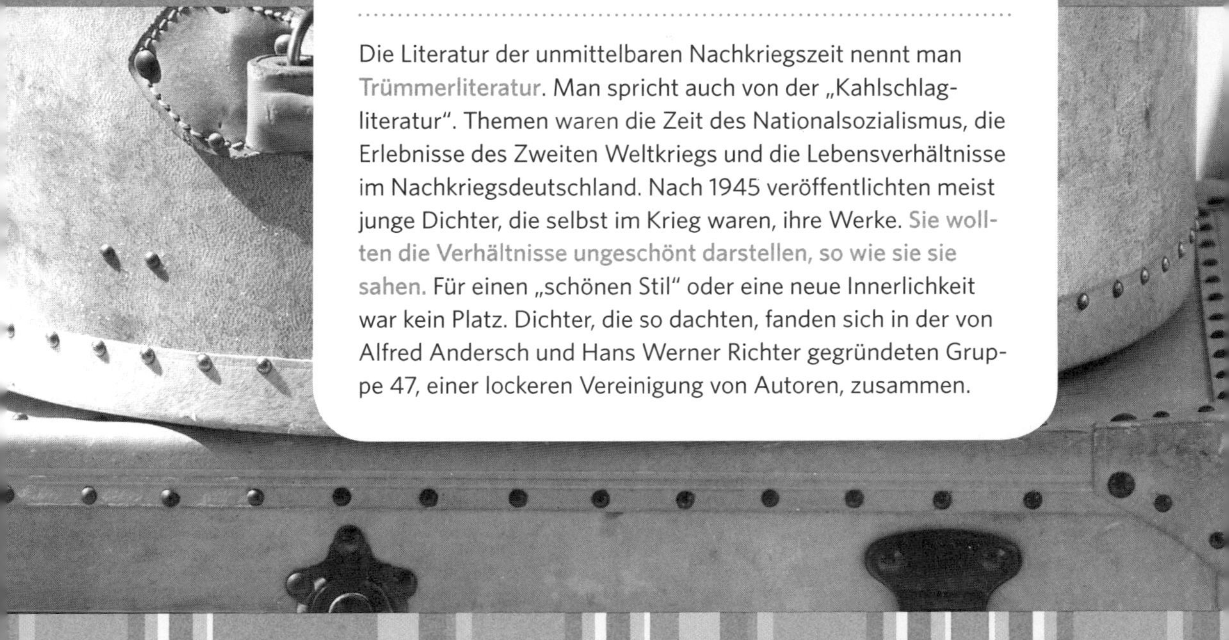

KURZGESCHICHTEN, HÖRSPIELE, ROMANE

Eine neue Gattung, die moderne deutsche Kurzgeschichte, entstand. Viele Autoren hatten im Exil oder während der Besatzungszeit die amerikanische „short story“ kennen gelernt und ahmten dieses moderne Muster nach. Hinzu kommt, dass Papier knapp war, die Kurzgeschichten oft in Zeitungen veröffentlicht werden konnten und die Autoren keine Weltdeutung, wie sie der Roman erfordert hätte, anbieten konnten. Bekannte Kurzgeschichten, die meist den Krieg und seine Folgen thematisieren, stammen von Wolfgang Borchert („Die Hundeblume“, „Nachts schlafen die Ratten doch“, „An diesem Dienstag“, „Das Brot“, „Die drei dunklen Könige“) und Heinrich Böll („Wanderer, kommst du nach Spa...“).

Manche Autoren nutzten auch den Hörfunk als Medium, mit dem sie einen großen Kreis von Interessierten ansprechen konnten. Als Hörspielautoren traten vor allem Wolfgang Weyrauch, Günter Eich und Ingeborg Bachmann hervor. >>

>> In den 50er- und 60er-Jahren schrieben auch viele Autoren zeitkritische Romane, in denen sie sich mit dem Leben in der neu entstandenen Bundesrepublik, mit dem Wirtschaftswunder und der Wohlstandsgesellschaft sowie mit der Verdrängung der Nazizeit auseinandersetzten.

WICHTIGE ROMAN-AUTOREN UND WERKE:

- Wolfgang Koeppen („ Tauben im Gras", 1951, „Das Treibhaus", 1953, „Der Tod in Rom", 1954),
- Heinrich Böll („Wo warst du, Adam", 1951, „Und sagte kein einziges Wort", 1953, „Haus ohne Hüter", 1954, „Billard um halb zehn", 1959, „Ansichten eines Clowns", 1963),
- Günter Grass („Die Blechtrommel", 1959, „Hundejahre", 1963, „Örtlich betäubt", 1969),
- Siegfried Lenz („Deutschstunde", 1968),
- Alfred Andersch („Die Kirschen der Freiheit", 1952, „Sansibar oder der letzte Grund", 1957, „Die Rote", 1960, „Ephraim", 1967),
- Martin Walser („Ehen in Philippsburg", 1957, „Halbzeit", 1960, „Das Einhorn", 1966).

DIE DEUTSCHE LITERATUR ZWISCHEN 1945–1968

1. Welche Themen waren für die Nachkriegsautoren bestimmend?

1. ____________________

2. ____________________

3. ____________________

2. Wie veränderte sich die bestimmende Thematik der Literatur in den 50er und 60er Jahren?

____

____

3. Welche Gattungen waren in der Literatur der Nachkriegszeit dominierend?

1. __________ **2.** __________ **3.** __________

4. Nenne drei wichtige deutsche Autoren der Nachkriegszeit.

1. __________ **2.** __________ **3.** __________

LÖSUNGEN

1. Auseinandersetzung mit dem Nationalsozialismus; Erfahrung des 2. Weltkriegs; Wiederaufbau Deutschlands • **2.** Zeit- und Gesellschaftskritik wurden dominierend • **3.** Kurzgeschichte, Hörspiel, Roman • **4.** Wolfgang Koeppen; Günter Grass; Heinrich Böll

DIE SCHWEIZER AUTOREN FRISCH UND DÜRRENMATT

Die Schweizer Autoren betrachteten sowohl die Nazizeit als auch die Neuanfänge in der Bundesrepublik aus der Distanz. Als Außenstehende gelang ihnen eine andere Darstellung der Ereignisse, die sie oft in die Form der Parabel oder Groteske kleideten.

So setzte sich Frisch in seinem Parabelstück „Biedermann und die Brandstifter" mit den menschlichen Verhaltensweisen auseinander, die ein totalitäres Herrschaftssystem ermöglichen. Zudem kritisierten die Autoren die Provinzialität der Schweiz (Frisch z. B. im Schauspiel „Andorra", Dürrenmatt in seinem Drama „Der Besuch der alten Dame"). Gemeinsam ist den beiden Autoren auch die Darstellung der Technik in ihrer Auswirkung auf Mensch und Welt (Frisch: „Homo faber", Dürrenmatt: „Die Physiker").

Während Frisch häufig Identitätsprobleme thematisiert („Homo faber", „Mein Name sei Gantenbein", „Stiller"), wählt Dürrenmatt einen philosophischen Ansatz zur Darstellung des Individuums im Kosmos und der menschlichen Schwächen („Der Meteor", „Die Panne").

Die Literatur aus der Schweiz wurde in Deutschland intensiv rezipiert. Da die Schweiz vom Zweiten Weltkrieg nicht unmittelbar betroffen war, konnte sich ein unverkrampfteres Verhältnis zur Vergangenheit entwickeln. Die Frage nach der Mitverantwortlichkeit des Einzelnen als Teil eines gesellschaftlichen Ganzen stellen Max Frisch und Friedrich Dürrenmatt unterschiedlich.

MAX FRISCH (1911–1991)

Die frühen Schriften Max Frischs („Blätter aus dem Brotsack", „Nun singen sie wieder") setzen sich mit der Zeit des Weltkriegs und der unmittelbaren Nachkriegszeit auseinander. Bald findet Frisch aber sein eigentliches Thema: Das Problem der Identität. In seinem Tagebuch schreibt er: „Du sollst dir kein Bildnis machen." In seinen Werken zeigt Frisch immer wieder neue Facetten des Themas Identität:

Leben wir so, wie es uns gemäß ist oder sind wir fremdbestimmt? Nehmen wir eine Rolle an, um unser Dasein zu ertragen? Flüchten wir in diese Rollen oder werden sie uns von anderen auferlegt?

In seinem Stück „Biographie: Ein Spiel" (1967) lässt der Autor einen Menschen sein Leben nach eigenen Vorstellungen noch einmal leben, da dieser mit seiner ursprünglichen Biografie unzufrieden ist. In den Romanen „Stiller" (1954), „Homo faber" (1957) und „Mein Name sei Gantenbein" (1964) variiert Frisch das Thema. Stiller fühlt sich durch seine Identität eingeengt und möchte sie wechseln, was ihm die Gesellschaft verweigert. Schon zu Beginn des Romans behauptet er: „Ich bin nicht Stiller." Walter Faber macht sich von sich selbst ein starres Bildnis, das es ihm nicht erlaubt, authentisch zu sein, echte Gefühle zu zeigen und das Leben als Geschenk anzunehmen. Auch Gantenbein hat sich selbst nie gefunden; er probiert immer neue Rollen aus, lebt immer wieder neue Leben.

FRIEDRICH DÜRRENMATT (1921-1990)

Dürrenmatt ist einem breiten Publikum als Autor von Kriminalromanen („Der Richter und sein Henker", 1952, „Der Verdacht", 1953, „Das Versprechen", 1958) bekannt. Diese Werke, anfangs zum Gelderwerb geschrieben, zeigen, dass „Gut" und „Böse" keine eindeutigen Kriterien sind, da die menschliche Psyche vielschichtig ist. Die **Problematik von Gut und Böse** griff Dürrenmatt auch in seiner Tragikomödie „Der Besuch der alten Dame" (1956) auf: **Er zeigt die Bestechlichkeit der Menschen - ohne Anklage, aber als bissige Groteske.** Dürrenmatt setzte sich mehrfach mit dem Problem der modernen Wissenschaften auseinander. In der Komödie „Die Physiker" (1963) zieht sich der Physiker Dr. Möbius als scheinbar Geisteskranker in die Irrenanstalt zurück, um zu verhindern, dass seine Entdeckung der „Weltformel" für die Vernichtung der Menschheit missbraucht wird. Am Schluss der Komödie bleibt nur die Erkenntnis: „Was einmal gedacht wurde, kann nicht mehr zurückgenommen werden." Wichtig ist Dürrenmatts Theatertheorie, die an Brecht anknüpft. Ihr Kernsatz lautet: **„Die Tragödie setzt Schuld, Not, Maß, Übersicht, Verantwortung voraus. In der Wurstelei unseres Jahrhunderts, in diesem Kehraus der weißen Rasse, gibt es keine Schuldigen und auch keine Verantwortlichen mehr. Alle können nichts dafür oder haben es nicht gewollt."** Dies erklärt Dürrenmatts Ablehnung der Tragödie und seine Hinwendung zur Komödie mit tragischem Hintergrund.

FRISCH UND DÜRRENMATT

1. Wie heißen die bedeutendsten Schweizer Autoren der Nachkriegszeit?

1. ______________________________

2. ______________________________

2. Welche gemeinsamen Themen haben sie?

____

____

3. Warum war die Schweizer Literatur nach dem 2. Weltkrieg in Deutschland populär?

____

____

4. Nenne jeweils zwei bekannte Werke der beiden Autoren.

1.A: ______________ **1.B:** ______________

2.A: ______________ **2.B:** ______________

LÖSUNGEN

1. Max Frisch; Friedrich Dürrenmatt • **2.** Kritik an der Provinzialität der Schweiz; Darstellung der Technik in ihren Auswirkungen auf den Menschen • **3.** Sie ermöglichte eine Aussicht auf die jüngste Vergangenheit • **4.** Frisch: "Andorra", "Stiller"; Dürrenmatt: "Der Richter und sein Henker", "Der Besuch der alten Dame"

INHALT

Dürrenmatts groteske Komödie „Die Physiker“ ist 1962 – auf dem **Höhepunkt des Kalten Kriegs** zwischen der UdSSR und den USA – entstanden. Das zentrale Ziel der beiden Physiker Newton und Einstein, die für die konkurrierenden Geheimdienste der beiden Supermächte arbeiten, ist es, die Weltformel, die Newton entdeckt hat, an sich zu bringen und damit ihrem jeweiligen Auftraggeber die Weltherrschaft zu sichern.

THEMA

Unter dem Eindruck des Abwurfs der ersten Atombomben über Hiroshima und Nagasaki 1945 und der fortschreitenden atomaren Hochrüstung der UdSSR und der USA stellt Dürrenmatt die Frage nach der Verantwortung des Wissenschaftlers für die Menschheit.

1. AKT:

Die drei Physiker Möbius, Einstein und Newton befinden sich in einer Irrenanstalt. Die Handlung beginnt mit dem Auftreten von Inspektor Voß, der den Mord an der Krankenschwester Irene Straub durch Einstein aufklären soll. Da dies vom Klinikpersonal und vom Täter selbst behindert wird, muss der Inspektor unverrichteter Dinge abziehen – ähnlich wie schon wenige Monate davor, als Newton seine Pflegeschwester ermordet hat. Als Möbius dann Besuch von seiner Frau und seinen Söhnen bekommt, wird die Situation vollends grotesk. Erst gibt er vor, die Besucher nicht zu erkennen, dann spielt er den Irren. Seine Frau verabschiedet sich von ihm, da sie mit dem Missionar Rose eine neue Familie gründen will. Um ihr den Abschied leichter zu machen, schreit Möbius seine Familie hinaus. Als ihm anschließend Schwester Monika ihre Liebe erklärt und ihm mitteilt, dass sie alles für eine gemeinsame Flucht vorbereitet hat, bringt Möbius sie um.

2. AKT:

Wieder tritt der Inspektor auf, um den Mord zu klären, wieder wird er von der Leiterin der Anstalt Dr. Mathilde von Zahnd behindert und bleibt erfolglos. In einem abendlichen Gespräch lassen dann alle drei Physiker ihre Masken fallen: Newton erklärt, eigentlich Alec Jasper Kilton, ein berühmter Physiker, zu sein, der von seinem Geheimdienst auf Möbius angesetzt worden sei, um die „Weltformel" in seine Hand zu bringen. Auch Einstein gibt seine wahre Identität preis: Joseph Eisler, ebenfalls ein berühmter Physiker, jedoch mit der gleichen Aufgabe für den gegnerischen Geheimdienst tätig. Beide Agenten klären ihr Mordmotiv auf: Die Schwestern waren hinter ihr Geheimnis gekommen, ihre Ermordung wurde von den jeweiligen Geheimdiensten befohlen. Auch Möbius erläutert seine Gründe, sich als verrückt auszugeben: Er weiß, dass es mit Hilfe der von ihm entdeckten „Weltformel" möglich ist, die ganze Welt zu beherrschen und die Menschheit auszurotten. Aus Verantwortung für die Schöpfung hat er sich in die Irrenanstalt zurückgezogen. Nun verbrennt er seine Aufzeichnungen, die beiden Agenten sind von seiner Argumentation überzeugt und beschließen, ebenfalls weiterhin die Irren zu spielen und in der Irrenanstalt zu bleiben. Inzwischen hat die Anstaltsleiterin für die ermordeten Schwestern ehemalige Box-Champions als Pfleger engagiert und die Irrenanstalt zu einer uneinnehmbaren Festung ausgebaut. Damit ist für alle Physiker die Flucht sowieso unmöglich.

Die Dokumente sind verbrannt, die beiden Agenten nicht mehr für ihre Geheimdienste tätig, die Menschheit scheint gerettet. Doch das erwartete Happy End kommt nicht: Mathilde von Zahnd gibt sich als größenwahnsinnig zu erkennen. Sie hat die Morde an den Schwestern provoziert, um damit den Wissenschaftlern den Weg zurück in die Gesellschaft unmöglich zu machen, sie hat auch längst die Schriften von Möbius kopiert und arbeitet schon an ihrer wirtschaftlichen Nutzung. Dürrenmatt hat seiner Komödie damit die „schlimmstmögliche Wendung" gegeben und gezeigt, dass „das, was einmal gedacht worden ist, nicht mehr zurückgenommen werden kann".

FRIEDRICH DÜRRENMATTS KOMÖDIE „DIE PHYSIKER“

1. Welches historische Ereignis bildete den Anstoß zum Schreiben des Stücks?

___

2. Welche Frage stellt Dürrenmatt mit dem Drama „Die Physiker“?

___

3. Was hat Möbius entdeckt?

- ☐ **A** Einen lautlosen Sprengstoff
- ☐ **B** Die Weltformel
- ☐ **C** Eine neue Art von Massenvernichtungswaffe

4. Warum bringen die Wissenschaftler ihre Krankenschwestern um?

___

LÖSUNGEN

1. Die Atombombenabwürfe auf Hiroshima und Nagasaki • **2.** Die Frage nach der Verantwortung des Wissenschaftlers für die Menschheit • **3.** B • **4.** Die Krankenschwestern waren hinter das Geheimnis der Wissenschaftler gekommen, daher hatten die jeweiligen Geheimdienste ihre Ermordung befohlen.

Max Frischs Parabelstück „Andorra“

„Andorra“ ist ein Parabelstück, in dem Frisch menschliche Verhaltensweisen zeigt. Im Mittelpunkt der Darstellung steht dabei die Stigmatisierung des Jungen Andri, der von seinen Mitmenschen in die Rolle eines Juden gedrängt wird, ohne einer zu sein. Alle negativen Eigenschaften, die die Gesellschaft den Juden zuschreibt, glauben die Menschen an Andri zu erkennen. Sie behandeln ihn so lange als Außenseiter, bis er diese Rolle schließlich annimmt und auch im Angesicht des Todes daran festhält.

THEMATIK

Das Schauspiel „Andorra“ von Max Frisch wurde im November 1961 am Schauspielhaus Zürich uraufgeführt. Es handelt von Antisemitismus, der Feigheit der Menschen und den Identitätsproblemen der Hauptperson. Das Drama spielt in dem fiktiven Land Andorra, zu dem Frisch schreibt:

„Das Andorra dieses Stücks hat nichts zu tun mit dem wirklichen Kleinstaat dieses Namens, gemeint ist auch nicht ein anderer wirklicher Kleinstaat. Andorra ist der Name für ein Modell.“

(Max Frisch: Tagebuch 1946–49. Suhrkamp, Frankfurt/M. 1979, S. 37)

INHALT

Im Mittelpunkt des Schauspiels steht ein Junge namens Andri. Er ist der uneheliche Sohn des andorranischen Lehrers Can mit einer Frau aus dem feindlichen Land der „Schwarzen". Damit er sich nicht zu seinem Seitensprung bekennen muss, seinen Sohn aber trotzdem bei sich haben kann, gibt er Andri als jüdisches Kind aus, das von den „Schwarzen" verfolgt und von ihm gerettet wurde.

Ein erster Konflikt entsteht, als sich Andri in Barblin - die legitime Tochter Cans - verliebt und sie heiraten möchte. Nur der Lehrer weiß, dass die beiden Halbgeschwister sind und stimmt dem Hochzeitswunsch nicht zu. Andri fühlt sich ausgegrenzt.

Im weiteren Verlauf der Dramenhandlung zeigt sich, dass die Andorraner Andri, den sie folgerichtig für einen Juden halten, ganz bestimmte Eigenschaften zuweisen, die seine Andersartigkeit festschreiben. Irgendwann nimmt Andri diese Einschätzung seiner Umgebung an und fühlt sich selbst als Fremder in Andorra. Als seine Mutter aus dem Land der „Schwarzen" kommt und den Lehrer auffordert, sich zu seinem Sohn zu bekennen, glaubt ihr niemand - sie wird ermordet. Als daraufhin die „Schwarzen" die Andorraner angreifen und entwaffnen, wird eine „Judenschau" angeordnet: Auch dabei wird Andri als Jude bezeichnet und anschließend erschossen. Der Lehrer, der seine Schuld längst eingesehen hat, nimmt sich das Leben, Barblin beginnt die Hinrichtungsstätte zu weißeln, damit Andorra wieder „weiß" wird.

ZUR AUSSAGE DES STÜCKS

Max Frisch kritisiert in diesem Stück die Voreingenommenheit und Feigheit der Menschen. Dazu lässt er Typen auftreten, die aus verschiedenen Gesellschaftsschichten kommen, und über einen unterschiedlichen Hintergrund verfügen: Den Lehrer, den Wirt, den Tischler, den Gesellen, den Doktor, den Soldaten und den Pater. Sie haben alle Vorurteile gegenüber Juden, manche von ihnen möchten zwar Andri helfen, keiner akzeptiert jedoch seine Identität – sie alle sehen ihn nur in der Rolle, die ihm der Lehrer mitgegeben hat und die sie selbst wider besseren Wissens nicht hinterfragen.

So werden sie am Ende alle – stellvertretend für die ganze Gesellschaft – schuldig an seinem Tod. Nur seine Freundin und Schwester Barblin sieht Andri so, wie er ist: als ganz normalen jungen Andorraner. Sie kann ihm aber nicht helfen, auch, weil er die Rolle, die ihm die anderen aufdrängen, annimmt.

Das zentrale Problem in den Werken Max Frischs, das Identitätsproblem, liegt auch diesem Stück zugrunde.

MAX FRISCHS PARABELSTÜCK „ANDORRA“

1. Welche Art von Drama liegt mit „Andorra“ vor?

☐ **A** eine Fabel
☐ **B** ein Stationendrama
☐ **C** ein Parabelstück

2. Was sind die Themen des Stücks?

1. ____________________

2. ____________________

3. ____________________

3. Warum kann niemand Andri helfen?

____

LÖSUNGEN

1. C • **2.** Antisemitismus; die Feigheit der Menschen; Identitätsprobleme • **3.** Weil er die ihm von anderen zugeschriebene Rolle annimmt.

THEMATIK

Der Roman, als Tagebuch der Hauptperson konzipiert, zeigt, wie ein Mensch, weil er sich ein völlig falsches Bild von sich selbst macht, sein Leben verfehlt. Er bringt damit - unwissentlich - Unglück über sich, seine Tochter und seine ehemalige Geliebte - eine im klassischen Sinn tragische Konstellation.

PERSONEN

Hauptpersonen:

- Walter Faber, Schweizer, Ingenieur, arbeitet für die UNESCO, 50 Jahre alt, wohnhaft in New York, ledig, Vater einer unehelichen Tochter, befreundet mit der Amerikanerin Ivy
- Johanna Piper, geb. Landsberg, gesch. Hencke, 50 Jahre alt, Archäologin, Dr. phil.
- Elisabeth Piper, gen. Elsbeth/Sabeth, Studentin, 20 Jahre alt, ledig

Nebenfiguren:

Professor O, Herbert Hencke, Ivy u. a.

INHALT UND HANDLUNG

Walter Faber ist für die UNESCO unterwegs nach Venezuela. Unterwegs stößt ihm einiges zu: Sein Flugzeug muss notlanden, er lernt den Bruder seines Jugendfreundes kennen und beschließt, diesen im Dschungel von Mexiko aufzusuchen. Als er in Venezuela ankommt, wird er über New York nach Europa beordert. Auf der Schiffsreise dorthin trifft er Elisabeth, eine junge Frau, die er nicht als seine Tochter erkennt, sich aber in sie verliebt. Die beiden reisen gemeinsam durch Europa. In einem Hotel in Avignon kommt es zum Inzest. In Griechenland angekommen, wo Elisabeth ihre Mutter besuchen will, wird das Mädchen von einer Schlange gebissen und stürzt. Sie wird sofort ins Krankenhaus gebracht, dort stirbt sie – an dem Schädelbasisbruch, den sie sich beim Sturz zugezogen hatte, nicht am Schlangenbiss. Faber trifft dabei Hanna, seine ehemalige Geliebte und Mutter ihrer gemeinsamen Tochter. Um seinen Auftrag zu erfüllen, reist Faber über New York wieder nach Venezuela; in dieser Zeit wird seine Krankheit – es handelt sich, wie sich später herausstellt, um Magenkrebs – offenkundig. Über Cuba, Deutschland und Zürich reist Faber wieder nach Griechenland, wo er Hanna treffen will. Da sich sein Gesundheitszustand rapid verschlechtert, begibt er sich in Athen in ein Krankenhaus. Dort wartet er auf die bevorstehende Operation. Der Ausgang der Handlung ist offen, aufgrund der vorangegangenen Handlung besteht aber kein Zweifel an Fabers Tod.

FABERS SELBSTBILD UND DIE REALITÄT

Walter Faber ist Techniker, Ingenieur in den Diensten der UNESCO und hält sich für einen Rationalisten, der sich ein technisch geprägtes, nach seinen Vorstellungen männliches Weltbild zu eigen gemacht hat. Er kann erklären, was zur Notlandung in der Wüste geführt hat, er fühlt sich erst nach einer Party so richtig wohl, wenn er seinen Wagen steuern kann, in „unzivilisierten“ Gegenden klammert er sich an seinen Rasierapparat, die Reparatur des Geländewagens im Dschungel verschafft ihm emotionale Sicherheit, er kann errechnen, dass Sabeth nicht seine Tochter sein kann. Faber lehnt >>

>> Gefühle ab, hält alles, was ihm widerfährt für „Zufall“ und diffamiert jede Form von Schicksal als Mystik, die er dem weiblichen Lebensprinzip zurechnet. Zwischenmenschliche Beziehungen sind ihm nicht wichtig, Herbert Hencke ist für ihn allenfalls ein geeigneter Schachpartner, seine amerikanische Freundin Ivy ist ihm lästig – Menschen sind Faber zu anstrengend.

Diese Einstellung wird durch die Romanhandlung widerlegt:

Faber erkennt nicht, dass er sich mit diesem Bild, das er sich von sich macht, selbst betrügt. Denn gerade die technischen Gegenstände, die er zu beherrschen glaubt, versagen ihren Dienst: Das Flugzeug muss wegen eines technischen Defekts notlanden, sein Rasierapparat funktioniert nicht mehr, seine Omega-Uhr kommt ihm abhanden, der Geländewagen, den er im Dschungel dringend benötigt, ist nicht fahrbereit. Auch seine Einstellung zur Natur, zur Weiblichkeit und zum „Zufall“ erweist sich als falsch.

Von Blindheit geschlagen, was seine Umgebung und seine Mitmenschen angeht, weiß er lange nicht, dass Hannas und sein Kind zur Welt gekommen ist, er weiß auch nicht, warum Hanna ihn nicht heiraten wollte; Herbert erkennt er nicht als Bruder seines Jugendfreundes Joachim, Professor O. nicht als sein Spiegelbild.

Am Ende muss Faber feststellen, dass er auch die Mathematik für seine Zwecke missbraucht hat. Wider besseren Wissens hat er den Geburtstermin seines Kindes so errechnet, dass Sabeth nicht seine Tochter sein kann.

Nach dem Tod Sabeths verfällt Faber in das andere Extrem: Er findet plötzlich Gefallen an der Physiognomie einer Schwarzen, am Kraushaar eines Jugendlichen, am eigenen Gesang. Zu seinen bevorzugten Gesprächspartnern gehören der Straßenjunge und die Gelegenheitsprostituierte in Havanna. Keine Rede ist mehr davon, dass Menschen für ihn anstrengend seien. Auch die Schönheiten der Natur nimmt Faber, bewusst, ja ekstatisch wahr. Doch die Wandlung Fabers kommt zu spät, er kann die neu entdeckte Existenzform nicht mehr leben.

Der Roman „Homo faber“ veranschaulicht eine Idee, die Max Frisch in seinem Tagebuch 1946–1949 aufgeschrieben hatte: „Schreiben heißt: sich selber lesen.“ (S. 22) Der Roman, der als Tagebuch Walter Fabers angelegt ist, führt diesen zur Erkenntnis, dass er sein Leben verfehlt hat. Am Ende formuliert er das selbst: „Es stimmt nichts.“

MAX FRISCHS ROMAN „HOMO FABER“

1. Welches Selbstbild hat Walter Faber?

____

2. Nenne zwei Situationen, in denen der Zufall über Fabers weiteres Schicksal entscheidet.

1. ______________________________

2. ______________________________

3. Wie macht er sich gegenüber seiner Tochter und Hanna schuldig?

____

4. Wie verändert sich Faber nach dem Tod Sabeths?

____

LÖSUNGEN

1. Er hält sich für einen rational denkenden, technisch orientierten Menschen. • **2.** Die Begegnung mit seiner ihm unbekannten Tochter; die Notlandung in der Wüste • **3.** Er begeht unwillentlich Inzest mit seiner Tochter • **4.** Er verfällt ins andere Extrem und wird zum geselligen Genussmenschen.

21 LITERATUR NACH 1968

Grundlagen und literarische Strömungen

KENNZEICHEN

Die Literatur nach 1968 ist geprägt durch:

- Wohlstand und Wirtschaftswunder
- Große Koalition und APO (Außerparlamentarische Opposition)
- Auseinandersetzung mit der deutschen Vergangenheit, der Schuld der Väter-Generation und der Ablehnung des Vietnam-Kriegs.

GESELLSCHAFTLICHER HINTERGRUND

Im Jahr 1968 war die unmittelbare Nachkriegszeit in der Bundesrepublik Deutschland zu Ende. Die Menschen hatten sich in ihrem Staat eingerichtet, manche lebten in Wohlstand, die Wirtschaft boomte. Für die Jungen war das eine Selbstverständlichkeit, sie begannen die kapitalistische Wirtschaftsform kritisch zu hinterfragen. Sie lehnten oft eine luxuriöse Lebensführung ab, kritisierten das Karrierestreben der Elterngeneration und fragten nach den eigenen geschichtlichen Wurzeln. Außerdem kritisierten sie die enge Bindung Westdeutschlands an die USA, die Verdrängung der deutschen Schuld aus der Zeit des Nationalsozialismus und die Restauration der Adenauer-Zeit. Im Umfeld der APO-Bewegung sammelten sich die meisten jungen, politisch denkenden Menschen, unter ihnen viele Schriftsteller.

LITERARISCHE STRÖMUNGEN

Folgende literarische Strömungen lebten aus der Zeit vor 1968 fort oder entstanden nach 1968 neu:

- Die Anfänge der **ideologiekritischen Lyrik** (Gedichte, Balladen und Songs, die sich kritisch mit dem Leben der Menschen in der Bundesrepublik Deutschland auseinandersetzen) fallen in die Jahre nach 1968. Wichtige Autoren sind Franz Josef Degenhardt, Rolf Dieter Brinkmann und Erich Fried.

- Als neue Gattung entstand das so genannte **„neue Volksstück“**. In Dramen, die aus der **Perspektive der „kleinen Leute“** den Materialismus und seine Auswirkungen kritisieren, behandelte es sozialkritische Themen.
  Beispiele: Martin Sperr („Jagdszenen aus Niederbayern“, 1967), Franz Xaver Kroetz („Stallerhof“, 1972, „Oberösterreich“, 1972 „Mensch Meier“, 1978).

- Schon ab 1975 entstand mit der **„Neuen Subjektivität“** eine literarische Strömung, deren Anliegen nicht mehr primär die politische Wirkung war. **Viele Autoren rückten das Individuum und seine subjektiven Erfahrungen in den Mittelpunkt ihrer Werke**, der gesellschaftspolitische Bezug war dadurch meist immer noch gegeben.
- Beispiele: Peter Schneider („Lenz“, 1973), Karin Struck („Klassenliebe“,1973), Botho Strauß („Die Widmung“, 1978) und Max Frisch („Der Mensch erscheint im Holozän“, 1979).
  Im Zusammenhang mit der „Neuen Subjektivität“ erfuhren auch Formen des autobiografischen Schreibens eine Renaissance, da manche Schriftsteller ihren Standort bestimmen und das Verhältnis zu sich und ihrer Umwelt ausloten wollten.
  Beispiele sind Günter Grass („Aus dem Tagebuch einer Schnecke“, 1972), Max Frisch („Montauk“, 1975) und Peter Härtling („Nachgetragene Liebe“, 1986).

- Eine weitere Strömung war die sozialkritische Literatur, die meist in Romanen und Erzählungen an der gesellschaftlichen Wirklichkeit Kritik übte. Die politische Opposition vieler Autoren zur „Großen Koalition" unter Bundeskanzler Kurt Georg Kiesinger (CDU) brachte eine Vielzahl an gesellschaftskritischen Werken hervor, in denen der Zustand der Bundesrepublik Deutschland beschrieben wurde.
- Beispiele dafür sind: Max von der Grün („Stellenweise Glatteis", 1973), Heinrich Böll („Gruppenbild mit Dame", 1971 und „Die verlorene Ehre der Katharina Blum", 1974).

- Mit der Emanzipationsbewegung der „68er" entstand eine neue Frauenliteratur (Literatur von Frauen, vorrangig für Frauen gedacht, in der die Probleme der weiblichen Bevölkerung aus der Sicht einer weiblichen Protagonistin dargestellt sind). Zwei Themenbereiche lassen sich dabei erkennen: Zum einen die Suche nach der eigenen Identität, zum anderen die Kritik an den bestehenden autoritärpatriarchalischen Verhältnissen. Beispiele: Brigitte Schwaiger („Wie kommt das Salz ins Meer", 1977) und Christa Reinig („Entmannung", 1976), Helga M. Novak („Die Eisheiligen", 1979), Luise Rinser („Den Wolf umarmen", 1981).

- Seit den 80er-Jahren findet man in Deutschland Romane, die der Postmoderne, einer amerikanischen Strömung seit 1968, verbunden sind. Die Postmoderne Literatur, die unter dem Einfluss US-amerikanischer Vordenker entstanden ist, will den Dualismus zwischen „hoher" Literatur und Unterhaltungsliteratur überwinden. Die Autoren der Postmoderne zielen mit ihren Werken auf die mehrfachen Rezeptionsmöglichkeiten von Literatur. Mittel dazu sind die Aufhebung von realen Zeitmustern und Ortsvorstellungen, die Darstellung von Ungleichzeitigem, Intertextualität (also das Spiel mit der literarischen Tradition), Abkehr von einem vordergründigen Realismus sowie die Dekonstruktion des Subjekts. Beispiele: Max Frisch („Mein Name sei Gantenbein", 1964), Christa Wolf („Kassandra", 1983), Patrick Süskind („Das Parfum", 1985), Christoph Ransmayr („Die letzte Welt", 1988) sowie Michael Köhlmeier („Telemach", 1995).

LITERATUR NACH 1968

1. Wodurch ist die Ära nach 1968 geprägt?

1. ______________________________

2. ______________________________

3. ______________________________

2. Nenne zwei literarische Strömungen aus dieser Zeit.

1. ______________________________

2. ______________________________

3. Welches Ziel verfolgt die postmoderne Literatur?

____

4. Welche Themen behandelt das „neue Volksstück"?

____

LÖSUNGEN

1. Wohlstand und Wirtschaftswunder; Große Koalition und APO; Auseinandersetzung mit der deutschen Vergangenheit. • **2.** Die sozialkritische Literatur; die ideologiekritische Lyrik • **3.** Überwindung des Gegensatzes zwischen „hoher" Literatur und Unterhaltungsliteratur • **4.** Kritik an der materialistischen Gesellschaft aus Sicht der „kleinen Leute"

DIE WICHTIGSTEN AUTOREN UND IHRE WERKE

Autor	Werke
Heinrich Böll (1917–1985)	• Gruppenbild mit Dame (1971) • Die verlorene Ehre der Katharina Blum (1974) • Fürsorgliche Belagerung (1979)
Siegfried Lenz (geb. 1926)	• Deutschstunde (1968) • Heimatmuseum (1978)
Günter Grass (geb. 1927)	• Örtlich betäubt (1969) • Das Treffen in Telgte (1979) • Die Rättin (1986)
Martin Walser (geb. 1927)	• Ein fliehendes Pferd (1978) • Brandung (1985) • Die Verteidigung der Kindheit (1991)
Uwe Johnson (1934–1984)	• Jahrestage (1970)
Peter Handke (geb. 1942)	• Wunschloses Unglück (1972) • Mein Jahr in der Niemandsbucht (1994)
Sten Nadolny (geb. 1942)	• Die Entdeckung der Langsamkeit (1983)
Patrick Süskind (geb. 1949)	• Der Kontrabaß (1984) • Das Parfum (1985)
Christoph Ransmayr (geb. 1954)	• Die letzte Welt (1988)

GÜNTER GRASS

Günter Grass wurde 1927 in Danzig geboren. Nach 1948 studierte er Bildhauerei und Graphik. In seinem ersten großen Roman „Die Blechtrommel" (1959) schildert er die Geschichte einer Danziger Familie vor dem Hintergrund des Zweiten Weltkriegs. Diese Thematik bestimmt auch seine Novelle „Katz und Maus" (1961). **Grass gehört in den Jahren nach 1968 zu den Kritikern der restaurativen Entwicklung in der Bundesrepublik Deutschland.**
Er unterstützte damals aktiv die Politik des SPD-Bundeskanzlers Willy Brandt. 1999 erhielt Grass für sein Lebenswerk den Literatur-Nobelpreis.

CHRISTOPH RANSMAYR

Ransmayr wuchs am Traunsee (Österreich) als Sohn eines Lehrers auf. Er studierte zwischen 1972 bis 1978 Philosophie und Ethnologie in Wien. Danach arbeitete er als Kulturredakteur und Autor für verschiedene Zeitschriften wie „Geo" und „Merian". Nach dem Erscheinen seines Romans „Die letzte Welt" unternahm er ausgedehnte Reisen nach Asien, Nord- und Südamerika sowie nach Irland, wohin er 1994 seinen Wohnsitz verlegte.

HEINRICH BÖLL

Heinrich Böll wurde als sechstes Kind einer Kölner Handwerkerfamilie geboren und zu Katholizismus und Pazifismus erzogen. Nach dem Abitur machte er eine Lehre als Buchhändler und fing mit dem Schreiben an. Während des Zweiten Weltkriegs war Böll in Frankreich, der Sowjetunion, in Ungarn und Rumänien und wurde mehrfach verwundet. Nach 1945 setzte er sich engagiert für einen literarischen (und politischen) Neuanfang ein („Trümmerliteratur"). In den 50er-, 60er- und 70-er Jahren gehörte er zusammen mit Günter Grass zu den Autoren bedeutender sozialkritischer Romane; er hatte den Rang eines unbestechlichen Mahners und Warners, was ihm 1972 den Nobelpreis für Literatur einbrachte.

MARTIN WALSER

Walser stammt aus Wasserburg am Bodensee, eine Gegend, in der viele seiner Romane angesiedelt sind. Einer breiteren Öffentlichkeit wurde er mit dem Roman „Halbzeit" (1960) bekannt. Seitdem setzt sich Walser immer wieder mit der Lebenswirklichkeit der Bevölkerung in der Bundesrepublik Deutschland auseinander.

1998 erregte seine Rede, die er anlässlich der Überreichung des Friedenspreises des Deutschen Buchhandels gehalten hat und in der er sich gegen eine „Instrumentalisierung des Holocaust" wandte, Aufsehen.

AUTOREN UND WERKE NACH 1968

1. Nenne drei bedeutende Autoren aus der Zeit nach 1968.

1. ______

2. ______

3. ______

2. Mit welcher wichtigen Auszeichnung wurden Heinrich Böll und Günter Grass geehrt?

______

3. Was ist ein Hauptthema von Martin Walser?

______

4. Wie heißt der bedeutendste Roman von Christoph Ransmayr?

______

LÖSUNGEN

1. Siegfried Lenz, Peter Handke, Patrick Süskind. • **2.** Mit dem Literaturnobelpreis • **3.** Die Darstellung der Lebenswirklichkeit in der BRD • **4.** „Die letzte Welt

THEMA

Patrick Süskind stellt in seinem Roman einen Menschen dar, der aufgrund seiner Anlagen und seines Verhaltens zu einem Außenseiter wird und sich an der Gesellschaft für alle erlittenen Schmähungen rächt.

KURZZUSAMMENFASSUNG

Jean-Baptiste Grenouille kommt im Jahr 1738 als Sohn einer mehrfachen Kindermörderin zur Welt. Auch er soll in den Schlachtabfällen des Pariser Fischmarktes verschwinden, überlebt aber aufgrund seines angeborenen Lebenswillens. Er fühlt sich von der Welt der Parfumhersteller angezogen, macht eine Lehre als Gerber und Parfumeur und erkennt, dass er keinen Eigengeruch besitzt.

Er beschließt daraufhin, einen Duft zu kreieren, der ihn vor aller Welt beliebt machen soll. Dazu ermordet er 24 Jungfrauen, entnimmt ihren Duft und stellt das gewünschte Parfum her. Als er als Mörder entdeckt und hingerichtet werden soll, kann er mithilfe des Parfums die Menge für sich einnehmen und entgeht der Hinrichtung. Er erkennt aber, dass nur das Parfum ihm das Leben gerettet hat, er aber als Person für seine Mitmenschen nach wie vor nichts zählt. Angewidert von der menschlichen Natur begibt er sich in die Pariser Unterwelt, überschüttet sich mit seinem Parfum und lässt sich danach von den Ausgestoßenen - aus Liebe - in Stücke reißen.

INHALT

Der Anti-Held des Romans Jean-Baptiste Grenouille kommt im Jahr 1738 auf dem Pariser Fischmarkt zur Welt. Seine Mutter glaubt an eine Totgeburt und wirft ihn, wie ihre anderen Kinder vor ihm, zu den Schlachtabfällen. Doch der Lebenswille des Kindes erwacht – es schreit und überführt damit seine Mutter als Mörderin, die hingerichtet wird.

Der Junge, der über keinen Eigengeruch, jedoch über einen ausgeprägten Geruchssinn verfügt, wird von niemandem geliebt und von einer Pflegeperson zur nächsten weitergereicht. Er findet eine Lehrstelle bei einem Gerber, der ihn wie alle anderen vor ihm, nur ausnützt. Als Grenouille den Duft eines Mädchens riecht, hält er das für Liebe, möchte sich des Duftes bemächtigen und bringt die junge Frau dabei um. Er erkennt dabei seine Begabung und setzt es sich nun zum Ziel, Parfumeur zu werden, wozu er eine Lehre bei Giuseppe Baldini antritt. Als der ihm nichts mehr beibringen kann, zieht er weiter. In Grasse, dem Zentrum der Parfumproduktion, will er seine Kenntnisse vervollkommnen. Sein Weg dorthin führt ihn über das Zentralmassiv. Dort zieht er sich in eine Höhle zurück, wo er jahrelang seinen Phantasien, perfekte Düfte hervorzubringen, nachhängt. Plötzlich erkennt er jedoch, dass er keinen Eigengeruch besitzt und reagiert völlig verstört. In panikartiger Flucht verlässt er die Einsamkeit in Richtung Grasse, wird aber von einem aufgeklärten Adeligen aufgefunden, der ihn von einem Wilden zu einem Menschen machen will. Er kleidet ihn ein, parfumiert ihn und stellt ihn seinen Bekannten vor. >>

>> Grenouille erkennt den Schwindel und beschließt nun, sich die Leichtgläubigkeit der Menschen zunutze zu machen. In Grasse lernt Grenouille weitere Techniken der Parfumherstellung und erprobt sie: Um an die Düfte zu kommen, die er für sein perfektes Parfum, das ihn vor allen Menschen beliebt machen soll, bringt er die Trägerinnen dieser Düfte – 24 Jungfrauen – um und bringt die Komponenten der Düfte an sich. Schließlich wird er als Mörder entdeckt und gefasst und soll hingerichtet werden. Nun ist für ihn der Zeitpunkt gekommen, das perfekte Parfum zu erproben: Er bestäubt sich damit – und lässt somit alle Anwesenden glauben, er könne kein Mörder sein. Nach seiner Freilassung geht er aber – der menschlichen Oberflächlichkeit überdrüssig und im Wissen, dass nicht er als Individuum, sondern nur der Duft, den er ausstrahlt, geliebt wird – in die Pariser Unterwelt. Dort überschüttet er sich mit seinem Parfum und lässt sich danach von den Ausgestoßenen aus Liebe auffressen.

PERSONEN

Die Hauptperson des Romans ist Jean-Baptiste Grenouille, alle anderen Personen sind nur Nebenfiguren, die funktionale Bedeutung für seinen Lebenslauf haben.

PATRICK SÜSKINDS ROMAN „DAS PARFUM“

1. Warum ist die Hauptfigur des Romans ein Außenseiter?

2. Warum wird Grenouille zum Mörder?

3. Wie entgeht er der Hinrichtung?

4. Warum lässt er sich am Ende des Romans trotzdem töten?

LÖSUNGEN

1. Aufgrund seiner Anlagen und seines Verhaltens • **2.** Weil er den Duft der ermordeten Mädchen für sein Parfum benötigt • **3.** Er beeinflusst die Menge mit seinem Parfum • **4.** Er ist der Welt überdrüssig, weil er erkennt, dass ihn die Menschen immer noch nicht lieben.

KENNZEICHEN DER POSTMODERNE

Die Postmoderne ist eine Strömung, die mit der Vorstellung von literarischer Originalität bricht. Postmoderne Literatur zitiert andere Werke und bezieht **Triviales und Alltägliches** in die Darstellung ein, was die Grenzen zwischen Elite- und Massenkultur verwischt.

Das Anliegen der Autoren, die im Stil der Postmoderne schreiben, ist es, eine **möglichst breite Leserschaft** zu finden und diese jeweils individuell anders anzusprechen.

„Das Parfum“ Patrick Süskinds ist ein solcher postmoderner Roman. Zum einen finden sich **viele Anspielungen auf andere literarische Werke**, was den kundigen Rezipienten anspricht, zum anderen kann der Roman auch auf der Handlungsebene als historischer Roman aus dem Frankreich des 18. Jahrhunderts oder als Kriminalroman gelesen werden und zielt so auf eine breite Leserschaft.

Der internationale Erfolg des Romans – er ist inzwischen in 46 Sprachen übersetzt und wurde über 15 Millionen Mal verkauft – sowie der Zuspruch zur Verfilmung durch Tom Tykwer (2006) zeigt den Erfolg des Konzeptes und der erzählerischen Leistung Patrick Süskinds.

HÄUFIGE KENNZEICHEN DER POSTMODERNEN LITERATUR

- Abkehr von einem klar charakterisierten, positiven Helden,
- Aufhebung von realen Zeit- und Ortsvorstellungen,
- Darstellung der Gleichzeitigkeit von Ungleichzeitigem,
- Spiel mit Anachronismen,
- Intertextualität, also Spiel mit der literarischen Tradition,
- Einbeziehung von Trivialem und Alltäglichem,
- Ablehnung von vordergründigem Rationalismus.

POSTMODERNE LITERATUR

Schon in den späten 60er-Jahren wurde in den USA die Theorie von der „Postmoderne" entwickelt, die besagt, dass Texte nicht Ausdruck von literarischer Originalität sind, sondern im Kontext mit anderen Texten stehen, auf die sie reagieren. Die Postmoderne hebt sich explizit von der Moderne ab, sie will die Diskrepanz zwischen Unterhaltungsliteratur und „hoher" Literatur überwinden und prinzipiell jede Leserschaft ansprechen. Der Leser von Unterhaltungsliteratur wird durch die spannende Handlungsführung sowie die Verlagerung des Romangeschehens an ungewöhnliche Orte und in vergangene Zeiten bedient, der literarisch Interessierte soll aufgrund seiner Textkenntnis die Beziehung zu anderen literarischen Werken herstellen.

Seit den 80er-Jahren findet man auch im deutschen Sprachraum mehr und mehr Prosawerke, die der postmodernen Schreibweise verpflichtet sind.

„DAS PARFUM" ALS POSTMODERNER ROMAN

Die Intertextualität, also das Spiel mit anderen literarischen Texten, kennzeichnet den Roman Patrick Süskinds. Oft werden Passagen aus anderen Texten zitiert bzw. verfremdet wiedergegeben, oft greift Süskind auf Themen und Motive aus der Weltliteratur zurück.

Folgende Textstellen werden als Beispiel für die vielen weiteren genannt, die im Roman vorkommen:

- Der erste Satz des Romans greift auf den ersten Satz von Heinrich von Kleists Novelle „Michael Kohlhaas" zurück: „An den Ufern der Havel lebte, um die Mitte des sechzehnten Jahrhunderts, ein Rosshändler, namens Michael Kohlhaas, Sohn eines Schulmeisters, einer der rechtschaffensten zugleich und entsetzlichsten Menschen seiner Zeit."
- Eine biblische Anspielung (Genesis) findet sich beim Aufenthalt im Zentralmassiv: Grenouille schafft sich eine eigene Welt in seinem Inneren und endet mit den Worten „Und als er sah, dass es gut war ...".

- Zum Abschluss seines Schöpferwerks heißt es: „Also sprach der Große Grenouille und segelte, während das einfache Duftvolk unter ihm freudig tanzte und feierte, mit weitausgespannten Flügeln von der goldenen Wolke herab über das nächtliche Land seiner Seele nach Haus in sein Herz.“ Während der Satzanfang an Nietzsche („Also sprach Zarathustra“) anspielt, erinnert das Ende an die letzte Strophe von Eichendorffs Gedicht „Mondnacht“: „Und meine Seele spannte/Weit ihre Flügel aus,/ Flog durch die stillen Lande/Als flöge sie nach Haus.“
- Der Rückzug Grenouilles in die Höhle im Zentralmassiv erinnert an die siebenjährige Selbstverbannung des Gregorius bei Thomas Mann („Der Erwählte“) und an den Heilschlaf Fausts in Goethes gleichnamigem Schauspiel.

„DAS PARFUM“ ALS ENTWICKLUNGSROMAN

Der traditionelle Entwicklungsroman, der von Goethes „Wilhelm Meisters Lehrjahren“ ausgeht und in Gottfried Kellers „Der grüne Heinrich“, Hermann Hesses „Demian“ und in Thomas Manns „Der Zauberberg“ neue gestalterische und inhaltliche Höhepunkte erfährt, zeigt die **Entwicklung eines jungen Menschen hin zu einem ganzheitlich gebildeten, nützlichen Mitglied der Gesellschaft**.

Patrick Süskind übernimmt im Roman „Das Parfum“ die Bauform und wichtige Komponenten des Entwicklungsromans. So durchläuft auch die Hauptperson Grenouille wichtige Entwicklungsstufen; diese lassen ihn zu einem perfekten Parfumeur werden. Zu einem nützlichen, gebildeten und selbstlosen Wesen wird Grenouille jedoch nicht – ganz im Gegenteil: Er perfektioniert die eine Anlage, die ihm mitgegeben wurde, er nützt nur sich selbst und achtet auch nur auf seinen persönlichen Vorteil.

Süskind karikiert damit die Idee des Entwicklungsromans und gibt ihm eine gegenläufige Wendung.

„DAS PARFUM" – EIN POSTMODERNER ENTWICKLUNGSROMAN

1. Was ist das Ziel der postmodernen Literatur?

___

2. Nenne drei Merkmale postmoderner Literatur.

1. ___

2. ___

3. ___

3. Was versteht man unter Intertextualität?

___

4. Welche Romangattung beschreibt das Hineinwachsen eines jungen Menschen in die Gesellschaft?

☐ **A** der Adoleszenzroman
☐ **B** der Gesellschaftsroman
☐ **C** der Entwicklungsroman

LÖSUNGEN

1. Überwindung der Diskrepanz zwischen „hoher" und Unterhaltungsliteratur • **2.** Abkehr vom positiven Helden; Aufhebung realer Zeit- und Ortsvorstellungen; Intertextualität • **3.** Das Spiel mit anderen literarischen Texten • **4.** C

22 MODERNE LYRIK: EIN BEISPIEL

Analyse eines modernen Gedichts

KARIN KIWUS: LÖSUNG

Im Traum
nicht einmal mehr
suche ich
mein verlorenes Paradies
bei dir

ich erfinde es
besser allein
für mich

In Wirklichkeit
will ich
einfach nur leben
mit dir so gut
es geht

(Karin Kiwus: Angenommen später. Gedichte. Suhrkamp Verlag, Frankfurt/M., S. 23)

Hinweis zum Verständnis des Gedichts

„nicht einmal mehr im Traum“: Die Hoffnung auf die große Liebe wird aufgegeben. Die Inversion betont das Substantiv.

Personalpronomen deuten auf die Zweierbeziehung

Kernaussage! (Bezug zum Titel)

Metapher

Die Beziehung wird realistisch gesehen; Gegensatz zu Zeile 1

Alltagssprache

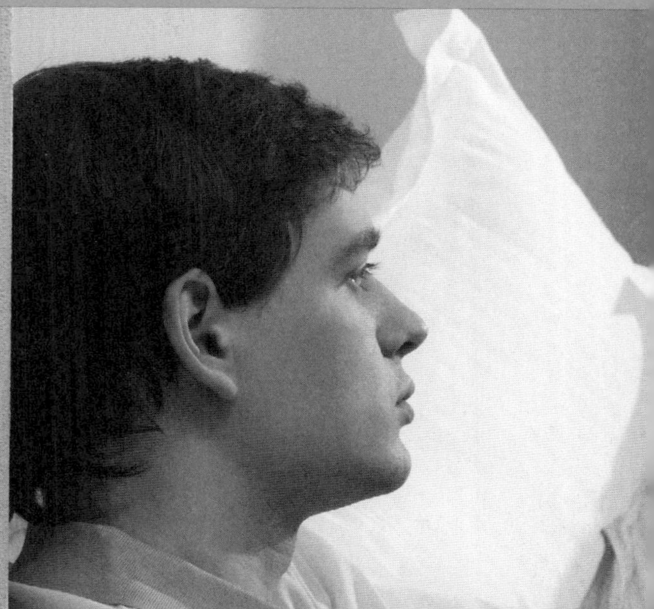

FOLGENDE ASPEKTE MODERNER LYRIK ZEIGT DAS GEDICHT:

Zu Inhalt und Aufbau:

- Dem lyrischen Ich ist bewusst, dass seine Beziehung zum Partner nicht ideal ist. Es hat sich aber mit der Situation abgefunden und versucht, das Beste daraus zu machen.
- Das Gedicht ist in drei Versgruppen zu 5, 3 und 5 Zeilen geteilt, wobei die Strophen thematisch und aufgrund der fehlenden Satzschlusszeichen ineinander übergehen. Trotzdem beschreiben sie verschiedene Situationen: Versgruppe 1 zeigt die Desillusionierung des lyrischen Ichs, das von seinem Partner enttäuscht ist. In Versgruppe 2 wird mitgeteilt, dass das lyrische Ich es vorzieht, sein Glück allein zu finden. Um die Realität geht es in Versgruppe 3: Das lyrische Ich will mit seinem Partner „leben … so gut es geht".
- Dieses Gedicht kommt ohne Reime aus, ein Versmaß ist nicht erkennbar. Die inhaltliche Gliederung des Gedichts äußert sich in seiner Struktur, im Zentrum steht die Wortgruppe „besser allein" (Z. 7), die die Mittelachse des Gedichtes bildet und auf der deshalb besonderes Gewicht liegt.

Zur sprachlich-stilistischen Gestaltung:

- Inversion in Satz 1: Sie ist ein Gestaltungsmittel, das das flüssige, flüchtige Lesen verhindert und damit den Wert des Gedichts erhöht. Sie betont zudem das Nomen „Traum", dem als einem von vier Nomen besondere Bedeutung zukommt.
- Verwendung von Nomen: Das Gedicht beinhaltet nur vier Nomen, nämlich:
- „Lösung", „Traum" (Z. 1). „Paradies" (Z. 4) und „Wirklichkeit" (Z. 9). Dabei stehen „Traum" und „Paradies" in einem engen Verhältnis (beide befinden sich in der ersten Versgruppe). Zwischen „Traum" und „Wirklichkeit" besteht ein Gegensatz, der die im Gedicht beschriebene Grundsituation verdeutlicht.
- Die Metapher „mein verlorenes Paradies" (Z. 4) unterstreicht die sinnlose Suche nach einer absoluten, für die Partner in jeder Beziehung erfüllenden Liebe. Das Streben nach einer derartigen Beziehung ist ähnlich utopisch, wie die Suche nach dem „Paradies"; eine solche Beziehung zu finden ist ganz und gar unmöglich, worauf das Adjektiv „verloren" hindeutet.

ZUM VERSTÄNDNIS MODERNER LYRIK

Im Gegensatz zu traditionellen Gedichten kommt die moderne Lyrik häufig ohne festes Versmaß und ohne Endreime aus. Im 20. Jahrhundert sind die Bauform, die Anordnung sinntragender Begriffe, der Klang der Vokale und Konsonanten, syntaktische oder semantische Eigenarten zunehmend in den Vordergrund gerückt.

Für das Verständnis wichtig sind:

- die verwendeten Nomen,
- die sinntragenden Verben,
- die Anordnung der Zeilen um die horizontale Mittelachse.

MODERNE LYRIK

1. Was ist typisch für moderne Lyrik? Nenne drei Aspekte.

1. ______________________________

2. ______________________________

3. ______________________________

2. Was ist für das Verständnis moderner Lyrik besonders wichtig?

1. ______________________________

2. ______________________________

3. ______________________________

3. Was deuten die Pronomen im Gedicht „Lösung" an?

____

LÖSUNGEN

1. Keine Gliederung in Strophen; kein durchgängiges Versmaß; Endreime und Kadenzen fehlen • **2.** Die verwendeten Nomen und die sinntragenden Verben • **3.** Die geschilderte Zweierbeziehung

23 DIE LITERATUR DER DDR

Grundlagen und Autoren

KENNZEICHEN UND ETAPPEN

Die Literatur der DDR orientiert sich stark an der politischen Entwicklung:

- Nach 1945 holte man **Exilautoren** wie Bertolt Brecht, Anna Seghers, Arnold Zweig und Johannes R. Becher ins Land.
- Der III. Parteitag der SED 1950 schrieb den **„sozialistischen Realismus“** vor (Eduard Claudius, Heiner Müller).
- Nach 1959 galt der so genannte „Bitterfelder Weg“: **Arbeiter sollten für Arbeiter schreiben** (Schlagwort: „Greif zur Feder, Kumpel“), Ziel war die Verzahnung von Literatur und Arbeitswelt (Erwin Strittmatter, Hermann Kant).
- Nach dem Amtsantritt Honeckers folgte eine Phase zunehmender „Subjektivität“, d. h. **Liberalisierung der Literatur** (Christa Wolf, Ulrich Plenzdorf), die bis zur Ausweisung Wolf Biermanns 1976 anhielt.
- Nach 1980 entstand eine **alternative Szene**, die Zivilisationskritik und ein neues Umweltbewusstsein zu ihren Themen machte (Christa Wolf, Franz Fühmann, Monika Maron, Christoph Hein).

WICHTIGE AUTOREN

- **Reiner Kunze** (geb. 1933): Sensible Wege (1969), Die wunderbaren Jahre (1976)
- **Ulrich Plenzdorf** (1934–2007): Die neuen Leiden des jungen W. (1973), Die Legende von Paul und Paula (1974)
- **Jurek Becker** (1937–1997): Jakob der Lügner (1969)
- **Uwe Johnson** (1934–1984): Mutmaßungen über Jakob (1959), Jahrestage (1970 ff.)
- **Anna Seghers** (1900–1983): Das siebte Kreuz (1942)
- **Erwin Strittmatter** (1912–1994): Tinko (1955), Ole Bienkopp (1963)

JUREK BECKER (1937–1997)

Jurek Becker wurde als Sohn jüdisch-polnischer Eltern geboren und verbrachte seine Kindheit im Getto von Lodz sowie in den Konzentrationslagern Ravensbrück und Sachsenhausen. Der bekannteste Roman Beckers, „Jakob der Lügner“ (1969), spielt im Getto von Lodz.

Andere Werke sind: „Der Boxer“ (1976) und „Amanda herzlos“ (1992). Als Drehbuchautor für die ARD-Serie „Liebling Kreuzberg“ wurde Becker einer breiten Öffentlichkeit bekannt.

CHRISTOPH HEIN (GEB. 1944)

Hein wurde in Heinzendorf/Schlesien als Sohn eines Pfarrers geboren. Nach verschiedenen Tätigkeiten als Buchhändler, Kellner, Journalist und Schauspieler studierte Hein Philosophie in Leipzig und Berlin und war anschließend als Dramaturg an der Berliner Volksbühne tätig. Seit 1979 lebt er als freier Schriftsteller. Hein wurde mit Romanen und Erzählungen bekannt, die das Leben in der DDR und die Schwierigkeiten, die die Menschen in der Diktatur haben, thematisieren: „Der fremde Freund/Drachenblut“ (1982), „Horns Ende“ (1985) und „Der Tangospieler“ (1989).

CHRISTA WOLF (1929–2011)

Geboren 1929 in Landsberg an der Warthe. Nach der Vertreibung Umzug nach Mecklenburg, Eintritt in die SED, Studium der Germanistik in Jena und Leipzig. Wolf schrieb Romane zum Zustand der DDR („Der geteilte Himmel", 1963). Im Westen errang sie große Erfolge durch ihre postmodernen Romane „Kassandra" (1983) und „Medea. Stimmen" (1996). Obwohl sie ein Protestschreiben zur Ausbürgerung Wolf Biermanns 1976 unterzeichnete und aus dem Schriftstellerverband der DDR ausgeschlossen wurde, hatte sie nach der Wiedervereinigung 1990 große Schwierigkeiten, da sie zwischen 1959 und 1962 als Informeller Mitarbeiter (IM) für die Staatssicherheit tätig war.

MONIKA MARON (GEB. 1941)

Bekannt wurde Monika Maron mit dem Roman „Flugasche" (1981). Sie beschreibt in diesem Roman aus der Sicht der Journalistin Josefa Nadler die Lebensbedingungen und die Umweltschäden in einer Industriestadt der DDR. Da diese Thematik und die Art der kritischen Darstellung der offiziell vorgegebenen Sichtweise zuwiderlief, durfte der Roman in der DDR nicht veröffentlicht werden. Die Geschichte ihrer eigenen Familie zeichnet die Autorin vor dem Hintergrund der deutschen Geschichte in „Pawels Briefe" nach.

DIE LITERATUR DER DDR

1. Woran orientierte sich die Entwicklung der DDR-Literatur?

____

2. Nenne drei Perioden der DDR-Literatur:

1. ______________________________

2. ______________________________

3. ______________________________

3. Warum war Christa Wolf nach der Wende in Deutschland umstritten?

____

4. Wo verbrachte Jurek Becker teilweise seine Kindheit?

____

LÖSUNGEN

1. An der politischen Entwicklung • **2.** Sozialistischer Realismus; Bitterfelder Weg; Liberalisierung bis 1976 • **3.** Sie war inoffizieller Mitarbeiter der „Stasi" • **4.** In Konzentrationslagern und im Getto

DER ROMAN INNERHALB DER DDR-LITERATUR

Schon seit den 50er-Jahren war die „Aneignung" des klassischen, bürgerlichen Literaturerbes die Strategie der offiziellen Literaturpolitik der DDR. Mithilfe der Literatur der Aufklärung, der Klassik, des Vormärz und des Realismus sollte die Umerziehung der Bevölkerung im sozialistischen Sinn geleistet werden. Mit Ulrich Plenzdorf griff auch ein junger Ostberliner Drehbuchautor auf ein Werk Goethes („Die Leiden des jungen Werthers", 1774) zurück. Beabsichtigten jedoch die Kulturfunktionäre eine widerspruchsfreie, verklärende Orientierung an den vergangenen Literaturepochen, so entdeckte er Goethes Roman für seine Generation neu und interpretierte ihn im Hinblick auf die veränderte gesellschaftliche, politische und geschichtliche Situation um.

Plenzdorf ist es mit seinem Roman gelungen, die Werther-Handlung zu aktualisieren. Doch auch Goethes Werk ist ständig präsent; es wird von Edgar Wibeau als Zitatenvorrat benützt, nachdem er es als Reclam-Heft auf der Toilette gefunden hat.

Dieser Umgang mit dem „Erbe" widersprach den Vorstellungen der offiziellen kulturpolitischen Linie der DDR. Plenzdorf wurde vorgeworfen, mit der Doktrin des sozialistischen Realismus gebrochen zu haben. Sein Buch wurde jedoch nicht verboten, weil es schon zu viele Anhänger gefunden hatte, die sich mit Edgar Wibeau und seinem Lebensentwurf identifizierten.

DER ROMAN „DIE NEUEN LEIDEN DES JUNGEN W.“

Der junge Edgar Wibeau kommt mit der Gesellschaft nicht zurecht: Er bricht seine Lehrlingsausbildung ab, zieht von seinem Heimatort Mittenberg, der irgendwo in der Provinz liegt, nach Berlin und haust dort in einer Schrebergartenkolonie. Er malt, bastelt und will sich als Künstler etablieren. Er lebt ohne Lohnarbeit in den Tag hinein. In einer nahegelegenen Kindertagesstätte fällt ihm die Kindergärtnerin Charlotte auf, in die er sich verliebt. Er lernt Charlie, wie er das Mädchen nennt, näher kennen und hofft, sie als Freundin zu gewinnen. Charlie lässt sich zwar mit Edgar ein, macht ihm aber keine Hoffnung auf eine gemeinsame Zukunft. Sie ist mit ihrem Freund Dieter verlobt und will diesen auch heiraten.

Seine Gedanken und Gefühle, Ängste und Zweifel hält Edgar in Form von Tonbandaufnahmen fest, die er seinem Freund Willi schickt. Er zitiert darin immer wieder Textstellen aus einem Reclam-Heft, das er auf der Toilette gefunden hat und das ihn anspricht, weil er sich dem Protagonisten seelenverwandt fühlt. Bei diesem Heft handelt es sich um Goethes „Die Leiden des jungen Werthers“. Seine schwierige Beziehung zu Charlie und die fehlende Perspektive auf soziale Integration führen dazu, dass sich Edgar immer mehr in die Vorstellung hineinsteigert, ein von der Gesellschaft verkanntes Genie zu sein. Als auch seine Integration in eine Arbeiterbrigade scheitert, versucht Edgar ein nebelloses Farbspritzgerät zu bauen, von dem ihm sein Kollege Addi immer wieder vorschwärmt. Er glaubt sicher daran, dass ihm mit der Erfindung dieser Maschine der große Wurf gelingen und ihm die Anerkennung der Kollegen einbringen würde. Bei Versuchen mit dem neuen Gerät verunglückt er jedoch tödlich.

PERSONEN

In Plenzdorfs Roman kommen vier zentrale Figuren vor:

- **Edgar Wibeau**, 18 Jahre alt, bricht seine Lehre ab, verlässt das Elternhaus in der Provinz und zieht in eine Berliner Laubenkolonie, um sich als Künstler zu verwirklichen, was ihm aber nicht gelingt. Auch der Versuch, sich in einer Arbeiterbrigade zu etablieren, scheitert. So versucht Edgar, eine Farbspritzmaschine zu entwickeln, die besser sein sollte als alle anderen. Beim Experimentieren damit stirbt er an einem Stromschlag.
- **Willi**, der Freund Edgars, zieht mit diesem in der Laubenkolonie ein, kehrt aber bald in seinen Heimatort zurück. Dort erreichen ihn die Tonbandaufnahmen, auf denen Edgar seine Erlebnisse in Berlin kommentiert.
- **Charlie**, eine junge Kindergärtnerin, die mit Dieter verlobt ist und diesen heiratet, sich zwischenzeitlich aber mit Edgar einlässt und diesen in seelische Verwirrung stürzt.
- **Dieter**, der Verlobte und spätere Ehemann Charlies, der als langweiliger Spießer charakterisiert ist.

Die Personenkonstellation gleicht damit der in Goethes Roman „Die Leiden des jungen Werthers" von 1774.

„DIE NEUEN LEIDEN DES JUNGEN W."

1. Welches Werk der Literatur ist das Vorbild für Plenzdorfs Roman?

____

2. Was übernimmt Plenzdorf von seinem Vorbild?

1. ______________________________

2. ______________________________

3. ______________________________

3. Warum wurde das Buch nicht verboten, obwohl es der offiziellen Kulturpolitik nicht entsprach?

____

LÖSUNGEN

1. Goethes „Die Leiden des jungen Werthers" • **2.** Die Personenkonstellation; den Handlungsrahmen; die Form des Briefromans • **3.** Es hatte schon zu viele Anhänger und damit zu große Verbreitung gefunden.

24 DIE DEUTSCHE LITERATUR NACH 1990 Überblick

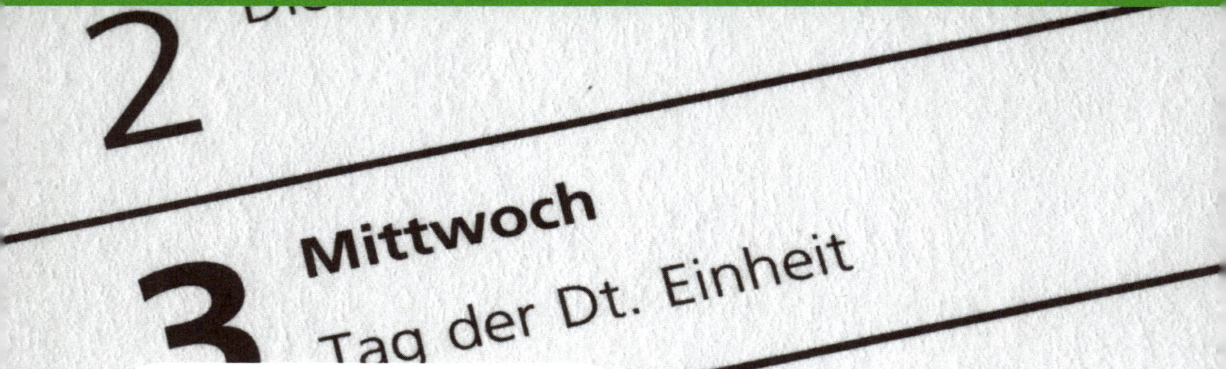

WAS IST NEU AN DER LITERATUR NACH DER WIEDERVEREINIGUNG?

Die deutsche Literatur hat sich nach 1990 in einem Punkt fundamental verändert:

- Eine **Unterscheidung** nach DDR-Literatur und Literatur der Bundesrepublik Deutschland gibt es nicht mehr.

Weiterentwicklungen gab es in folgenden Bereichen:

- Die gesamtdeutsche Literatur nahm **Themen und Strömungen aus den Jahren vor 1990** auf, z. B. Postmoderne, Popliteratur, Trashliteratur.
- Hinzu kamen auch **neue Schreibweisen**, die den Niedergang der DDR, den Zusammenschluss der beiden deutschen Staaten und das Leben im wiedervereinigten Deutschland thematisieren.
- Manche Autoren äußern sich **autobiographisch** und leisten damit einen Beitrag zur persönlichen und öffentlichen Vergangenheitsbewältigung.

Im Jahr 1990, als nach Auflösung der DDR die neuen Bundesländer der alten Bundesrepublik beitraten, änderten sich auch die Konstanten der Literatur. Hinzu kommt, dass das wiedervereinigte Deutschland ein enormes wirtschaftliches und politisches Gewicht hatte, was von manchen europäischen Nachbarn nicht ohne Sorge gesehen wurde, jedenfalls aber dazu führte, dass die Politik den Standort der Bundesrepublik neu bestimmen musste. **Die ehemaligen DDR-Bürger brachten ihre Biografien und Lebensentwürfe mit und ermöglichten damit eine neue Sichtweise auf die deutsche Geschichte der letzten Jahre und Jahrzehnte.**

Die Teilung der deutschsprachigen Literatur in die der Bundesrepublik Deutschland und die der DDR ist mit dem Fall der Mauer und mit der Herstellung der Deutschen Einheit am 3. Oktober 1990 zu Ende. >>

>> Dies ist eine Folge der politischen Veränderungen: Der Ost-West-Gegensatz besteht nicht mehr, der Kalte Krieg ist zu Ende. Es gibt jedoch neue Bedrohungen für Europa (z. B. Rechtsextremismus, den Balkankonflikt) und die Welt (z. B. Nord-Süd-Konflikt, ökologische Frage, Globalisierung, islamistischer Terrorismus). Alle diese Themen werden in der Literatur behandelt, zugleich rückt auch das Individuum mit seinen Sorgen, Nöten und Schwächen (z. B. Hedonismus, politisches Desinteresse bzw. politische Radikalisierung, Angst vor Statusverlust, Hinwendung zur Sexualität als Kompensation für verlorene Identität, Suche nach Identifikationsmustern) in den Mittelpunkt der Literatur.

Man muss für die Zeit nach 1990 von einer **neuen Epoche in der deutschen Literaturgeschichte** ausgehen, deren Konturen derzeit allenfalls erahnt werden können:

- Auch nach 1990 wird der literarischen Tradition eine große Bedeutung zukommen – die **„neue Subjektivität“**, die **„neue Innerlichkeit“** und die **Hinwendung zu geschichtlichen Stoffen** (Christa Wolfs „Medea. Stimmen“, Helmut Kraussers „Thanatos“ und Botho Strauß‘ „Ithaka“ (alle 1996) werden auch zukünftige Texte beeinflussen.
- Nicht immer ganz ernst wird auch der Zusammenbruch der DDR zu einem Thema der Literatur (Thomas Brussig, „Helden wie wir“, 1995, Sven Regener, „Herr Lehmann“, 2001).
- Die **Auseinandersetzung mit der DDR** wird als weiterer Themenbereich existieren und vermutlich an die kritische Literatur der DDR (Christoph Heins Novelle „Drachenblut“, 1983) und der Bundesrepublik (Martin Walsers „Dorle und Wolf“, 1987) anknüpfen. Auch dieser Themenkreis wird oft in Form der **Satire** dargestellt (Thomas Brussig, „Am kürzeren Ende der Sonnenallee“, 1999).
- Die gesellschaftlichen und politischen Verhältnisse in den letzten Jahren der DDR und **der Prozess des Zusammenwachsens der beiden deutschen Staaten** werden zukünftige Themen sein (Martin Walser, „Die Verteidigung der Kindheit“, 1991; Erich Loest, „Nikolaikirche“, 1995; Günter Grass, „Ein weites Feld“, 1995). >>

>>

- Schon heute absehbar ist eine **Renaissance der aus den 50er- und 60er-Jahren stammenden Popliteratur** (Christian Kracht, „Faserland“, 1995, Benjamin von Stuckrad-Barre, „Soloalbum“, 1998, Sibylle Berg, „Sex II“, 1998).
- Daneben gibt es eine Vielzahl von **autobiografischen** oder autobiografisch gefärbten Texten, mit denen sich die Autoren Rechenschaft über ihr Leben geben (Marcel Reich-Ranicki, „Mein Leben“, 1999, Günter Grass, „Mein Jahrhundert“, 1999, „Beim Häuten der Zwiebel“, 2006, Martin Walser, „Angstblüte“, 2006).

DREI VERTRETER DER DEUTSCHEN LITERATUR NACH 1990

Zoe Jenny (geb. 1974)

Geboren am 16. März 1974 in Basel, wuchs Zoe Jenny in Griechenland und in der Schweiz auf. Ihr erster Roman „Das Blütenstaubzimmer“ (1997) wurde inzwischen in 27 Sprachen übersetzt. Jenny beschreibt darin das Leben einer Jugendlichen, die ihren Platz in der Welt der Erwachsenen sucht. Weitere Werke sind: „Der Ruf des Muschelhorns“ (2000) und „Ein schnelles Leben“ (2002).

Birgit Vanderbeke (geb. 1956)

Geboren am 8. August 1956 in Dahme/Brandenburg, siedelte sie mit ihrer Familie 1961 in den Westen über. Seit 1993 lebt sie mit ihrer Familie in Südfrankreich. Ihr bekanntestes Werk ist die Erzählung „Das Muschelessen“, in der beschrieben wird, wie die Mutter, der Sohn und die Tochter beim Abendessen auf den Vater warten. Da er sich ganz gegen seine sonstigen Gewohnheiten verspätet, reflektieren die Familienmitglieder ihre Situation. Der Vater erscheint dabei als dominant und zugleich bürgerlich-kleinkariert. Ob er jemals wieder kommt und wie seine Familie darauf regieren würde, bleibt offen.

Sven Regener (geb. 1961)

Ursprünglich Musiker bei den Bands „Zatopek“ und „Element Of Crime“, veröffentlichte Regener 2001 den Roman „Herr Lehmann“. Das Buch beschreibt das Leben von Frank Lehmann im Berlin 1989 kurz vor der Wiedervereinigung. Für das Drehbuch zum gleichnamigen Film erhielt Regener den Deutschen Filmpreis in Gold.

Sein zweiter Roman „Neue Vahr Süd“ (2004) greift in die Vergangenheit zurück und behandelt das Leben Frank Lehmanns im Jahr 1980 in Bremen und bei der Bundeswehr.

DIE DEUTSCHE LITERATUR NACH 1990

1. Warum kann man für die Jahre seit 1990 von einer neuen Epoche für die deutsche Literatur sprechen?

____

2. In welchen Bereichen gab es Weiterentwicklungen?

1. ______________________________
2. ______________________________
3. ______________________________

3. Nenne drei wichtige Themenkreise deutscher Autoren nach 1990.

1. ______________________________
2. ______________________________
3. ______________________________

LÖSUNGEN

1. Es gibt keine Unterscheidung mehr zwischen BRD- und DDR-Literatur • **2.** Aufnahme von Strömungen vor 1990; neue Schreibweisen über aktuelle Zeitläufte; autobiographische Literatur erlebt einen Aufschwung • **3.** Auseinandersetzung mit der DDR; Renaissance der Popliteratur; Prozess des Zusammenwachsens der beiden deutschen Staaten

SPRACHE & TEXT

1 DIE ERÖRTERUNG

Grundlagen

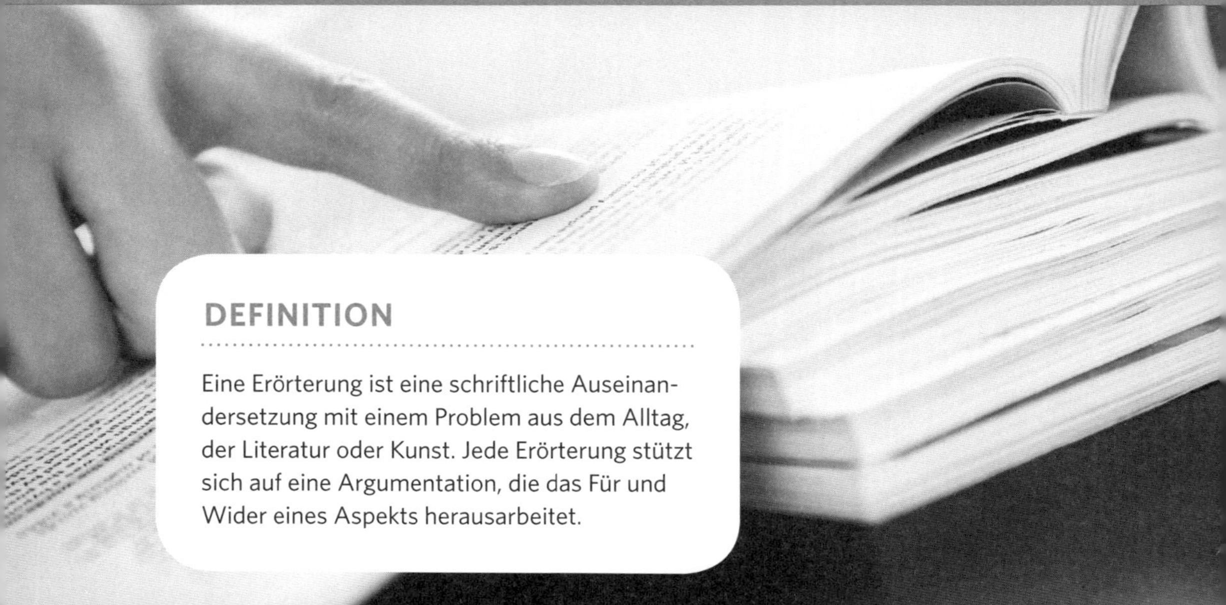

DEFINITION

Eine Erörterung ist eine schriftliche Auseinandersetzung mit einem Problem aus dem Alltag, der Literatur oder Kunst. Jede Erörterung stützt sich auf eine Argumentation, die das Für und Wider eines Aspekts herausarbeitet.

VORGEHEN BEIM SCHREIBEN EINER ERÖRTERUNG

Folgende Schritte sollten bei der Anfertigung einer Erörterung unbedingt eingehalten werden:

- Klären der Aufgabenstellung
- Sammeln von Argumenten (Stoffsammlung)
- Ordnen der Argumente (Stoffordnung)
- Anfertigung einer Gliederung für den Erörterungsaufsatz
- Niederschrift des Erörterungsaufsatzes mit den Unterpunkten Einleitung, Hauptteil und Schluss, dabei Beachtung einer schlüssigen Argumentation im Hauptteil
- Korrektur des Aufsatzes
- Überprüfung der Gliederung auf Stimmigkeit, evtl. Abänderung der Gliederung

VERSCHIEDENE ARTEN DER ERÖRTERUNG

Man unterscheidet grundsätzlich vier Arten der Erörterung:

- Die textungebundene Problemerörterung
- Die textgebundene oder textgestützte Problemerörterung
- Die Eröterung eines Textes
- Die literarische Erörterung, die sowohl textgebunden als auch frei sein kann

Diese vier Formen können sowohl linear (steigernd) als auch dialektisch (pro und kontra) ausgeführt werden:

Erörterungstypen	
linear (steigernd)	dialektisch (pro und contra)
• Ergänzungsfrage • Wortfrage • sachbezogene Auseinandersetzung	• Entscheidungsfrage • Satzfrage • wertbezogene Auseinandersetzung

Beide Typen kommen am Ende zu einem Ergebnis, das Folgendes beinhaltet:

- Die Zusammenfassung und Analyse des Textes (bei der Texterörterung)
- Die Klärung des Problems
- Ein ausgewogenes eigenes Urteil

DIE BEDEUTUNG DER ARGUMENTATION

Das Kernstück jedes Erörterungsaufsatzes ist die Entfaltung der Argumente im Hauptteil.

Ein Argument ist folgendermaßen aufgebaut:

These (Behauptung)

Begründung

Beweis, Beispiel

Rückführung zur These (Schlussfolgerung)

BEISPIEL FÜR EIN ENTFALTETES ARGUMENT

These	Jugendliche wollen sich modisch kleiden, um ihrem individuellen Stil Ausdruck zu verleihen.
Begründung	In allen Kulturen versuchen junge Menschen, sich modisch und originell zu kleiden.
Beweis	Sogar bei Urvölkern lässt sich dieses Verhalten beobachten.
Schlussfolgerung	Deshalb ist es falsch, jungen Menschen Vorschriften über ihren Kleidungsstil machen zu wollen.

VERSCHIEDENE ARTEN VON ARGUMENTEN

Je nach ihrer Begründung unterscheidet man mehrere Arten von Argumenten:

- Faktenargument: Die These wird durch eine beweisbare Tatsachenaussage gestützt. Diese Art von Argument ist leicht nachvollziehbar, jedoch nicht sehr beweiskräftig, wenn es sich bei der Tatsache um einen Einzelfall handelt.
- Normatives Argument: Die These wird mit allgemein anerkannten Wertmaßstäben verknüpft. Da wir in einer Zeit des Wertewandels leben, sind diese Argumente nicht immer ganz überzeugend.
- Autoritätsargument: Der Autor beruft sich auf eine weithin akzeptierte Autorität, die eine ähnliche Haltung vertritt. Diese Art von Argumentation ist ebenfalls kritisch zu sehen, da meist andere Autoritäten mit Gegenpositionen angeführt werden können.
- Indirektes Argument: Die eigene Argumentation wird dadurch gesützt, dass eine anderslautende Meinung als unsinnig oder realitätsfern dargestellt oder lächerlich gemacht wird. Diese Art von Argument erscheint oft sehr überzeugend, hält aber einer näheren Überprüfung ihrer Logik nicht stand.
- Analogisierendes Argument: Ein Beispiel aus einem anderen Lebensbereich wird herangezogen, das sich auf den diskutierten Sachverhalt übertragen lässt. Es wirkt – bei einem entsprechend einleuchtenden Beispiel – sehr überzeugend.

ARGUMENTE, DIE MAN VERMEIDEN SOLLTE

Einige Argumentationsweisen gelten schon seit der Antike als unseriös, weil sie mehr an das Gefühl als an die Vernunft der Leser oder Zuhörer appellieren. Beispiele hierfür sind:

- Argumentum ad baculum: Es stützt sich auf Befürchtungen, die beim Adressaten vermutet werden. Beispiel: „Die Straßen werden nachts immer unsicherer."
- Argumentum ad misericordiam: Es appelliert an das Mitleid des Lesers. Beispiel: „Wir können es nicht zulassen, dass jeden Tag hunderte von Tieren auf Deutschlands Straßen sterben."

DIE ERÖRTERUNG

1. Was ist eine Erörterung?

____

____

2. Welche Grundformen der Erörterung gibt es?

1. ____________________
2. ____________________
3. ____________________

3. Welche Arten der Erörterung können, müssen aber nicht textgebunden sein?

____

4. Wie kann eine Eröterung grundsätzlich angelegt sein?

1. ____________________
2. ____________________

5. Was muss das Ergebnis einer Argumentation beinhalten?

1. ____________________
2. ____________________

6. Wie heißen die Bestandteile eines Arguments?

1. ____________ 2. ____________ 3. ____________

4. ____________

7. Nenne drei Arten von Argumenten.

1. ____________

2. ____________

3. ____________

8. Welches dieser Argumente ist als seriös einzustufen?

- ☐ **A** Argumentum ad baculum
- ☐ **B** Analogisierendes Argument
- ☐ **C** Indirektes Argument

9. Was sollte vor dem Schreiben einer Erörterung unbedingt angefertigt werden?

1. ____________

2. ____________

LÖSUNGEN

1. Die schriftliche Auseinandersetzung mit einer Problemstellung • **2.** Problemerörterung; Literarische Erörterung; Texterörterung • **3.** Die Problemerörterung und die literarische Erörterung • **4.** Linear oder dialektisch • **5.** Klärung des Problems; ausgewogenes eigenes Urteil • **6.** Behauptung, Begründung, Beweis/Beispiel, Rückführung • **7.** Faktenargument, normatives Argument, Autoritätsargument • **8.** B • **9.** Stoffsammlung, Gliederung

KENNZEICHEN DER GLIEDERUNG

- Die Gliederung dient dem Verfasser als Schreibplan für den Erörterungsaufsatz, zugleich gibt sie dem Leser eine Orientierungshilfe und zeigt ihm, wie die Arbeit aufgebaut ist.
- Die lineare Erörterung verlangt eine steigernde Gliederung, die dialektische Erörterung verlangt eine Gliederung, die nach dem Pro und Kontra-Schema aufgebaut ist.
- Die Gliederung besteht immer aus Einleitung, Hauptteil und Schluss. Der Hauptteil muss meist nach These, Antithese und Synthese untergliedert werden.
- Im Hauptteil ist auf eine sinnvolle, ausgewogene Gewichtung der einzelnen Teile zu achten.
- Auch die Nummerierung muss stimmig sein.
- Die einzelnen Gliederungspunkte sind in der Regel im Nominalstil abgefasst. Da es sich dabei nicht um ganze Sätze handelt, steht am Ende kein Punkt.

UNTERSCHIEDLICHE GLIEDERUNGSSCHEMATA

Man kann das numerische oder das alphanumerische Gliederungsschema verwenden, muss aber bei der einmal gewählten Variante bleiben.

Die Gliederungsschemata der linearen und der dialektischen Erörterung unterscheiden sich in ihrem Aufbau.

Gliederungsschemata für die lineare (steigernde) Erörterung

Alphanumerisches Gliederungsschema:

A Einleitung

B Hauptteil

- I. Erstes Hauptargument
  - 1. Unterpunkt
    - a. Einzelaspekt 1
    - b. Einzelaspekt 2
    - c. Einzelaspekt 3
  - 2. Unterpunkt
    - a. Einzelaspekt 1
    - b. Einzelaspekt 2
    - c. Einzelaspekt 3
- II. Zweites Hauptargument
  - 1. Unterpunkt
    - a. Einzelaspekt 1
    - b. Einzelaspekt 2
    - c. Einzelaspekt 3
  - 2. Unterpunkt
    - a. Einzelaspekt 1
    - b. Einzelaspekt 2
    - c. Einzelaspekt 3

C. Schluss

Numerisches Gliederungsschema:

1	Einleitung
2	Hauptteil
2.1	Erstes Hauptargument
2.1.1	Unterpunkt 1
2.1.1.1	Einzelaspekt 1
2.1.1.2	Einzelaspekt 2
2.1.1.3	Einzelaspekt 3
2.1.2	Unterpunkt 2
2.1.2.1	Einzelaspekt 1
2.1.2.2	Einzelaspekt 2
2.1.2.3	Einzelaspekt 3
2.2	Zweites Hauptargument
2.2.1	Unterpunkt 1
2.2.1.1	Einzelaspekt 1
2.2.1.2	Einzelaspekt 2
2.2.1.3	Einzelaspekt 3
2.2.2	Unterpunkt 2
2.2.2.1	Einzelaspekt 1
2.2.2.2	Einzelaspekt 2
2.2.2.3	Einzelaspekt 3
3	Schluss

1 Gliederungsschemata für die dialektische (Pro- und Kontra-) Erörterung

Diese idealtypischen Gliederungsschemata sind nur als Muster zu verstehen. In der konkreten Schreibsituation müssen sie inhaltlich gefüllt werden.

- A Einleitung
- B Themafrage
- B1 Hauptteil (kontra eigene Meinung)
- Wendepunkt
- B2 Hauptteil (pro eigene Meinung)
- C Schluss

Hinführung zum Thema

Überleitung zum Hauptteil

a) stärkste Gegenthese
- Argument
- Beispiel

b) zweitstärkste Gegenthese
- Argument
- Beispiel

c) drittstärkste Gegenthese
- Argument
- Beispiel

Wendepunkt

a) schwächste Eigenthese
- Argument
- Beispiel

b) drittstärkste Eigenthese

Argument

Beispiel

c) zweitstärkste Eigenthese
- Argument
- Beispiel

d) stärkste Eigenthese
- Argument
- Beispiel

Fazit

(nach: Jörg Schilling: Deutsch. Erörterung (Reihe Abi-Training). Ernst Klett Verlag, Stuttgart 2001, S. 18)

DIE GLIEDERUNG

1. Welche beiden Gliederungsschemata gibt es grundsätzlich?

1. ______________________

2. ______________________

2. Welches der beiden Schemata ist vorzuziehen?

____

3. Welche Zwecke verfolgt eine Gliederung?

1. ______________________

2. ______________________

LÖSUNGEN

1. Das numerische und das alphanumerische System • **2.** Keines – sie sind gleichwertig. Das einmal gewählte Schema ist aber durchzuhalten. • **3.** Sie dient als Schreibplan und als Orientierungshilfe für den Leser

2 DIE TEXTANALYSE

Grundlagen

WAS VERSTEHT MAN UNTER EINER TEXTANALYSE?

Die Textanalyse ist die Untersuchung eines Textes nach sprachlichen, gattungsspezifischen und literaturwissenschaftlichen Prinzipien.

WELCHE TEXTE KANN MAN ANALYSIEREN?

Man kann alle Texte untersuchen (analysieren):

- literarische Texte wie Gedichte, Dramen oder Auszüge aus Dramen und epische Texte (Anekdoten, Kurzgeschichten, Novellen, Romane),
- Zeitungstexte (z. B. Reportagen, Berichte, Glossen) und
- Sachtexte (Redetexte, Lexikonartikel, Gebrauchsanleitungen).

WELCHE ASPEKTE MUSS MAN BEI DER TEXTANALYSE BERÜCKSICHTIGEN?

Bei der Textanalyse muss man einen Text als Ganzes erfassen.
Untersucht werden deshalb

- die äußerlichen (formalen) Aspekte der Textgestaltung (z. B. Strophenform, Abschnittsgliederung),
- die sprachlichen Aspekte (Sprachebene, Satzgestaltung, Wortwahl, sprachliche Mittel, sprachliche Besonderheiten),
- aber auch inhaltliche Aspekte wie Charakterisierung der Figuren, Darstellung von Zeit und Raum, Problemgehalt usw.

Eine gelungene Textanalyse mündet in eine Interpretation, in der alle diese Aspekte berücksichtigt sind und eine einheitliche Textdeutung ergeben.

DIE TEXTANALYSE

Bei einer Textanalyse, dem so genannten Interpretationsaufsatz, der in der Klassenarbeit oder im Abitur gefordert ist, legt man in begründeter Weise das eigene Verständnis eines Textes dar.
Dies erfordert

- eine genaue Lektüre des zu bearbeitenden Textes,
- die Analyse der formalen und sprachlichen Gestaltungsmittel,
- eine fundierte Deutung des Textes und seiner Aussage sowie meist auch
- eine Stellungnahme, in der der eigene Standpunkt zu diesem Text und seinem Problemgehalt begründet dargelegt wird.

Bei der Textanalyse können literarische Texte und Sachtexte im Mittelpunkt der Untersuchung stehen.

PROSA

Epische Kleinformen

- Anekdote
- Fabel
- Kalendergeschichte
- Kurzgeschichte
- Legende
- Märchen
- Parabel
- Schwank

Mittlere Formen

- Erzählung
- Novelle
- Sage

Epische Großformen

- Epos
- Roman

DRAMATIK

- Komödie (Lustspiel)
- Tragödie (Trauerspiel)
- Bürgerliches Trauerspiel
- Klassisches Drama
- Tragikomödie
- Schauspiel

Moderne Dramenformen

- episches Theater
- experimentelles Theater
- Dokumentartheater
- kritisches Volksstück
- Theater des Absurden

LYRIK

- Gedicht
- Ballade
- Romanze
- Sonett
- Hymne
- Ode
- Song/Lied

SACHTEXTE

Sachtexte

- Texte aus Sachbüchern
- Lexikontexte
- sachliche Texte aus den Medien

Zeitungstexte

- Berichte
- Reportagen
- Glossen
- Redetexte
- Werbetexte

ASPEKTE DER TEXTERSCHLIESSUNG

Bei der Erschließung eines literarischen Textes muss man folgende Aspekte untersuchen:

- Thema
- Inhalt
- Form
- Personen
- Sprache
- Aussage
- Erzähltechnik

ERSCHLIESSUNG EINES LITERARISCHEN TEXTES

Wenn Sie einen literarischen Text (z. B. ein Gedicht oder einen Auszug aus einem Drama/Roman) untersuchen, sollten Sie auf folgende Aspekte eingehen:

Thema

Worum geht es in dem Text? Welches Thema wird behandelt?

Inhalt

Was ist der Inhalt des Textes? Wann und wo ist die Handlung angesiedelt? Welchen Verlauf nimmt die Handlung? Wo liegt ihr Höhepunkt?

Form

Gibt es eine Einleitung? Welche Funktion hat sie? Welche Erzählschritte finden sich in dem Text? Besteht der Text nur aus einem Handlungsstrang oder gibt es Nebenhandlungen? Welche Funktion haben diese? Wie ist der Schluss gestaltet? Bringt er das Geschehen zu einem Abschluss oder bleibt der Ausgang offen?

Personen

Welche Personen kommen vor? Wer sind die handelnden Personen? Was erfährt man über sie? In welcher Verbindung stehen sie zueinander? Was verbindet, was trennt sie? Warum und wie sprechen sie miteinander? Sprechen sie eine einheitliche Sprache? Passen ihr Handeln und ihre Äußerungen zu ihrem Charakter? Handelt es sich um Hauptpersonen oder um Nebenfiguren?

Sprache

Gibt es Schlüsselwörter? Worauf deuten sie hin? Welche Motive kommen vor? Gibt es Leitmotive? Welche Stilebene liegt vor? Ist sie einheitlich? Welche sprachlich-stilistischen Mittel sind auffällig? Was lässt sich über die Satzgestaltung bzw. die Satzarten aussagen? Gibt es auffällige Änderungen oder Brüche? Gibt es Auffälligkeiten in der Wortwahl? Worauf lassen sie schließen? Was zeigt der Tempusgebrauch?

Aussage

Welches Geschehen, welche Handlung ist in dem Text dargestellt? In welche Epoche kann man den Text einordnen? In welchem Bezug zur geschichtlichen Realität steht er? Welcher Gattung gehört der Text an? Wer ist der Autor des Textes? In welchem Zusammenhang zu seinem Werk steht der Text? Ist die dargestellte Handlung, das Thema, der Konflikt zeittypisch?

Erzähltechnik

Gibt es einen Ich- oder einen Er/Sie-Erzähler oder ein lyrisches Ich? Welches Erzählverhalten und welche Erzählperspektive liegt vor? Sind diese einheitlich oder wechseln sie und welche Einsichten ergeben sich daraus für den Leser? Wie ist die Erzählerrede gestaltet? Welche Besonderheiten sind erkennbar? Kommt im Text Figurenrede vor? Wie ist sie gestaltet? Wie ist das Verhältnis von erzählter Zeit und Erzählzeit? Wird chronologisch erzählt oder gibt es Zeitsprünge, Vorausdeutungen und Rückblenden?

DIE TEXTANALYSE

1. Was ist eine Textanalyse?

____

2. Welche Textarten kann man anaylsieren?

1. ______________

2. ______________

3. ______________

Oder, mit einem Wort: ______________ !

3. Welche Aspekte muss man bei der Textanalyse berücksichtigen?

1. ______________

2. ______________

3. ______________

4. Was ist das Endergebnis einer gelungenen Textanalyse?

____

5. Was ist die Grundvoraussetzung für jede Art der Textanalyse?

Gründliches ______________ und ______________ des Textes.

6. In welche Grobkategorien lassen sich Texte einteilen?

1. ____________ **2.** ____________ **3.** ____________

4. ____________

7. Nenne vier Aspekte, die für die Erschließung eines literarischen Textes wichtig sind.

1. ____________

2. ____________

3. ____________

4. ____________

8. Welcher dieser Aspekte findet keine Berücksichtigung?

☐ **A** die Personenkonstellation
☐ **B** verwendete Satzarten
☐ **C** persönliche Meinung über den Text

LÖSUNGEN

1. Die Untersuchung eines Textes nach sprachlichen, gattungsspezifischen und literaturwissenschaftlichen Prinzipien • **2.** Literarische Texte, Zeitungstexte, Sachtexte; alle • **3.** Äußerliche, sprachliche, inhaltliche Aspekte • **4.** Eine einheitliche Textdeutung • **5.** Lesen und Verstehen (das war einfach, oder?) • **6.** Prosa, Dramatik, Lyrik, Sachtexte • **7.** Inhalt, Form, Personen, Sprache • **8.** C

Bei der **Prosatextanalyse** wird ein literarischer Text, der in Prosa (in nicht-gebundener Sprache) verfasst ist, nach Form und Inhalt untersucht. Dabei werden Besonderheiten des Textes herausgearbeitet. Die Textanalyse ist meist die Vorstufe zur Interpretation des Textes, die sich darauf stützt.

UNTERSUCHUNGSASPEKTE BEI DER PROSAANALYSE

Bei der Analyse von Prosatexten sollten folgende Aspekte berücksichtigt werden:

- **Wer erzählt?** Gibt es einen allwissenden, personalen oder neutralen Erzähler? Erzählt er aus der Innensicht einer oder mehrerer Figuren, oder erzählt er aus der Außenperspektive? Dominiert die Erzähler- oder die Figurenrede?
- **Wie ist der Text aufgebaut?** Gibt es eine Einleitung und einen Schluss? Wird chronologisch erzählt? Wie viele Handlungsstränge gibt es? Wie ist das Verhältnis von erzählter Zeit und Erzählzeit? Steht die innere oder die äußere Handlung im Vordergrund? Gibt es Zeitsprünge?
- **Wie sind die Figuren gezeichnet?** Sind sie Typen oder Charaktere? In welchem Verhältnis stehen die Figuren zueinander?
- **Wo ist das Geschehen lokalisiert?** Welche Bedeutung haben die Örtlichkeiten?

DER ANALYSEAUFSATZ

ist in drei Hauptabschnitte gegliedert:

- **Einleitung** und **Schluss** bilden den Rahmen.
- Im **Hauptteil** findet – gegliedert nach einzelnen Aspekten – die Auseinandersetzung mit dem Text statt.

FOLGENDE ASPEKTE KÖNNEN BEI DER ANALYSE EINES PROSATEXTES BERÜCKSICHTIGT WERDEN:

Autor und Erzähler

- **Der Autor**: Eine real existierende Person, identisch mit dem Verfasser des Textes, entscheidet sich für den Stoff, setzt eine Erzählerfigur ein
- **Der Erzähler**: eine vom Autor erfundene Figur, ist Bestandteil der Erzählung, gibt das Geschehen aus seiner Sicht wieder, seine Wertvorstellungen dürfen nicht mit denen des Autors gleichgesetzt werden
- **Ich-Erzähler**: schreibt in der 1. Person Sing., Figur der Erzählung, eingeschränkter Blickwinkel
- **Er/Sie-Erzähler**: schreibt in der 3. Person Singular, Figur muss nicht in der Erzählung auftauchen
- **Auktoriales Erzählverhalten**: ein vom Geschehen unabhängiger Erzähler, der kommentierend und wertend in die Handlung eingreift
- **Personales Erzählverhalten**: ein scheinbar mitten im Geschehen befindlicher Erzähler, der die Sichtweise einer oder mehrerer Figuren einnimmt
- **Neutrales Erzählverhalten**: ein außenstehender, scheinbar objektiver Erzähler
- **Innenperspektive**: Distanz zum Geschehen fehlt, Gefühle werden deutlich
- **Außenperspektive**: Distanz zum Geschehen vorhanden, Gefühle werden nur berichtet
- **Erzählerrede**: z. B. Bericht, Beschreibung, Kommentar, Reflexion
- **Figurenrede**: z. B. direkte Rede, erlebte Rede, innerer Monolog, Bewusstseinsstrom

Komposition des Textes:

- Anordnung der Erzählphasen: Einleitung, Hauptteil mit Schluss, Höhepunkt, chronologische oder diskontinuierliche Erzählweise, Leitmotiv, Dingsymbol
- Handlungsstränge: Haupthandlung, Nebenhandlung(en)
- Innere Handlung: Darstellung der geistigen, moralischen oder seelischen Entwicklung einer Figur, Darstellung eines Problems
- Äußere Handlung: Darstellung sichtbarer Vorgänge, Darstellung der Handlung

Darstellung der Figuren:

- Konzeption: z. B. statische oder dynamische, offene oder geschlossene Figuren, Charaktere oder Typen
- Charakterisierung: z. B. äußerliche, soziale und individuelle Merkmale, direkte oder indirekte Charakterisierung
- Konstellation: beschreibt das Geflecht von Beziehungen und Abhängigkeiten

Raum und Raumgestaltung:

- Raumfunktionen: z. B. Handlungsraum, Stimmungsraum, Lebensraum, Kontrastraum, Symbolraum
- Raummotive: z. B. Haus, Fenster, Garten, Meer, Schlachtfeld, (Groß-) Stadt

DIE ANALYSE EINES PROSATEXTES

1. Was versteht man unter Prosa?

____

2. Was untersucht die Textanalyse?

____

3. Was versteht man unter der Komposition des Textes?

1. ______________________

2. ______________________

3. ______________________

4. Welche Erzählperspektiven gibt es?

1. ______________________

2. ______________________

3. ______________________

LÖSUNGEN

1. Narrative Texte in nicht-gebundener Sprache • **2.** Form und Inhalt des Textes • **3.** Anordnung der Erzählphasen, Handlungsstränge, innere und äußere Handlung • **4.** Ich-Erzähler, Er-Erzähler (= personaler Erzähler), auktorialer (= allwissender) Erzähler

Bei der Analyse eines Dramentextes liegt immer nur ein **Auszug** aus dem Drama vor – alles andere wäre zu umfangreich. Es handelt sich dabei oft um eine Eingangs- oder Schlussszene oder um den dramatischen Höhepunkt. Um den Zusammenhang herzustellen, wird diesem Textauszug oft eine kurze Einführung über die Situation oder die vorangegangene Handlung vorangestellt.

UNTERSUCHUNGSASPEKTE BEI DER DRAMENANALYSE

Bei der Analyse von Dramentexten sollten folgende Aspekte berücksichtigt werden:

- **Was wird dargestellt und wie wird es dargestellt?** Welcher Stoff liegt dem Drama zugrunde? Was ist das Thema, was der Inhalt? Steht die äußere oder die innere Handlung im Mittelpunkt? Geht es in dem Textauszug um offene oder verdeckte Handlung? Handelt es sich um den Auszug aus einer Tragödie oder einer Komödie, aus einem offenen oder geschlossenen Drama?
- **Welche Figuren kommen vor und wie sind sie gezeichnet?** Entstammen sie einem allgemeinen Wissenskontext oder hat der Autor sie frei erfunden? Sind sie als Charaktere oder als Typen angelegt? Wie sind sie charakterisiert? In welcher Beziehung stehen sie zueinander?
- **Welche Besonderheiten zeigen Sprache und Stil?** Wie ist das Verhältnis von Haupt- und Nebentext? Dominiert der Monolog oder der Dialog? Welche anderen Sprechsituationen sind auffallend (z. B. Beiseitesprechen, Botenbericht, Mauerschau, Chorgesang)?
- **Was ist an der zeitlichen und räumlichen Situierung des Geschehens auffällig?**

WICHTIGE FACHBEGRIFFE, DIE BEI DER ANALYSE EINES DRAMENTEXTES VERWENDET WERDEN SOLLTEN:

Stoff, Thema, Handlung:

- Stoff: Herkunft der Problematik, der Figuren, des Konflikts
- Thema: das, worum es in dem Dramenauszug geht
- Handlung: das, was auf der Bühne zu sehen und zu hören bzw. zu lesen ist
  - äußere Handlung: Darstellung sichtbarer Vorgänge, Darstellung der Handlung
  - innere Handlung: Darstellung der geistigen, moralischen oder seelischen Entwicklung einer Figur, Darstellung eines Konflikts
  - offene Handlung: Handlung, die auf der Bühne sichtbar ist
  - verdeckte Handlung: Handlung, die auf der Bühne nicht sichtbar ist, die durch Figurenrede, Botenbericht oder Teichoskopie (Mauerschau) vermittelt wird

Dramentypen:

- Komödie: (Lustspiel) Bühnenstück mit komischem, lustigem oder heiterem Inhalt
- Tragödie (Trauerspiel): Darstellung eines tragischen Konflikts, der mit dem Untergang des Helden eine Lösung findet
- Tragikomödie: Schauspiel mit tragischen und komischen Elementen
- analytisches Drama: der Auslöser für die Dramenhandlung liegt vor dem 1. Akt und wird durch den Handlungsverlauf nach und nach deutlich
- Zieldrama: die Handlung des Dramas verläuft auf ein Ziel (die Lösung) zu
- geschlossenes Drama: traditionelle Form, die Handlung entfaltet sich zwischen Anfang und Ende, einheitliche Haupthandlung, autonomer Held
- offenes Drama: modernes Drama, mehrsträngige Handlung, plötzlicher Anfang, oft mit offenem Ende, passiver (Anti-) Held
- traditionelles Drama: Drama des 17. bis 20. Jahrhunderts, Guckkastenbühne, lässt den Zuschauer das Geschehen miterleben, traditioneller Held
- modernes Drama: Drama des 20. Jahrhunderts, episches Theater, absurdes Theater, Dokumentartheater, Zuschauer als Beobachter, z. B. gebrochener Held, Anti-Held

Aufbau des Dramas:

- **Akt** (Aufzug): ein in sich abgeschlossener, größerer Handlungsabschnitt
- **Szene** (Auftritt): im traditionellen Drama eine Untereinheit des Akts
- **Bild**: Handlungseinheit im modernen Drama
- **Exposition**: Einführung in die Situation, Klärung der Vorgeschichte
- **Peripetie**: Höhe- bzw. Wendepunkt
- **retardierendes Moment**: Verzögerung des Schlusses im 4. Akt
- **Happy End/Katastrophe**: Lösung der dramatischen Handlung in der Komödie/Tragödie

Figuren:

- **Charaktere**: klar gezeichnete Figuren, Protagonisten, Antagonisten
- **Typen**: Nebenfiguren mit funktionaler Bedeutung

Figurenrede:

- **Monolog**: Selbstgespräch einer Figur
- **Dialog**: Rede und Gegenrede von zwei oder mehr Figuren
- **Stichomythie**: die Sprecher teilen sich beim Dialog eine Verszeile (im traditionellen Drama)
- **andere Sprechsituationen**: Beiseitesprechen, Botenbericht, Mauerschau, Chorgesang

DIE ANALYSE EINES DRAMENTEXTES

1. Was ist meist Gegenstand der Dramenanalyse?

____

2. Wodurch ist das moderne Drama gekennzeichnet?

- ☐ **A** Einteilung in Akte
- ☐ **B** gebrochene Helden
- ☐ **C** Mitleiden des Zuschauers

3. Was versteht man unter einer Tragikomödie?

____

4. Welche Arten der Figurenrede treten im Drama hauptsächlich auf?

1. ______________________________

2. ______________________________

LÖSUNGEN

1. Eingangs- oder Schlussszene oder Höhepunkt der Handlung • **2.** B • **3.** Ein Schauspiel mit tragischen und komischen Elementen • **4.** Dialog, Monolog

Bei der Analyse eines Gedichts liegt der Schwerpunkt auf der **Untersuchung von Inhalt und Form, Sprache, Stil und Aussageabsicht**. Alle diese einzelnen Untersuchungsergebnisse münden schließlich in eine stimmige Gesamtinterpretation des Gedichts.

UNTERSUCHUNGSASPEKTE BEI DER GEDICHTANALYSE

Bei der Analyse von Gedichten sollten folgende Aspekte berücksichtigt werden:

Inhalt: Welches Motiv, welches Thema, welcher Gegenstand wird behandelt? Was sagt der Titel des Gedichts aus?

Form: Wie viele Strophen und Verse gibt es? Wie sind sie gestaltet? Ist eine feste Strophenform erkennbar? Welches Versmaß liegt vor? Welches Reimschema ist feststellbar? Wie wirkt der Rhythmus des Gedichts?

Sprache: Gibt es Auffälligkeiten im Lautbestand? Was fällt an der Wortwahl auf? Gibt es Schlüsselwörter? Was lässt sich über den Satzbau sagen?

Stil: Verwendet der Autor besondere sprachlichstilistische Mittel? Wie wirken sie?

Aussageabsicht: Ist sie erkennbar? Wodurch kann sie erschlossen werden?

DER GEDICHTVERGLEICH

Beim Gedichtvergleich wird nach dem gleichen Schema wie bei Einzelgedichten untersucht. In einem zweiten Arbeitsschritt müssen die **Gemeinsamkeiten** bzw. die **Unterschiede** klar herausgearbeitet werden.

DIE GLIEDERUNG DES INTERPRETATIONSAUFSATZES

Für die Gliederung des Interpretationsaufsatzes gelten folgende Grundregeln:

- Die Gliederung ist in ihrer Grobstruktur dreiteilig aufgebaut (Einleitung, Hauptteil, Schluss).
- Sie soll den Verlauf der schriftlichen Darstellung wiedergeben.
- Meist wird der Nominalstil erwartet.

BEISPIELGLIEDERUNG FÜR EINE GEDICHTANALYSE

A. Einleitung (z. B. Aussagen zum Inhalt, zum Thema, zur Motivik)

B. Hauptteil: Analyse und Interpretation eines Gedichts

- I. Inhalt
- II. Aufbau und Form
- III. Sprachlich-stilistische Gestaltung
  1. Wortwahl
  2. Satzbau
- IV. Interpretation
  1. Thematik
  2. Autorintention
  3. Einordnung in die Epoche

C. Schluss (z. B. abschließende Betrachtung, eigene Gedanken zum Thema, Vergleich mit einem anderen Werk)

Die beiden Gliederungsschemata sind idealtypisch zu verstehen und müssen inhaltlich gefüllt werden.

Statt „B. Hauptteil: Vergleichende Interpretation der Gedichte" müsste es z. B. heißen: „B. Hauptteil: Vergleichende Interpretation von Andreas Gryphius, „Tränen des Vaterlandes" und Georg Heym, „Der Krieg".

BEISPIELGLIEDERUNG FÜR EINEN GEDICHTVERGLEICH

A. Einleitung (z. B. Aussagen zum Inhalt, zum Thema, zur Motivik)

B. Hauptteil: Vergleichende Interpretation der Gedichte

- I. Motiv 1
  1. Darstellung im Gedicht von ...
  2. Darstellung im Gedicht von ...
- II. Motiv 2
  1. Darstellung im Gedicht von ...
  2. Darstellung im Gedicht von ...
- III. Vergleich der Gedichte (oder des Gedichts mit einem anderen Text)
  1. Inhalt
  2. Sprachliche Gestaltung
  3. Darstellung des Motivs
  4. Autorintention
  5. Einordnung in die Epoche

C. Schluss (z. B. abschließende Betrachtung, eigene Gedanken zum Thema, Vergleich der Motive)

DIE ANALYSE EINES GEDICHTS

1. Welche Aspekte eines Gedichts kann die Gedichtanalyse untersuchen?

1. ______________________

2. ______________________

3. ______________________

4. ______________________

2. Was ist bei der Gliederung zu beachten?

1. ______________________

2. ______________________

3. ______________________

3. Welcher Arbeitsschritt fällt beim Gedichtvergleich zusätzlich an?

____

LÖSUNGEN

1. Inhalt und Form, Sprache, Stil, Aussageabsicht • **2.** Dreiteiliger Aufbau, Übereinstimmung mit dem Schreibverlauf, Nominalstil • **3.** Herausarbeiten der Gemeinsamkeiten und Unterschiede

3 RICHTIG ZITIEREN

Grundlegende Zitierregeln

WOZU WIRD ZITIERT?

Bei manchen Aufsatzformen wie der literarischen Erörterung, der Texterörterung, der Textanalyse oder der Textinterpretation ist es nötig, Passagen aus dem Originaltext wiederzugeben, um durch diese Textbelege eine Behauptung oder die eigene Meinung zu stützen. Werden besondere Gedanken, Begriffe, Wendungen oder ganze Sätze aus einem anderen Text übernommen, spricht man von einem Zitat.

Beim Zitieren darf man aber nicht einfach abschreiben; man muss sich an die allgemeinen Regeln des Zitierens halten und fremde Texte und Textstellen kenntlich machen.

GRUNDLEGENDE ZITIERREGELN

- Wörtliche Übernahme aus fremden Texten ist durch Anführungszeichen kenntlich zu machen und mit einer Quellenangabe zu versehen.
- Die sinngemäße Übernahme aus fremden Texten bedarf ebenfalls der Kenntlichmachung und eines Herkunftsnachweises.

Folgende Möglichkeiten der Textübernahme aus einem anderen Text, des Zitierens, gibt es (alle Textbeispiele beziehen sich auf das Schauspiel „Andorra“ von Max Frisch):

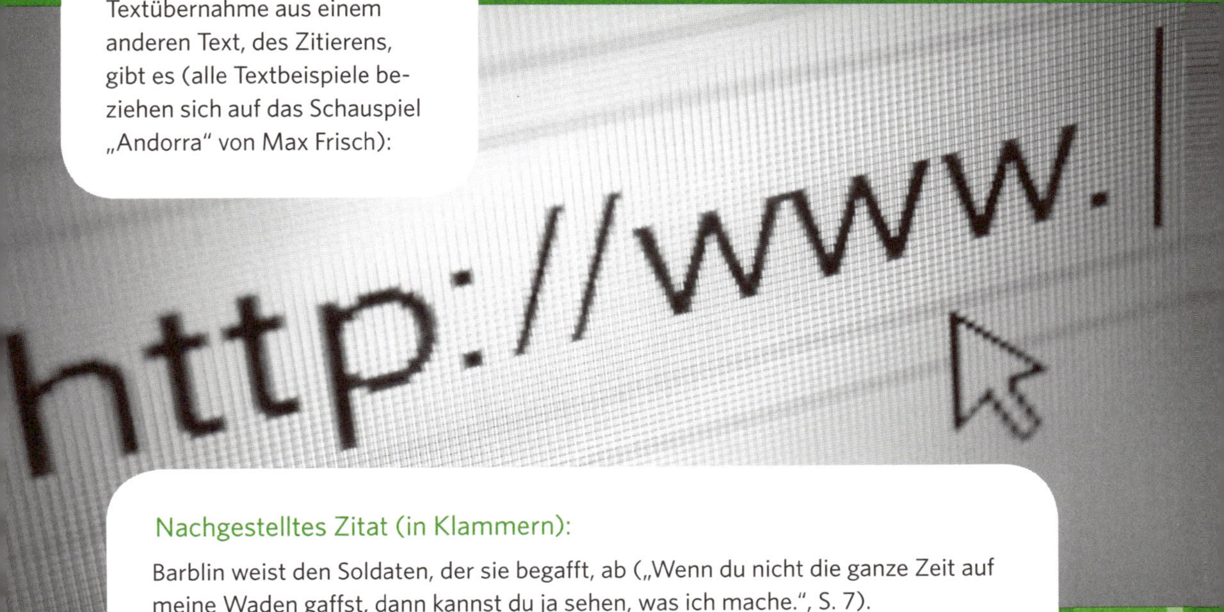

Nachgestelltes Zitat (in Klammern):

Barblin weist den Soldaten, der sie begafft, ab („Wenn du nicht die ganze Zeit auf meine Waden gaffst, dann kannst du ja sehen, was ich mache.“, S. 7).

Hinweis: Beim Herkunftsnachweis eines Zitats, der immer in einer Klammer steht, verwendet man die Abkürzungen S. (für Seite); wenn im Text auch die Zeilen oder Verse nummeriert sind, gibt man auch diese an: Z. (für Zeile) oder V. (für Vers). Im Drama orientiert man sich oft auch an Akten (I, II, III usw.) und Szenen (1, 2, 3 usw.).

Findet sich der Originaltext in einer einzigen Zeile, schreibt man z. B. Z. 13, reicht er auf die nächste Zeile hinüber, schreibt man Z. 13 f. (f. steht für folgende). Reicht der Text über mehrere Zeilen, schreibt man entweder Z. 13–16 oder Z. 13 ff. (ff. für fortfolgende).

Nachgestelltes Zitat (nach Doppelpunkt):

Barblin weist den Soldaten, der sie begafft, ab: „Wenn du nicht die ganze Zeit auf meine Waden gaffst, dann kannst du ja sehen, was ich mache.“ (S. 7).

In den Satz einbezogenes Zitat

Barblin weist den Soldaten, mit der Aufforderung, er solle „nicht die ganze Zeit auf [ihre] Waden gaff[en]“, ab (S. 7).

Hinweis: Wenn man in einem Zitat Wörter oder Teile davon verändert, muss man dies durch eine eckige Klammer kenntlich machen.

Zitierung einzelner Wörter

Barblin weist den Soldaten mit den Worten, er solle sie nicht „angaffen“ (S. 7), ab.

Sinngemäße Übernahme (Paraphrase):

Barblin weist den Soldaten, dem sie vorwirft, er würde ihr nachstellen (nach S. 7), ab.

Der Verweis:

Barblin weist den Soldaten ab. Es ist ihr lästig, dass er sie begafft und ihr nachstellt (vgl. S. 7). Hinweis: Bei der sinngemäßen Übernahme und beim Verweis wird keine Textstelle wörtlich zitiert.

Trotzdem liegt den Aussagen eine Textstelle zugrunde, die man nennen muss. Dies geschieht, indem man auf diese mit den Kürzeln vgl. (für vergleiche) oder s. (für siehe) hinweist.

FOLGENDE GEFAHREN BEIM ZITIEREN SOLLTE MAN KENNEN:

- Zu viele Zitate: Ein Aufsatz besteht aus so vielen Zitaten, dass die Gedanken und Ausführungen des Verfassers dahinter verschwinden.
  In einer Erörterung oder in einem Interpretationsaufsatz sollen in erster Linie die gedanklichen Leistungen des Verfassers wiedergegeben werden. Nur besonders wichtige oder umstrittene Aussagen des Verfassers werden durch Zitate belegt.
- Keine Zitate: Man verzichtet in seiner Arbeit auf jeden Beleg in Form von Zitaten.
  Dadurch kann der Eindruck entstehen, dass man den Text, über den man schreibt, nicht oder nicht genau kennt.

GRUNDLEGENDE ZITIERREGELN

1. Wozu wird zitiert?

____

2. Welche grundlegende Regel ist beim Zitieren immer zu beachten?

- ☐ **A** Das Zitat muss kenntlich gemacht werden.
- ☐ **B** Das Zitat muss in Anführungszeichen stehen.
- ☐ **C** Das Zitat darf nur einmal verwendet werden.

3. Welche Möglichkeiten des Zitieren gibt es?

1. ______________________

2. ______________________

3. ______________________

4. ______________________

LÖSUNGEN

1. Zur Untermauerung einer Behauptung oder der eigenen Meinung • **2.** A • **3.** Nachgestelltes Zitat, eingeschobenes Zitat, Paraphrase, Verweis

BILDNACHWEIS

S. 3	Mädchen sitzend • fotolia/Yuri Arcurs
S. 10	Frau in Hängematte • fotolia/Dudarev Mikhail
S. 16	Laterne • istockphoto/justhavalook
S. 16	Spiegel • istockphoto/mehmettorlak
S. 17	Galerie • fotolia/Perseomedusa
S. 17	Kerzenleuchter • istockphoto/oriredmouse
S. 18	Barocke Kleidung • GettyImages/French School
S. 21	Alte Bücher • istockphoto/Shawn Gearhart
S. 22	Briefmarke Grimmelshausen • fotolia/Torsten Lorenz
S. 22	Simpliccisimus • istockphoto/ZU_09
S. 24	Altes Schriftstück • shutterstock • Lipowski Milan
S. 26	Papier und alter Stift • fotolia/Digitalpress
S. 28	Flammarion • GettyImages/Science Faction
S. 29	Porträtbild Immanuel Kant • istockphoto/HultonArchive
S. 29	Sonnenstrahlen • istockphoto/assalve
S. 32	Briefmarken Lessing • fotolia/Torsten Lorenz
S. 33	Statue Lessing • fotolia/amphibol
S. 36	Scherenschnitt • shutterstock/Essl
S. 38	Scherenschnitte • fotolia/Hartmut Lerch
S. 40	Gotthold Ephraim Lessing • istockphoto/Georgios Art
S. 41	Ringe • istockphoto/angelhell
S. 42	Jerusalem * GettyImages/Brasil2
S. 46	Scherenschnitte • fotolia/Hartmut Lerch
S. 48	Dunkler Himmel • shutterstock/Dudarev Mikhail
S. 49	Blitz • fotolia/Paul Lampard
S. 52	Statue Goethe • istockphoto/TommL
S. 54	Goethe, Statue,Goethe Statue • fotolia/ArtTo
S. 56	Goethes Gartenhaus • fotolia/Martina Berg
S. 57	Briefmarke Goethe • istockphoto/traveller 1116
S. 58	Blumenwiese • fotolia/Galyna Andrushko
S. 58	Nebellandschaft • fotolia/veneratio
S. 61	Junger Mann • shutterstock/zubarev
S. 62	Junger Mann • shutterstock • Anton Zabielskyi
S. 64	Kerze, Brille, Füller • fotolia/cosma
S. 65	Bündel Briefe • istockphoto/cglade
S. 66	Alte Handschrift • shutterstock/Voronin76
S. 68	Statue Schiller • fotolia/laufer
S. 69	Schiller Nationalmuseum • fotolia/PRILL Mediendesign
S. 70	Schillers Geburtshaus in Marbach • Wikimedia Commons/Usien – Eigenes Werk, CC BY-SA 3.0
S. 72	Othello und Desdemona • istockphoto/traveler1116
S. 73	Globe Theatre • Dreamstime LLC • Lance Bellers

S. 74	Shakespeare Buchrücken • istockphoto/Duncan Walker
S. 77	Spruch an Hauswand aus „Kabale und Liebe“ • shutterstock/travelview
S. 78	Rose • istockphoto/oversnap
S. 80	Tür • fotolia/Ignatius Wooster
S. 84	Weimar Belvedere • fotolia/steschum
S. 85	Anna Amalia Bibliothek • istockphoto/Nikada
S. 86	Camee • fotolia/Viktoria Short
S. 88	Malerei italienische Landschaft • fotolia/721955
S. 90	Bogengang • istockphoto/LUke1138
S. 93	Kolosseum • fotolia/Lija
S. 94	Fenster • shutterstock/Andreja Donko
S. 96	Theatervorhang • fotolia/Katrina Brown
S. 97	Theaterszene • Klett-Archiv_RF-HF • Cecilia Gläsker
S. 100	Schreibtisch • fotolia/Jean-Paul Comparin
S. 101	Schild Auerbachs Keller • shutterstock/Tupungato
S. 104	Scherenschnitte • fotolia/Hartmut Lerch
S. 106	Frau an Grabstein • GettyImages/D. Normark/Photolink
S. 108	Winterlandschaft • fotolia/Mariya Nikolaeva
S. 109	Buchseiten Herz • fotolia/Opidanus
S. 113	Clemens Brentano • GettyImages/hrstklnkr
S. 113	Heinrich von Kleist • GettyImages/clu
S. 114	E.T.A. Hoffmann • istockphoto/ZU_09
S. 116	Vollmond • istockphoto/GP232
S. 118	Schädel und Werkzeug • fotolia/Detlef
S. 120	Statue Bremer Stadtmusikanten • fotolia/jokapix
S. 121	Froschkönig • istockphoto/nicota
S. 122	Buch • istockphoto/Petair
S. 123	Konsolentisch • shutterstock/Alistair Cotton
S. 124	Spiegel • shutterstock/annoon028
S. 129	Georg Büchner • shutterstock/Galyamin Sergej
S. 130	Straßburger Münster • Klett-Archiv_RF-HF • Tomaschek
S. 133	Paar streitend • istockphoto/Sergey Rusako
S. 136	Blumenwiese • fotolia/Galyna Andrushko
S. 137	Himmel • fotolia/Raffalo
S. 138	Koffer • istockphoto/Adriano Castelli
S. 140	Bücher • fotolia/adistock
S. 141	Friedrich Hebbel • shutterstock/Galyamin Sergej
S. 144	Theodor Storm • GettyImages/ZU_09
S. 145	Gottfried Keller • shutterstock/Janusz Pienkowski
S. 148	Theodor Fontane • shutterstock/John Kehly
S. 150	Effi Briest Innentitel • WikimediaCommons/H.-P.Haack
S. 152	Häuserfassade • fotolia/styf
S. 153	Brautstrauß • istockphoto/Alan Lee
S. 154	Kronleuchter • fotolia/Bertrand Benoit

S. 158	Hausfassade • fotolia/Ignatius Wooster
S. 160	Hausfassade • fotolia/Boris
S. 161	Buddenbrookhaus Lübeck • shutterstock/Andrey Lebedev
S. 164/165	Uhren • shutterstock/cristi180884
S. 166	Hugo von Hoffmansthal • shutterstock/wantandoo
S. 169	Briefmarke „Die Weber" • shutterstock/Solodov Aleksei
S. 172	Dampflok • istockphoto/slang78
S. 173	Gleise • fotolia/HPW
S. 176	Buch • fotolia/Antje Lindert-Rottke
S. 177	Florenz • GettyImages/Jodie Griggs
S. 177	Titelbild zum Decamerone von Boccaccio • GettyImages/traveler1116
S. 178	Brautkleid • fotolia/valevale
S. 180	Stadt von oben • shutterstock/Oliver Lenz Fotodesign
S. 181	Gräber 1. Weltkrieg • GettyImages/DaanPhoto
S. 185	Gottfried Benn • shutterstock/wantanddo
S. 188	Baum verdörrt • fotolia/philipus
S. 190	Dächer einer Stadt • Thinkstock/GettyImages istockphoto
S. 192	Bauhaus Dessau • shutterstock/Claudio Divizia
S. 193	Bauhaus Dessau • shutterstock/Claudio Divizia
S. 201	Straßenschild Alexanderplatz • shutterstock/vyskoczilova
S. 202	Stühle • shutterstock/Daniiel
S. 204	Bücher gestapelt • istockphoto/Viorika
S. 205	Buch und Brille • fotolia/Mumpitz
S. 206	Mann vor Fernseher • shutterstock/Ronald Sumners
S. 209	Briefmarke Brecht • shutterstock/rook76/Shutterstock.com
S. 210	Brechthaus Augsburg • Wikimedia Commons/ Wolpertinger, CC BY-SA 3.0
S. 212	Fernrohr • shutterstock/James Steidl
S. 218	Portemonnaie leer • istockphoto/Silvia Jansen
S. 220	Maske • shutterstock/Andrea Dal Max
S. 221	Szene aus Mutter Courage • shutterstock/360b
S. 224	BMW Isetta • fotolia/amelie
S. 225	Koffer • istockphoto/Adriano Castelli
S. 226	Gruppe 47 – Gedenktafel • Wikimedia Commons/rs-foto – Eigenes Werk
S. 228	Schweizer Fahne • shutterstock/Jim Barber
S. 229	Bergsee • fotolia/nelu_goia
S. 230	Friedrich Dürrenmatt und Max Frisch • Wikimedia Commons/Metzger, Jack – ETH-Bibliothek Zürich, Bildarchiv, CC BY-SA 4.0
S. 232	Gang Krankenhaus • istockphoto/Esebene
S. 233	Gummizelle • istockphoto/arquiplay77
S. 236	Andorra • fotolia/Samuel Moulin
S. 237	Altstadt • fotolia/apfelweile
S. 238	Fenster an altem Haus • fotolia/miket
S. 240	Propeller Flugzeug • fotolia/FountainPix
S. 241	Schiff • istockphoto/eAlisa

S. 242	Schreibmaschine • fotolia/surachai
S. 244	Studentenbewegung 60er-Jahre • WikimediaCommons/Holger.Ellgaard – Eigenes Werk
S. 245	Frau an Fenster • fotolia/Alena Yakusheva
S. 249	Günther Grass • shutterstock/fulili/Shutterstock.com
S. 252	Parfümherstellung • fotolia/Stefan Baum
S. 253	Parfümflaschen • istockphoto/aprott
S. 254	Grasse Siegel • istockphoto/GAPS
S. 256	Sessel • istockphoto/pederk
S. 258	Parfümflakon • istockphoto/Kate Tero
S. 260	Frau am Fenster • istockphoto/ebstock
S. 261	Mann und Frau • istockphoto/mediaphotos
S. 264	Autokennzeichen DDR • istockphoto/clu
S. 265	Plattenbauten • istockphoto/davidf
S. 266	Ampelmännchen DDR • istockphoto/xyno
S. 270	Junger Mann • shutterstock/zubarev
S. 272	Kalender 3. Oktober • fotolia/nmann77
S. 273	Berliner Mauer • shutterstock/Neftali/Shutterstock.com
S. 278	Finger zeigt auf Buch • istockphoto/TommL
S. 279	Mädchen liest • shutterstock • Rober Kneschke
S. 280	Schülerin schreibend • shutterstock/Syda Productions
S. 288	Marker in Text • shutterstockrobophobic
S. 289	Nachdenkliche Frau • istockphoto/michele princigalli
S. 291	Bücherstapel • fotolia/PANORAMO
S. 293	Mann zeigt auf sich • istockphoto/diego cervo
S. 294	Frau zeigt von sich weg • shutterstock/blanche
S. 296	Mädchen sitzend • fotolia/Yuri Arcurs
S. 298	Heft und Bleistift • shutterstock/Gary Paul Lewis
S. 302	Mann ärgerlich • shutterstock/Aaron Amat
S. 308	Zitiergeste • shutterstock/Vikulin
S. 309	Internetadresse • shutterstock/Kaspri

1. Auflage 2019

www.pons.de
E-Mail: info@pons.de

Dieser Titel basiert in Teilen auf: 978-3-12-949325-0.
Autor (Inhalte ohne Wissenschecks): Claus Gigl
Gesamtüberarbeitung und Wissenschecks: Christian Ehmann
Logoentwurf: Erwin Poell, Heidelberg
Logoüberarbeitung: Sabine Redlin, Ludwigsburg
Titelfoto: Shutterstock, New York (Buch: Akugasahagy; Haken: Erica Truex; Hintergrund: AnnaKu)
Satz: tebitron gmbh, Gerlingen
Druck: medienhaus Plump GmbH, Rheinbreitbach

Printed in Germany
ISBN 978-3-12-562579-2